古代歷史文化 研究輯刊

二一編

王明蓀 主編

第24冊

明代萬恭的治黃理漕研究

蔡泰彬 著

國家圖書館出版品預行編目資料

明代萬恭的治黃理漕研究／蔡泰彬 著 — 初版 — 新北市：花木
蘭文化事業有限公司，2019〔民 108〕
目 2+186 面；19×26 公分
（古代歷史文化研究輯刊 二一編：第 24 冊）
ISBN 978-986-485-742-5（精裝）
1. 水利工程 2. 明代
618   108001508

ISBN-978-986-485-742-5

古代歷史文化研究輯刊
二一編　第二四冊　　　　　　　ISBN：978-986-485-742-5

明代萬恭的治黃理漕研究

作　　者　蔡泰彬
主　　編　王明蓀
總 編 輯　杜潔祥
副總編輯　楊嘉樂
編　　輯　許郁翎、王筑　美術編輯　陳逸婷
出　　版　花木蘭文化事業有限公司
發 行 人　高小娟
聯絡地址　235 新北市中和區中安街七二號十三樓
　　　　　電話：02-2923-1455／傳眞：02-2923-1452
網　　址　http://www.huamulan.tw 信箱 hml810518@gmail.com
印　　刷　普羅文化出版廣告事業
初　　版　2019 年 3 月
全書字數　138158 字
定　　價　二一編 49 冊（精裝）台幣 122,000 元

明代萬恭的治黃理漕研究

蔡泰彬 著

作者簡介

　　蔡泰彬，臺灣臺東縣人，民國四十三年生。

　　中國文化大學史學研究所博士。

　　曾任靜宜、海洋等大學副教授，現任國立彰化師範大學歷史學研究所教授。著有《明代夏原吉研究》、《明代漕河之整治與管理》、《晚明黃河水患與潘季馴之治河》等書，及發表〈明代江南地區水利事業之研究〉、〈明代練湖之功能與鎮江運河之航運〉、〈明代萬恭整治鎮江運河與瓜洲運河〉、〈明代的巡河御史〉、〈明代貢鮮船的運輸與管理〉、〈明代漕河四險及其守護神──金龍四大王〉、〈論證明代御製黃河萬里圖應繪製於清康熙時期〉、〈中國傳統詩文之黃河觀〉、〈論黃河之河清現象〉、〈元明時期海運的海險與膠萊運河的開鑿〉、〈明代太和山的行政管理組織〉、〈明清泰山與太和山的香稅徵收、管理與運用〉等論文。

提　　要

　　明隆慶元年（1567），在治黃保漕方策的影響下，將黃河下游的全流水導向東行徐州城，循泗河下游河道，於淮安府城會淮河，在安東縣雲梯關海口入海。從此黃河下流從多途分流轉為單一合流的河道，此一流向維持至清咸豐五年（1855），共有 288 年；在黃河史上，此為重大的水流及河道變遷。

　　黃河全流東行，開啟整治黃、漕二河的新里程，萬恭於隆慶六年（1572）出任總理河道都御史，面對黃河所產生的新危害，首次提出全面性的改革方案：

　　在黃河全流東行對黃漕二河的衝擊上。為整治黃河，率先推動束水攻沙論，在徐州至宿遷縣間構築雙重堤防。為治理漕河，以防範黃河水灌淤閘漕南端的茶城運口、湖漕北端的清江浦運口，前者主要採行束水攻沙方策，在茶城一帶的運道兩岸建造束水堤防；後者則將運口轉移至天妃口，並建置天妃閘。另因黃、淮二河水入灌高郵、寶應諸湖，湖水盈盛，為預防湖堤潰決，在湖堤上建造 23 座減水堤閘。

　　在糧船西溯河漕免遭覆溺的危患上。為避免糧船北上遭逢黃河的伏、秋水汛（四月－九月），重訂漕運行程，江南糧船須於前年冬季啟航，期於當年四月以前經渡河漕。但冬春季節，正值長江潮水低落，而且濟注運道水量的沿岸河川也正逢枯水期；為使糧船在此時期能順利北上，在浙漕北段運道，採行濬深運道，再引沿岸濟運諸河水北注，以期加深運河水；湖漕南端的瓜洲河運口，則改建車船壩為船閘；在閘漕，為有效運用運河水，建造坎河口石灘，設置馬場諸湖為水櫃，及有效操控船閘技術等。

　　萬恭的治河理念與作為，對往後黃、漕二河的整治產生深遠的影響；其所推動的水利工程雖大多未能產生長效，但也奠下後繼者進一步改進的基礎。

目

次

附　圖

附　表

第一章　緒　論

　　明代是黃河史上河患最爲嚴重的時期，論其原因，主要是「治黃保漕」方策所造成。

　　明成祖建都北京，因南糧北運，漕河成爲國家的生命線。此一運道的構成，大多借用沿岸河川的下游河道與湖泊，依各河段主要利用爲航道的水系，除北京至通州（河北通縣）的通惠河外，萬恭將通州以南的運道分爲六段，稱之「白漕」（白河，通州－天津）、「衛漕」（衛河，天津－臨清）、「閘漕」（汶河、泗水，臨清－徐州）、「河漕」（黃河，徐州－淮安）、「湖漕」（寶應、高郵諸湖，淮安－儀眞、瓜洲），及「浙漕」（江南運河，丹徒－杭州）。（見圖一、二）〔註1〕

　　黃河下游由西向東流，而漕河卻縱貫南北，因此黃、漕二河必有交會處；於何處交會，在治黃保漕方策影響下，爲導引黃河水資助運道（資其利），又爲避免黃河水衝阻運道（避其害），明代各朝均採行「以黃避運」的治河觀，以人力扭轉黃河下游河道的流向。（詳見第三章〈黃河下游東流與萬恭治理黃、漕二河方策的調整〉）

　　爲整治黃河，晚明以前，出現許多治河名臣，諸如徐有貞（？～？，宣德八年進士）、白昂（1435～1503）、劉大夏（1436～1516）、劉天和（1479～1545）等，論其治河的方策，都是採行以疏導爲主，兼及挑濬、堵塞等方法，使黃河下游入海河道，呈現多途分流之勢；如弘治八年（1495），劉大夏爲避免黃河下流向北衝阻會通河（閘漕北段運道，臨清－東平，250餘里），

〔註1〕萬恭（明），《治水筌蹄》（北京：水利電力出版社，1985），〈治水筌蹄自序〉，頁3～4。

為維護此段運道的暢通，在儀封（河南蘭封北）、封邱（河南封邱）等縣堵塞黃陵岡（封邱縣治北）、金龍口（封邱縣治西南 30 里）等水口，並在黃河北岸構築太行等堤防（河南胙城縣－虞城縣，長 360 里），從此黃河北流入海河道斷絕，黃河水於是南循潁河、渦河、睢河、賈魯河（入泗水）等四河道入淮河。

　　隆慶元年，為資引黃河水濟助河漕（詳見第三章一節一項〈河漕需引黃濟運〉），將黃河下游導向東行，匯成單一河道，經徐州城，奪行泗水下游河道（徐州城－淮安府城），在淮安府城西會淮河，從安東縣雲梯關入海。（見圖一）從此，黃河全流東行，借用黃河為運道（徐州－淮安），對黃、漕二河造成二項衝擊：

　　一、混濁且強盛的黃河水，改變原來泗水與淮河調和局面（泗、淮二河的水質清澈，泗水素稱清河，淮河則稱清淮），給下游河道及沿岸州縣帶來嚴重水患，如閘漕南端的茶城運口（黃、漕交會處）有灌淤的危患，徐州城有淹城的危險，邳州一帶河道有淤阻及潰決的憂患；﹝註2﹞而且，此時期整治黃河的方策，也開創出以合流（束水）為主的治河觀。此一整治黃河方策的轉變，萬恭指出：黃河為患中國，甚為久遠，各朝代為因應所處環境的不同，整治黃河方策須隨之調整，因此，三代（夏商周）時的治河方法是否得以用於漢代、唐代及宋代？﹝註3﹞於明代，整治黃河的形勢，與前代相比較，其不同之處有二：一為建都在北京，二是南糧北運採用河運，故隆慶、萬曆年間為因應黃河水流方向的改變，須創行不同的治黃方策。

　　二、糧船北上，西溯河漕，為避免遇上伏、秋洪汛，而遭覆滅；因此江南糧船須調整於前年冬季啟航，預期於本年四月以前，經渡河漕入於閘漕。此一行程的改變，卻造成糧船難於通行浙漕與閘漕二運道。就浙漕言，在冬季，此時正值長江潮水低落，江水無法濟助浙漕北段運道，導致此段運道的水量淺澀，無法通航；就閘漕言，不僅汶上縣的南旺鎮位處全漕河的最高處，（見圖二）而且春夏之際，濟運的汶、泗諸河水量也微弱，以致嚴重阻礙糧運的經行。因此為解決浙漕北段、閘漕這二段運道，因缺乏運河水而阻礙航運的問題，須

﹝註2﹞陳子龍（明），《皇明經世文編》（收入《四庫禁燬書叢刊》，據明崇禎雲間平露堂刻本影印，北京：北京出版社，2000），集部，第 28 冊，卷 396，〈天遠樓集·與舒中陽開府第二書－治河〉，頁 4 上。

﹝註3﹞萬恭（明），《治水筌蹄》，一，〈黃河·一七 治黃思想及論證〉，頁 27。

增建相關水利工程，以增添運道的水量，故《治水筌蹄》載：整治運道，如同調理氣血，閘漕與浙漕，「患在氣血之不足，補之使贏。」〔註4〕

圖一：明代黃、漕二河沿岸水系分布圖

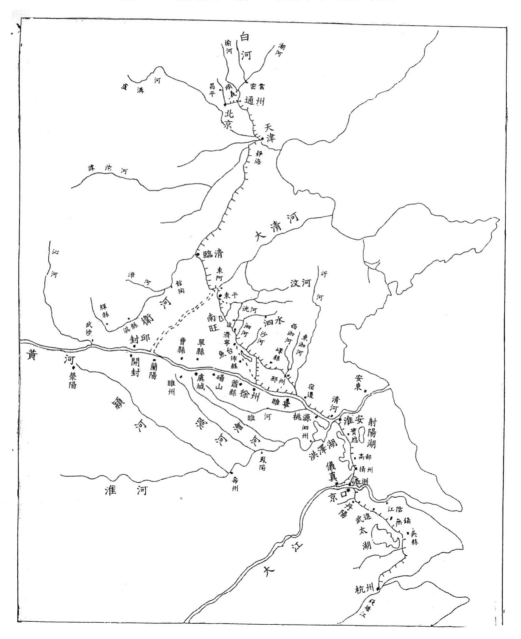

〔註 4〕萬恭（明），《治水筌蹄》，〈治水筌蹄自序〉，頁5。

圖二：大運河縱剖面圖

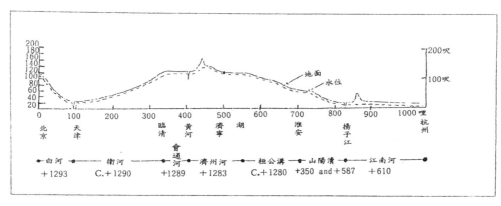

（採自李約瑟，《中國之科學與文明》第 10 冊，圖 906）

萬恭於隆慶六年正月至萬曆二年（1574）四月，出任總理河道都御史（以下簡稱總河），掌理黃、漕二河的整治，計有 2 年 4 個月，時間雖不長，但此時正逢黃河全流東行的初始，其乃承繼宋禮（？～1422）、陳瑄（1365～1433）等人的治河經驗與精神，「示陳平江（陳瑄）之上馭，啓宋康惠（宋禮）之眞詮」，〔註5〕並風塵僕僕的實察黃、漕二河，規劃各項整建工程，依《洞陽子箋》載：

> 生（萬恭），胼胝智力俱困，奔邍徐（州）、邳（州）、齊、魯間，……昨趨岱宗遵泉源，而西視坎河（山東東平州城東 60 里），歷南旺（山東汶上縣）。〔註6〕

> 樸（萬恭），自春徂秋，始以理運，繼以治河，一意專心，他無聞見。

〔註7〕

〔註5〕萬恭（明），《洞陽子箋》（明萬曆年間刊本，臺北：漢學研究中心影印自日本尊經閣文庫），卷之玄，〈張心齋遼撫〉，頁 49 下。

〔註6〕萬恭（明），《洞陽子箋》，卷之玄，〈傅後川中丞〉，頁 48 下。

〔註7〕萬恭（明），《洞陽子箋》，卷之玄，〈解序吾鹽察〉，頁 30 下；萬恭（明），《治水筌蹄》，〈治水筌蹄自序〉，頁 3：「余乃窺三門，睇七津，浮千里達于秦溝（徐州城北 35 里）；……余又治臨清（州）逆柝諸南旺，又導南旺順捷于茶城（徐州城北 30 里），與黃河會；又導茶城歷徐（徐州洪，徐州城東南 2 里）、呂（呂梁洪，徐州城東南 50 里）底于淮之北；閟天妃（清江浦運道口），泛高（郵）、寶（應），遂閬瓜州踰京口（丹徒縣西北），泝姑蘇，蕩太湖，順流而達于杭（州）。又從濟、漯，登泰山，望青、齊，倂洸（河）、汶（河），灘坎河，西繫汶、洸全流駛南旺，以其七北入天津之海，而以其三南入淮、楊（揚）之海，餉始利。蓋中國萬里之疆，皆有帆檣之影、轍馬之迹焉。未嘗不擊楫拊欒，歎餉道之便、王會之盛之至于斯也。」

可知萬恭就任以來專心一意的治黃理漕，「南浮維（淮安）、揚（州），西遡開（封）、歸（德），北歷東（昌）、臨（清）」，〔註8〕以致「胼胝河上，交際多疏。」〔註9〕每年糧運時期，最關心糧船是否能依期通過瓜洲（湖漕南端運口）、天妃（湖漕北端清江浦運口）、茶城（閘漕南端運口）等三處運口，盼能「一鼓而入瓜閘，……再鼓而出天妃口，……三鼓而過徐州洪。」〔註10〕

　　晚明，黃河全流東行，爲因應水流環境的變遷，萬恭可謂是第一位對黃、漕二河提出全面性改造方案者。當代研究萬恭治理黃、漕二河的論著，鄒逸麟最早發現天津圖書館藏有明刊本《治水筌蹄》，遂於1983年發表〈萬恭和《治水筌蹄》〉一文，〔註11〕此後又有吳海燕〈萬恭及其《治水筌蹄》初探〉、〔註12〕王樽〈試論萬恭的治河思想〉、〔註13〕水利水電科學研究院《中國水利史稿》下冊第十章一節〈束水攻沙的認識與實踐的基礎〉及〈虞城生員的建議和萬恭的實踐〉、〔註14〕谷光隆《明代河工史研究》第三章三節〈潘季馴‧朱衡‧萬恭〉等。〔註15〕前述研究成果，多屬通論性論述萬恭在黃、漕二河方面的事蹟，且著重在束水攻沙論的認知；在探討議題及引用資料上，尚未述及以下諸問題：

　　一、黃河方面：（一）萬恭爲何認同黃河下游河道被導向東行徐州城入海；（二）於晚明，誰先認知束水攻沙論並用於黃河的整治上；〔註16〕（三）萬

〔註8〕　萬恭（明），《洞陽子箋》，卷之地，〈傅後川東撫〉，頁10下。

〔註9〕　萬恭（明），《洞陽子箋》，卷之玄，〈史毅菴軍察〉，頁31上。

〔註10〕　萬恭（明），《洞陽子箋》，卷之玄，〈張桐岡侍御〉，頁1上。

〔註11〕　鄒逸麟，〈萬恭和《治水筌蹄》〉，《歷史地理》，1983年第3輯，頁229～235。

〔註12〕　吳海燕等，〈萬恭及其《治水筌蹄》初探〉，《河南師範大學學報（哲學社會科學版）》，1991年第18卷4期，頁62～65。

〔註13〕　王樽，〈試論萬恭的治河思想〉，《防災科技學院學報》，2010年第12卷3期，頁106～109。

〔註14〕　水利水電科學研究院，《中國水利史稿》下冊（北京：水利電力出版社，1989），第10章1節，〈束水攻沙的認識與實踐的基礎〉、〈虞城生員的建議和萬恭的實踐〉，頁112～116。

〔註15〕　谷光隆，《明代河工史研究》，（京都：同朋舍，1991），第3章3節，〈潘季馴‧朱衡‧萬恭〉，頁59～63。

〔註16〕　大多認爲萬恭比潘季馴早認知束水攻沙論，如水利水電科學研究院，《中國水利史稿》下冊，第10章1節，〈束水攻沙的認識與實踐的基礎〉，頁112：「首先對束水攻沙的思想進行明確闡述並主張運用于治河實踐的，是隆慶萬曆年間的河臣萬恭。」鄒逸麟，〈萬恭和《治水筌蹄》〉，《歷史地理》，1983年第3輯，頁233：「治黃河史者都知道『築堤束水，以水攻沙』的治河方針是潘季馴最早提出來的。但這種束狹河床，加大流速，以水力來沖刷泥沙的治河思

恭首先推動束水攻沙論於黃河中下游的哪些地方，在這些河段構築堤防又基於哪些考量；（四）黃河下游東流後，對茶城運口、清江浦運口、高郵寶應諸湖造成哪些危害？又如何治理。

　　二、漕河方面：（一）萬恭為何更訂漕運北上程限，規定江南糧船須於冬季啓程；（二）江南糧船改為冬季啓航，為何浙漕北段、湖漕南端，及閘漕等三處運道會因水量不足而難於通航；為整治此三段運道，萬恭採行哪些因應方策？

　　三、資料方面：未引用萬恭個人文集《洞陽子集》、《洞陽子箋》等史料。《治水筌蹄》，由148條短文組成，係萬恭治河時的工作筆記；〔註17〕要從這些隨手札記成篇的資料中，去瞭解萬恭整體的治河體系實為困難，必須參酌《洞陽子集》、《洞陽子箋》等史籍。

　　因此本著為探討萬恭在治黃理漕上的理念與方策，尤其彰顯糧船遭遇淺涸時的救濟科技，所引用史料，除以《治水筌蹄》為主外，輔以《洞陽子集》、《洞陽子箋》等史籍，並廣徵明清水利文獻、地方志等資料。

　　《治水筌蹄》，其意涵「治水工具書」，〔註18〕此書對往後的晚明與清代，在治理黃、漕二河上產生深遠影響，如潘季馴《河防一覽》，卷一，〈全河圖說〉（〈兩河全圖說〉），是根據萬恭原圖略加補充；卷五，〈歷代河決考〉幾乎全抄自《治水筌蹄》。又清代張伯行《居濟一得》、傅澤洪《行水金鑑》、陸燿《山東運河備覽》等水利專書分別轉錄它的若干內容，因此《行水金鑑・略例》稱讚萬恭的治水方策，「諸法俱堪不朽」。〔註19〕至於黃、漕二河的地圖，

　　　　想，卻在萬恭《治水筌蹄》裡已經出現。當時有個虞城（今河南虞城北利民集）生員向萬恭提出“以河治河”的理論。」

〔註17〕鄒逸麟，〈萬恭和《治水筌蹄》〉，《歷史地理》，1983年第3輯，頁232。

〔註18〕萬恭（明），《治水筌蹄》，朱更翎〈整編說明〉，頁3：「此書取名治水筌蹄，筌蹄的出典是莊子・外物：『筌者所以在魚，得魚而忘筌。蹄者所以在兔，得兔而忘蹄。』筌和蹄都是先秦時代用竹料製作的捕捉器具。莊子常用『寓言』做譬喻，所說筌、魚、蹄、兔，是在比喻人們要獲致目的物和必須使用工具、手段、方法措施的密切關係。」

〔註19〕萬恭（明），《治水筌蹄》，朱更翎〈整編說明〉，頁4；傅澤洪（清），《行水金鑑》（國學基本叢書，臺北：臺灣商務印書館，1968），〈略例〉，頁4；鄒逸麟，〈萬恭和《治水筌蹄》〉，《歷史地理》，1983年第3輯，頁229～235：「《治水筌蹄》一書，雖篇幅不長，然資料豐富，不尚空論。從其內容而言，實為明代治黃史上承上啓下的著作。可惜流傳不廣，故研究黃河史者未能予以足夠重視。本文僅為引玉之磚。」

雖然萬恭治河時，有繪製〈黃河圖〉（從河南孟津縣－瓜洲鎮、儀眞縣，2 千里）與〈漕河圖〉（通州張家灣－瓜洲鎮、儀眞縣，2 千 8 百里），[註20] 可惜這二幅地圖現已佚失。因此本著所附的部分地圖，鑒於潘季馴〈全河圖說〉是增補萬恭原圖而成，[註21] 遂採自〈全河圖說〉。

[註20] 萬恭（明），《治水筌蹄》，一，〈黃河‧一六 繪製黃、運河圖〉，頁 25。
[註21] 萬恭（明），《治水筌蹄》，朱更翎〈整編說明〉，頁 4。

第二章　生平事蹟

　　從萬恭的任宦經歷，有助於瞭解其處事態度及人際關係，尤其巡撫山西時期的軍事經歷，對其往後整治黃、漕二河，常以防虜經驗用於治理河務。例如當黃河水勢泛漲時，爲能預先掌握水汛，萬恭依照「飛報邊情」制度，在黃河中下游（陝西潼關－南直隸淮安府宿遷縣），創建塘馬制，每 30 里爲一節，一日夜可奔馳 500 里，其速度快於洪汛，因此能明確瞭解各地的災情。〔註1〕

第一節　任官歷程

　　萬恭，字肅卿，別號兩溪，江西南昌縣人（江西南昌），生於正德十年（1515）八月二十三日，卒於萬曆十九年（1591）十一月二十一日，享年 77 歲。〔註2〕

　　嘉靖二十三年（1544，30 歲），其考中進士，派任南京吏部文選主事；〔註3〕此後至嘉靖四十一年（1562，48 歲）以前，任職地點皆在南京，歷任

〔註1〕萬恭（明），《治水筌蹄》，一，〈黃河・一〇　潼關、宿遷間設塘馬報汛〉，頁43；又同書，一，〈黃河・一八　論黃河特性及防汛戰略、戰術〉，頁31，載：在防河如防虜的認知下，萬恭研判北虜「以秋高跋扈，出沒無常，防之不嚴，則内地荼毒。」而黃河「以伏秋汛烈，消長巨測，守之不固，則隄岸橫衝」；因此，其防禦北虜的關鍵，在於「審盛衰之機，委之、持之而已矣。」此一要旨，也可用於防守黃河上。

〔註2〕萬恭（明），《治水筌蹄》，附錄，〈兵部左侍郎兩溪萬公墓誌銘〉，頁218。

〔註3〕張廷玉（清），《明史》（新刊本，臺北：國防研究院明史編纂委員會，1963），卷223，〈列傳第一百十一・萬恭〉，頁2575下。

考功郎中（約在嘉靖三十六年二、三月間，1557，43 歲）、〔註4〕南京光祿寺少卿（嘉靖三十六年四月）、〔註5〕南京太樸寺少卿（嘉靖四十年閏五月，1561，47 歲）、南京鴻臚寺卿（嘉靖四十一年四月，48 歲）。〔註6〕初任職的吏部文選主事，在此任官長達 13 年，而後能晉升考功郎中，係因徐階（1503～1583）的提攜。〔註7〕

　　嘉靖四十二年（1563，49 歲）六月，萬恭調往北京，陞任大理寺少卿。〔註8〕這時，北虜侵犯北京近郊的通州（與北京相距 50 里），明世宗置疑兵部諸臣不能稱職，遂以此事詢問大學士徐階，徐階評論協理京營戎政的兵部右侍郎喻時（1506～1570）及蔡汝楠（1516～1565）二人，才學有限，不足以參贊軍務。〔註9〕明世宗則感嘆言：京兵在永樂朝曾高達 40 萬人，如今卻僅存 8、9 萬，決定撤換此二人的職務，改調於南京；並從吏部尚書嚴訥（1511～1584）所推舉的 5 位人選中，〔註10〕選任李燧（湖廣布政司參政）為都察院右僉都御史以協理戎政，萬恭則出任兵部右侍郎。〔註11〕

　　萬恭任職兵部，在選兵、議將、練兵車等改革事項上，均獲明世宗的支持。明年（嘉靖四十三年，1564，50 歲），李燧被罷職，協理戎政一職出缺；此時，眾將領均推舉萬恭出任，但萬恭卻稱病不出，待改命趙炳然（？～1569）繼任後，才復出治事。〔註12〕於是給事中胡應嘉（？～1569）奏劾萬恭二事，

〔註4〕　依萬恭（明），《治水筌蹄》，附錄，〈兵部左侍郎兩溪萬公墓誌銘〉，頁 216，載：「遂自封司擢郎考功，主計事。……月餘擢南光祿少卿。」其任南京光祿寺少卿是在嘉靖三十六年四月，如是可推知其任考功郎中係在同年二、三月間。

〔註5〕　張居正（明），《明世宗實錄》（國立中央研究院歷史語言研究所民國五十一年刊本縮印，京都：京都出版社，1984），卷 446，頁 4 上，嘉靖三十六年四月丙申。

〔註6〕　張居正（明），《明世宗實錄》，卷 508，頁 3 上，嘉靖四十一年四月辛巳。

〔註7〕　萬恭（明），《治水筌蹄》，附錄，〈兵部左侍郎兩溪萬公墓誌銘〉，頁 215～216：「文貞（徐階）適在政府，曰：以萬君衡士，固當」。其實，倆人的關係，可追溯至萬恭值弱冠之年，因其能補博士弟子員，也是受知於徐階的賞識。

〔註8〕　張居正（明），《明世宗實錄》，卷 522，頁 2 上，嘉靖四十二年六月甲寅。

〔註9〕　張居正（明），卷 527，頁 7 下，嘉靖四十二年十一月丁酉。

〔註10〕　嚴訥推薦：兵部職方司郎中張志孝、湖廣布政司參政李燧、陝西按察司副使張謐堪、協理戎政南京工部侍郎霍冀、原任都察院僉都御史趙時春，及萬恭堪任兵部右侍郎。

〔註11〕　張居正（明），《明世宗實錄》，卷 527，頁 7 下～8 上，嘉靖四十二年十一月丁酉。

〔註12〕　張廷玉（清），《明史》，卷 223，〈列傳第一百十一‧萬恭〉，頁 2575 下。

一為詐病避事，另一是曾接受黔國公沐朝弼（？～？，鎮守雲南）的賄賂，建請罷除其職務。萬恭雖上疏辯解，但吏部仍擬調整其職務，〔註13〕幸有徐階為其緩頰，〔註14〕依嘉靖四十三年九月十四日，徐階〈答科臣劾萬恭諭〉載：

> 伏蒙聖言，昨一言官又劾萬恭之罪，此任（協理戎政）四更人臣，
> 不肯任事可乎？不知吏部又何看之。臣惟人臣之義，東西南北，惟
> 上所命，豈容避難，但恭，在科臣則以為託病，在眾論則以為眞病。
> 又以為恭，見在京營，能著實操練，臣適會訥（嚴訥，吏部尚書），
> 亦未有定論，人才難得，是非貴眞，乞容訥詳訪一二日，必得實，
> 而後題請也。〔註15〕

徐階以「在眾論則以為眞病」，「人才難得」等理由，居中調解。明世宗雖已下詔不再追究，但萬恭仍不能自安，為表明其非意圖規避難事，奏請至邊區效命；同年十月，陞任兵部左侍郎兼都察院右僉都御史提督雁門等關及巡撫山西。〔註16〕

嘉靖四十五年（1566，52歲）正月，萬恭因母親辭世，返鄉守喪。〔註17〕家居6年後，隆慶五年（1571，57歲），逢黃河潰決於邳州（江蘇邳縣），徐淮運道（徐州城－淮安府城）大阻，雖已遣派工部尚書朱衡（1512～1584）經理河務。因隆慶六年（58歲）正月，工科給事中劉伯燮（1532～1584）推薦萬恭，〔註18〕其才足堪任事，於是以原官（兵部左侍郎）兼都察院左僉都御史總理河道提督軍務。〔註19〕

萬恭出任總河，掌理河務，於萬曆二年（60歲）四月，遭工科給事中吳文佳（1539～1607）與南京湖廣道御史陳堂等奏劾其治河無效，被罷職。

〔註13〕張居正（明），《明世宗實錄》，卷539，頁1下，嘉靖四十三年十月丙子。
〔註14〕依萬恭（明），《治水筌蹄》，附錄，〈兵部左侍郎兩溪萬公墓誌銘〉，頁216。
〔註15〕徐階（明），《經世堂集》（收入《四庫全書存目叢書》，據北京大學圖書館藏明萬曆徐氏刻本影印，臺南：莊嚴文化事業公司，1996），集部，別集類，第79冊，卷3，〈答科臣劾萬恭諭〉，頁8下。
〔註16〕張居正（明），《明世宗實錄》，卷539，頁4上，嘉靖四十三年十月己亥。
〔註17〕張居正（明），《明世宗實錄》，卷554，頁4上，嘉靖四十五年正月辛酉。
〔註18〕張居正（明），《明穆宗實錄》（國立中央研究院歷史語言研究所民國五十一年刊本縮印，京都：京都出版社，1984），卷65，頁5上下，隆慶六年正月壬申。
〔註19〕談遷（明），《國榷》（北京：中華書局，2005），卷67，頁4175，隆慶六年正月丁丑；但張居正（明），《明穆宗實錄》，卷65，頁6下，隆慶六年正月丁丑，載萬恭出任總理河道的兼職是「都察院右都御史」為誤植。

〔註 20〕從此居家 17 年，萬曆十九年（77 歲）十一月辭世，〔註 21〕敕葬於進賢縣（江西進賢）鶴仙峰山頂。〔註 22〕天啓元年（1621）十月，追贈爲兵部尚書。〔註 23〕

第二節　品格才識

萬恭，其體質瘦弱，聰慧警敏，個性強毅，能擘畫論事。〔註 24〕茲爲彰顯其人格與才識，徵引史實予以論述：

一、循禮不阿

嘉靖二十四年（1545），壽王（祐榰，？～1545，明憲宗第九子）卒，〔註 25〕靈櫬經南京，南京各司官員迎弔於江邊，宦臣要求諸臣敬拜王妃，萬恭則厲聲反對：「禮不朝后，況妃乎？」以致宦臣不敢違禮放肆。〔註 26〕

二、仁心愛民

其任職南京吏部文選主事期間（嘉靖二十六年以前），有次倭寇侵犯南京，在情勢危急下，倉促之間，緊閉各座城門，數萬百姓被摒棄於城外，號

〔註 20〕溫體仁（明），《明神宗實錄》（國立中央研究院歷史語言研究所民國五十一年刊本縮印，京都：京都出版社，1984），卷 24，頁 2 下，萬曆二年四月癸丑。

〔註 21〕雖溫體仁（明），《明神宗實錄》，卷 250，頁 4 上，萬曆二十年七月丙寅，載萬恭卒於萬曆二十年七月，但本文所載卒年以〈兵部左侍郎兩溪萬公墓誌銘〉爲準。

〔註 22〕謝旻（清），《江西通志》（收入《文淵閣四庫全書》，據國立故宮博物院藏本影印，臺北：臺灣商務印書館，1984），史部，地理類，第 516 冊，卷 110，〈邱墓‧南昌府〉，頁 15 上。

〔註 23〕李長春（明），《明熹宗實錄》（國立中央研究院歷史語言研究所民國五十一年刊本縮印，京都：京都出版社，1984），卷 15，頁 9 下，天啓元年十月辛巳。

〔註 24〕張廷玉（清），《明史》，卷 223，〈列傳第一百十一‧萬恭〉，頁 2575 下；金桂馨（清），《逍遙山萬壽宮志》（中國道觀志，揚州：江蘇古籍出版社，2000），卷 22，〈鄉賢‧萬恭〉，頁 7 上；萬恭（明），《治水筌蹄》，附錄，〈兵部左侍郎兩溪萬公墓誌銘〉，頁 218；潘季馴（明），《潘司空奏疏》（收入《文淵閣四庫全書》，據國立故宮博物院藏本影印，臺北：臺灣商務印書館，1984），史部，詔令奏議類，第 430 冊，卷 7，〈督撫江西奏疏‧薦舉人材（才）疏〉，頁 76 上。

〔註 25〕張廷玉（清），《明史》，卷 119，〈諸王四‧壽王祐榰〉，頁 1537 下。

〔註 26〕張廷玉（清），《明史》，卷 223，〈列傳第一百十一‧萬恭〉，頁 2575 下；萬恭（明），《治水筌蹄》，附錄，〈兵部左侍郎兩溪萬公墓誌銘〉，頁 215。

哭震天；萬恭見狀言：為何先拋棄自己的百姓？要求開啟城門，讓百姓入城避難。〔註27〕晚明，為維護漕河的通航，須設置洪夫（徐州洪、呂梁洪）、閘夫、溜夫、淺夫等夫役，此一河夫的徵派及所需工食，迫使沿河州縣百姓受困於河役，如山東的東昌、兗州二府，歲派河夫 1 萬 2 千 7 百餘人，每名工食銀 12 兩，一年徵銀高達 15 萬 3 千餘兩；南直隸的淮安府、揚州府、徐州，歲派名額總共 5 千 3 百餘人，一年徵銀 6 萬 4 千餘兩。但萬恭則認為漕河既為朝廷的命脈，整治運道所需的河夫與經費，不該僅徵派於沿河州縣百姓，理當由朝廷來承擔，遂於隆慶六年十一月，奏請將「兌糧所折耗銀」、「剝運（通惠河）所省腳價」、〔註28〕「近新建瓜閘又有所省過壩米」（詳見第四章二節〈湖漕的瓜洲河改建船閘〉）等三項每年約計 10 餘萬兩，移作整治運道經費，將可減輕原先沿河百姓所負擔的半數。此案經工部審議後，雖僅核准瓜洲每年所省下的過壩米銀一項，充作河道經費，但也稍為減輕沿河百姓在河役上的負擔。〔註29〕

三、審時制策

嘉靖四十二年，北虜侵犯通州，北京戒嚴，朝中九卿及所屬官吏被分派於九門駐防。明世宗為能掌握各門防務，派遣內臣偵察；這時，各門駐軍大多日夜操練，值夜晚，仍高掛燈籠駐守，以致將士疲累；惟萬恭的防地，不僅夜間沒有燈光，且所屬軍士，採行 5 人防守 4 人輪休的方法。因此內臣頗感好奇，詢問何以夜間不張燈？萬恭回答：此係基於從黑暗處能明視光亮處，但從光亮處卻無法洞察黑暗處；因此為防備北虜趁黑夜登城，而駐軍能掌握城下動靜，於是將燈火藏於籠子裡，並非沒有燈火。〔註30〕此一應變措施，令明世宗印象深刻，影響其日後能調陞為兵部右侍郎。

〔註27〕　萬恭（明），《治水筌蹄》，附錄，〈兵部左侍郎兩溪萬公墓誌銘〉，頁 215。

〔註28〕　參見蔡泰彬，《明代漕河的整治與管理》（臺北：臺灣商務印書館，1992），第 5 章 2 節，〈通惠河與慶豐等五座船閘〉，頁 223～225。

〔註29〕　溫體仁（明），《明神宗實錄》，卷 7，頁 5 下～6 上，隆慶六年十一月丙申。工部反對挪動另兩項經費的原因，「耗米銀，後改徵本色給軍腳價」；「除扣修通惠河，餘解太倉濟邊。」

〔註30〕　梁維樞（清），《玉劍尊聞》（收入《四庫全書存目叢書》，據中國人民大學圖書館藏清順治賜鱗堂刻本影印，臺南：莊嚴文化事業公司，1996），子部，小說家類，第 244 冊，卷 2，〈政事〉，頁 10 上下；萬恭（明），《治水筌蹄》，附錄，〈兵部左侍郎兩溪萬公墓誌銘〉，頁 216。

　　山西北方濱臨黃河一帶，東起偏關縣老牛灣（西至黃河 20 里），西至河曲縣（山西河曲），與北虜僅有一河之隔。從嘉靖二十一年（1542）起，總兵官王繼祖倡行「打冰之說」，往後，此一防禦方法，在此處因循實施 20 餘年。所謂打冰，即逢冬春之際，派遣士兵擊散河川上的結冰層，以防範北虜經此南渡。嘉靖四十四年五月，萬恭重新評估打冰的成效，其認為在嚴寒季節，調派士兵擊打河床上的冰層，不久又結凍，實為徒勞無功。況且北虜入侵季節現今已轉移至夏秋，此時河水淺澀，黃河已不能發揮防禦作用。故建請在此處修建邊牆，從險崖（偏關縣）至陰灣（河曲縣治西北 40 里），位居要衝，應修建 20 里；陰灣至石門（河曲縣），位處次衝，也修建 20 里。此段邊牆的防禦功能，若與打冰相比較，「守牆則逸而有成，打冰則勞而無益。」〔註31〕

　　萬恭任官，關心民瘼，能因應不同時空而制訂較為有效的策略，故其巡撫山西期間，雖僅 1 年 2 個月，深受軍民感戴，奉祀於榆社縣（山西榆社）三立祠。〔註32〕

〔註31〕張居正（明），《明世宗實錄》，卷 546，頁 1 下～2 上，嘉靖四十四年五月甲辰。

〔註32〕和珅（清），《大清一統志》（上海：上海古籍出版社，2008），卷 159，〈遼州直隸州・祠廟〉，頁 10 下，該廟除奉祀萬恭外，尚有明代知縣康樸、馮道亨，縣丞冀孟曾，典史胡景化。此祠廟的名稱，覺羅石麟（清），《山西通志》（收入《文淵閣四庫全書》，據國立故宮博物院藏本影印，臺北：臺灣商務印書館，1984），史部，地理類，第 548 冊，卷 166，〈祠廟三〉，頁 39 下，則稱「三烈祠」。

第三章　黃河下游東流與萬恭治理
黃、漕二河方策的調整

　　黃、漕二河在哪裡交會，最能符合明代「治黃保漕」的方策。明永樂十三年（1415）開通會通河，南糧北運，專行河運後。漕河從臨清州城至儀眞縣、瓜洲鎮間的運道，能否維持暢通的主因之一，與黃河下游河道的流向有密切關係。在明初，弘治八年劉大夏爲何阻斷黃河下流的北流河道，係鑒於黃河水若流經此一河道，有衝斷會通河的危害。於明中葉，黃河下流河道東北徙，在沛縣或魚臺縣一帶會入漕河，則擔憂黃河水有衝淤闡漕南段運道的危險；若導引黃河主流河道南循渦、睢等水入淮河，又惟恐徐淮運道缺乏黃河水的濟注（詳見本章一節一項〈河漕需引黃濟運〉）。因此隆慶元年（1567），總理河道工部尙書朱衡總結晚明以前的治黃經驗，提出：「河流出境山（徐州城北 40 里）以北，則閘河（臨清州城－徐州城北的運道）淤；出徐州以南，則二洪（徐州洪、呂梁洪，意指徐州城－淮安府城的運道）涸。惟出自境山至徐州小浮橋（徐州城北）四十餘里間，乃兩利而無害。」〔註 1〕於是擇定徐州城北 30 里的茶城，作爲黃、漕二河最佳交會處，（見圖一、三、四）在此處交會能獲得「避害」（降低黃河對闡漕南段運道、會通河的衝阻），而「資其利」（導引黃河水濟助徐淮運道通行糧船所需的水量）的成效。於是將黃河下游河道導向東流，循秦溝（徐州城北 35 里），在茶城交會漕河。（見圖三）黃河此一流向，不僅使黃河全流水導向徐州城，而且徐州城至淮安府城間，長 540 里的河道，既是黃河也是漕河（以後此段運道稱爲「河漕」），從此黃、漕二河在此合和爲一；此一水文環境的改變，爲使糧船能順行於各段運道，遂啓動黃、漕二河須進行一系列的改造工程。

〔註 1〕張居正（明），《明穆宗實錄》，卷 3，頁 16 上，隆慶元年正月甲申。

圖三：明代黃、漕二河交會茶城一帶河道變遷圖

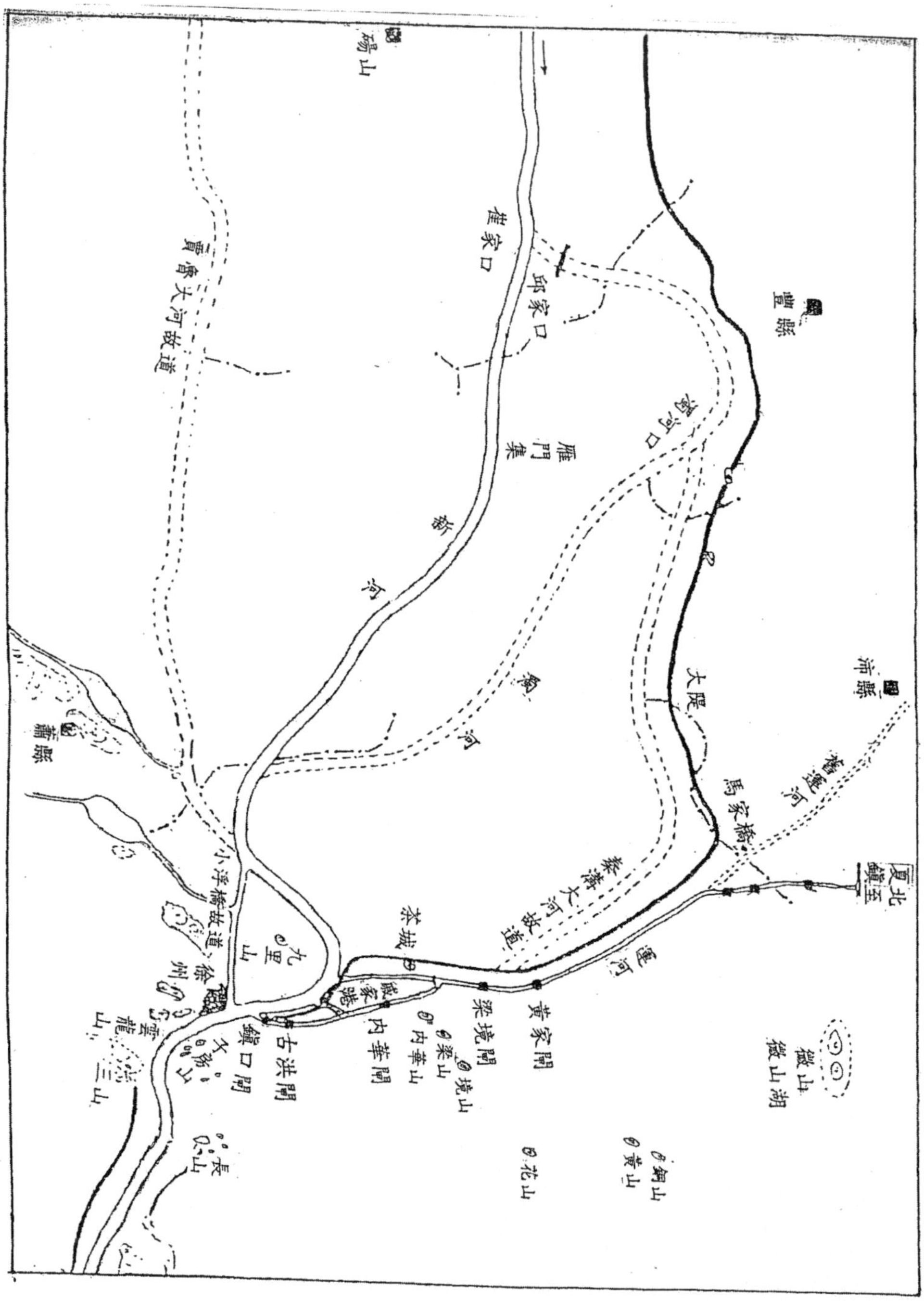

（採自武同舉，《淮系年表全編》，淮系歷史分圖二十四）

圖四：明代閘漕南端河道變遷圖

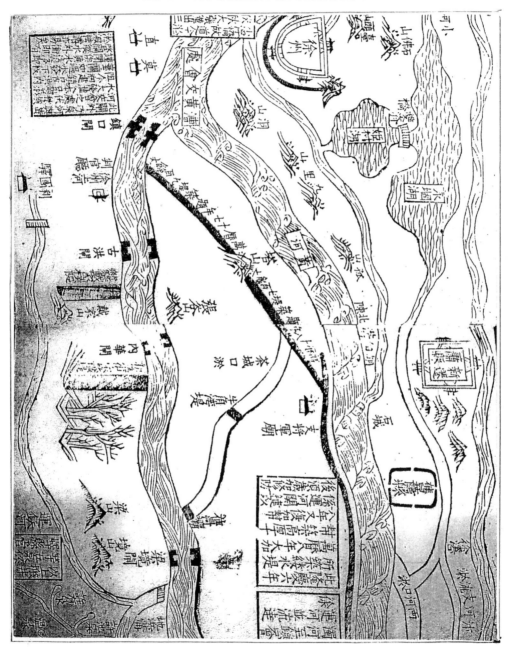

（採自明・潘季馴，《河防一覽》，全河圖說）

第一節　調整黃河的治理方策

一、河漕需引黃濟運

　　束水攻沙論形成於隆慶朝與萬曆初年，倡議此一治河觀的理由，就漕河言，即是河漕爲能通行糧船必須引用黃河水。

　　河漕原屬於山東泗河的下游河道，永樂十三年（1415），明成祖能廢海運而專行河運，就徐淮運道言，〔註2〕其能通行糧船所需的水量，除泗水、汶水（從山東汶上縣南旺分流南下的 3 分水量，詳見第四章三節一項〈坎河口築石灘〉），尚須引用黃河水，依《治水筌蹄》載：

> 「我朝之運不賴黃河」——此先臣之言也。蓋欲黃河由禹故道，而
> 以爲山東汶水三分流入徐（徐州洪）、呂（呂梁洪）二洪，爲可以濟
> 運，遂倡爲「不賴黃河」之說耳。夫徐、呂至清河（縣）入淮（河），
> 五百四十里。……則弱汶三分之水，曾不足以濕徐、呂二洪之沙，
> 是覆杯水於積灰之上者也。焉能盪舟！二洪而下，經徐（州）、邳
> （州），歷宿（遷）、桃（源），河身皆廣百餘丈，皆深二丈有奇，汶
> 河勺水，能流若是之遠乎，能濟運否乎？故曰：我朝之運，半賴黃
> 河也。〔註3〕

又同書載：

> 今則餉事大半仰給江南，而江南之舟，泛長江，歷揚（州）、淮（安）
> 而北，非（黃）河以濟之，則五百四十里當陸運耳！。〔註4〕

萬恭認爲河漕若僅依賴「弱汶三分之水」（含泗水），不僅不足以滋潤徐州洪與呂梁洪二處的泥沙；何況河漕從徐州城，歷經邳州、宿遷縣（江蘇宿遷）、桃源縣（江蘇泗陽）、清河縣（江蘇淮陰東北），長達 540 里，河身寬約 100餘丈，水深約 2 丈，因此微弱的汶水與泗水，實不足以維持此段運道通行糧運所需水量，因此主張：「我朝之運，半賴黃河。」

　　河漕既需引用黃河水濟運，故黃河下游河道的流向，萬恭反對北行與南流，其理由如下：

〔註2〕晚明以前，徐州城至淮安府城間的運道，因黃河全流尚未長期奪行此運道，故此段運道不可以稱爲「河漕」。

〔註3〕萬恭（明），《治水筌蹄》，一，〈黃河·一七 治黃思想及論證·乙堅持以黃通運，反對拒黃、引汶〉，頁 27～28。

〔註4〕萬恭（明），《治水筌蹄》，一，〈黃河·二五 論治黃爲了通運（一）〉，頁 37。

（一）反對北行

原因在於「九河故道必不可復者，爲餉道也，而非難復也」，〔註5〕於是批評：主張黃河下游河道北流（循山東大清河入海），爲「國家之利」者，是「先臣之言，堪輿家者流之說也」，此因黃河北徙，將造成徐淮運道因缺乏黃河水的濟助而難於行運。〔註6〕

（二）反對南流

即黃河南循潁、渦等河入淮河，其反對原因有二：

1、河患由下游轉移至中游。若導引黃河南行，只是將黃河下游的徐州、邳州等處河患，轉移至黃河中游的河南，故言：「河患不在徐（州）、邳（州），必在河南，不在河南，必在徐、邳。」〔註7〕

2、徐淮運道患淺涸阻運道。〔註8〕萬恭指出：「嘉靖中，（黃）河身直趨河南孫家渡（滎陽縣，南循潁河）、趙皮寨（蘭陽縣，西南循睢河），或南會於淮（河），或出小河口（宿遷縣西南 10 里，睢河入徐淮運道處），二洪幾斷，漕事大困，則以失黃河之助也。」〔註9〕前述內容，是指：嘉靖年間，黃河正流河道曾南行潁、渦、睢等水入淮河，此時，爲導引黃河水濟助徐淮運道，於是在黃河潰決處，開鑿分水河渠，接引黃河水匯入賈魯河，（見圖三）至徐州城一帶注入運道。但這些分水河渠，每當黃河潰決時，常牽引賈魯河的黃河水往南徙，以致此一分水河渠無法扮演輸送黃河水濟注運道的功能，如嘉靖十九年（1540）七月，黃河潰決於睢州野雞岡（州治北 60 里），黃河正流河道仍南循渦河入淮河，卻導致引黃河水濟助徐淮運道的 3 條輸水河渠中，淤塞 2 道（即於睢州地丘店與考城縣孫祿口所開鑿的河渠），僅存睢州孫繼口

〔註5〕萬恭（明），《治水筌蹄》，一，〈黃河・二五 論治黃爲了通運（一）〉，頁37。
〔註6〕萬恭（明），《治水筌蹄》，一，〈黃河・一七 治黃思想及論證・丙 主張南流濟運，反對北徙〉，頁28。
〔註7〕萬恭（明），《治水筌蹄》，一，〈黃河・一七 治黃思想及論證・丁 主張河行現道，反對復故〉，頁29。
〔註8〕萬恭（明），《治水筌蹄》，一，〈黃河・一七 治黃思想及論證・丁 主張河行現道，反對復故〉，頁29；又同卷，〈黃河・二 開封、徐、邳間河道演變〉，頁 14：「今開（封）、歸（德）、沛（縣）諸流俱埋，全河悉經徐州一道，則開、歸、沛之患紓，而徐（州）、邳州之患博。其不兩利亦不能兩害者，勢也。」
〔註9〕萬恭（明），《治水筌蹄》，一，〈黃河・一七 治黃思想及論證・乙 堅持以黃通運，反對拒黃、引汶〉，頁28。

一道，造成徐淮運道的河水量不足，無法通運。〔註10〕

　　可知黃河下游河道的流向，不得北行或南流，主要在確保河漕的通航，故萬恭主張黃河全流須導向東行徐州茶城，此一流向，能達成的功效：「以五百四十里治運河，即所以治黃河，治黃河，即所以治運河，知行合一，不亦便哉。」〔註11〕但黃河的氾濫區，從此，也將從河南、山東一帶，轉移至其下流的徐州、淮安府、揚州府等地，此一衝盪無數民命的災害，〔註12〕卻被視爲「黃河決隄之害有限，而濟運之利無窮。」〔註13〕

二、治黃採束水攻沙

（一）束水攻沙的形成

1、原理與運作

　　萬恭治河期間，極力主張黃、漕二河合一，依其自述，其推動束水攻沙論，是採納虞城縣一位生員的獻策，〔註14〕以整治黃河河道上的淤沙。

　　束水攻沙論的原理與運作，現有研究成果甚多，〔註15〕於此不再深論，茲僅提出萬恭的看法，依《治水筌蹄》載：

〔註10〕張廷玉（清），《明史》，卷83，〈河渠一・黃河上〉，頁878；同書，卷85，〈河渠三・運河上〉，頁898；張居正（明），《明世宗實錄》，卷248，頁10，嘉靖二十年四月乙亥：「總督漕運左都御史周金奏，黃河支流淤塞，徐呂二洪水淺，……請及時挑濬以濟糧運。戶部給事中劉繪奏，黃河大勢南徙，其支流細微，以致徐呂二洪涸淺，有妨運道，乞嚴責河道官疏濬（商邱縣）丁家道口等處。」

〔註11〕萬恭（明），《治水筌蹄》，一，〈黃河・二六 論治黃爲了通運（二）〉，頁38。

〔註12〕顧炎武（清），《天下郡國利病書》（臺北：廣文書局，1979），卷29，〈江南十七・儀瓜工部分司〉，頁4下。

〔註13〕萬恭（明），《治水筌蹄》，一，〈黃河・二六 論治黃爲了通運（二）〉，頁38。

〔註14〕萬恭（明），《治水筌蹄》，一，〈黃河・三八 束水深河與緩流落淤的理論、經驗〉，頁50：「虞城生員獻策爲余言：『以人治河，不若以河治河也。夫河性急，借其性而役其力，則可淺可深，治在吾掌耳。法曰：如欲深北，則南其隄，而北自深；如欲深南，則北其隄，而南自深；如欲深中，則南北隄兩束之，衝中堅焉，而中自深。此借其性而役其力也，功當萬之於人。又，其始也，假隄以使河之深；其終也，河深而任隄之毀。』」

〔註15〕參見岑仲勉，《黃河變遷史》（臺北：里仁書局，1982），第13節下，〈明代河患的鳥瞰・批評潘季馴的束水攻沙〉，頁524～539；張含英，《明清治河概論》（北京：水利電力出版社，1986），第4章，〈治水與攻沙的探索〉，頁33～45；賈征，《潘季馴評傳》（南京：南京大學出版社，1996），第5章，〈走向成熟的中期治河活動〉，頁128～167；谷光隆《明代河工史》（東京：同朋舍，1991），第3篇2章，〈黃淮交匯と潘季馴の河工〉，頁366～375。

「多穿漕渠以殺水勢」──此漢人之言也。特可言之秦、晉峽中之
河耳。若入河南，水匯土疎，大穿，則全河由渠而舊河淤，小穿，
則水性不趨，水過即平陸耳。夫水專則急，分則緩；河急則通，緩
則淤。治正河，可使分而緩之，道之使淤哉？今治河者，第幸其合，
勢急如奔馬，吾從而順其勢──隄防之，約束之，範我馳驅，以入
於海。淤安得停？淤不得停則河深，河深則永不溢，亦不舍其下而
趨其高，河乃不決。故曰：黃河合流，國家之福也。〔註16〕

又同書載：

支開上流，不入黃河助之爲虐者，……（黃）河以北，水之大者莫
如衛（河）。若使……丹（河）、汾（河）、沁（河）自左助黃河者，
導之悉北歸於衛（河），入天津之海。……唯丹（河）、汾（河）俱
入沁（河），爲流頗巨，可抵黃河四分之一。……故去（黃）河患者，
以分沁（河）爲本。〔註17〕

依前述，萬恭主張：

（1）河不兩行

認爲河南一帶，「水匯土疎」，以致黃河水中含沙量甚高，因此黃河下游
不能有兩條以上的河道，若旁開支渠過大，容易促使黃河正流改道；若支渠
太小，不僅無法分洩黃河水，且維持不久，即被泥沙所淤滿。

（2）築堤束水

水流集中則水勢湍急，水勢湍急則河道暢通；反之，水流分散則水勢緩
慢，水勢緩慢則泥沙易於淤積。因此整治黃河，其河道兩岸須構築堤防，以
約束河水；如是，水勢奔騰則泥沙不易淤積，泥沙不淤積則河道深闊，河道
深闊則河水永不氾溢。

黃河兩岸須構築的堤防，萬恭已認知縷堤、遙堤、月堤在束水防洪上各
有其不同功能。（見圖五）縷堤：「因河之勢而順流束之者」，〔註18〕「利于深
河而不利于守隄」，〔註19〕此式堤防濱臨河岸，在固定河道與匯集河水上，最

〔註16〕萬恭（明），《治水筌蹄》，一，〈黃河・一七　治黃思想及論證・甲　論述「河
　　　　急則通」，主張束水沖淤，反對分流〉，頁27。

〔註17〕萬恭（明），《治水筌蹄》，一，〈黃河・一七　泛論導洛入淮；主張引沁入衛，
　　　　減少黃河流量〉，頁34～35。

〔註18〕萬恭（明），《治水筌蹄》，一，〈黃河・四二　縷水隄與截水隄〉，頁52。

〔註19〕萬恭（明），《治水筌蹄》，一，〈黃河・四一　四種隄防及其作用〉，頁52。

為重要。遙堤:「利于守隄而不利于深河。」〔註20〕此一堤防因遠離河岸,約1至3里處,倘遇洪水潰決縷堤,尚有遙堤作為第二道防線。月堤:「正隄單薄,宜築月隄掎之。……蓋二隄各力則薄,而分禦之力微。若以築月隄之工而幫正隄則厚,而合禦之力大。」〔註21〕此種堤防構築於埽灣急溜處,具有補強縷堤的禦水功能。

圖五:明代縷堤、遙堤、月堤示意圖

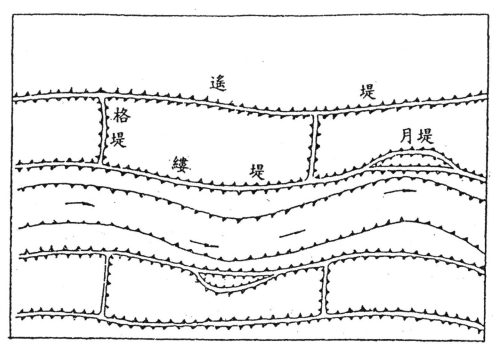

(採自水利部黃河水利委員會,《黃河水利史述要》,圖八之四)

此三式堤防相互運作,不僅能束水刷沙,而且具有「滯洪落淤」的功能,「為之固堤,令漲可得踰也,漲衝之不去,而又踰其頂,漲落,則隄復障急流使之別出,而隄外水皆緩,固隄之外悉淤為州。」〔註22〕在防洪上,萬恭首次提出雙重堤防具有滯洪落淤的作用;此一落淤固堤的方策,在一定範圍內,確能獲得相當助益。

〔註20〕 萬恭(明),《治水筌蹄》,一,〈黃河‧四一 四種隄防及其作用〉,頁52。
〔註21〕 萬恭(明),《治水筌蹄》,一,〈黃河‧一一 徐州、淮陰間河道及決口、堵築〉,頁21。
〔註22〕 萬恭(明),《治水筌蹄》,一,〈黃河‧三八 束水深河與緩流落淤的理論、經驗〉,頁50。

（3）中游減量

黃河中游河道寬度（河南省），從孟津縣（河南孟津）以下，均寬 2、30 里，位於徐州城上游的豐縣（江蘇豐縣）、碭山縣（江蘇碭山）等地，也有 1、20 里；〔註 23〕而河漕的寬度，在徐州城一帶，因南岸是城池，北岸爲山岡（子房山、駱駝山、長山等），僅有 80 餘丈，而徐州城以下的邳州、宿遷縣、桃源縣，寬約 2、3 百丈，〔註 24〕所以黃河中、下游河道寬度相比較，下游不及中游的十分之一。因此爲降低黃河中游一帶的水流量，萬恭主張：將從潼關（陝西潼關）以下，黃河南北兩岸的支流，「分洩於（黃）河南、北之郡縣」，以免襄助黃河肆虐，〔註 25〕例如沁河若能導入衛河，可降低黃河水流量的四分之一。

2、創見與創建

萬恭推動束水攻沙論，雖然當代多位學者認爲此一治河觀是萬恭或虞城縣生員的創見，而潘季馴（1521～1595）僅爲承繼者。〔註 26〕事實上，潘季馴得以全力執行束水攻沙論雖在其第三任總河期（萬曆六年二月～萬曆八年

〔註 23〕賀長齡（清），《皇朝經世文編》（臺北：國風出版社，1963），卷 100，〈河防五・建虎山腰減壩疏〉，頁 8 上。

〔註 24〕萬恭（明），《治水筌蹄》，一，〈黃河・一七 治黃思想及論證・乙堅持以黃通運，反對拒黃、引汶〉，頁 28。

〔註 25〕萬恭（明），《治水筌蹄》，一，〈黃河・二一 論潼關以下支流各自分洩，不入幹流〉，頁 34～35。

〔註 26〕如姚漢源《中國水利史綱要》（北京：水利電力出版社，1987），第 7 章 1 節，〈治河防河，潘季馴治河及晚明河情〉，頁 454：「萬恭著有《治水筌蹄》，潘季馴著有《河防一覽》，前者除最早提出束水攻沙外，……只是萬氏開其端，潘氏擴大到全河而已。」朱更翎整編萬恭《治水筌蹄》，其於頁 50 校注〈黃河・三八 束水深河與緩流落淤〉的注文：「虞城生員，……是明代治河『束水攻沙』理論的首創人。經萬恭採納，實施於河工，效果顯著。其後潘季馴又加以發展。」又張含英，《明清治河概論》，第 4 章 3 節，〈攻沙的探索〉，頁 41：「萬恭任官于明隆慶六年至萬曆二年（公元一五二七至一五七四年），較諸潘季馴第三次任河官（萬曆 6 年），提出："築堤束水；以水攻沙"之說爲早。後者顯然受上述理論與實踐的影響，而又有所發展。」

本文推知：虞城縣生員建言萬恭採行束水攻沙論，當於萬曆六年十月構築黃河中游南岸堤防（蘭陽縣（河南蘭封）趙皮寨至虞城縣（河南虞城）凌家莊，全長 229 里）時，但萬恭稍早於萬曆六年四月修建完成黃河下游堤防，是時已採行束水攻沙的治水方策，在河道兩岸建造縷堤與遙堤，故虞城縣生員獻策萬恭是指黃河中游堤防（河南）而言，於此構築雙重堤防，以達沖刷下游泥沙之效。（詳見第三章一節二項二款〈束水攻沙的執行〉）

六月），但其於隆慶五年第二次擔任總河時（隆慶四年八月～隆慶六年正月），已在黃河下游構築縷堤 3 萬餘丈，此一時間較萬恭治河時（隆慶六年正月），尚早約一年。至於遙堤，隆慶四年（1570）十二月，工部郎中張純已向潘季馴建言：從徐州至淮河，河床已逐漸淤高，但堤防卻相對單薄；為預防黃河於此潰決，河道兩岸除應構築縷堤外，尚須修建遙堤。此一建言經潘季馴詳勘後，基於工程浩大，國家財政匱乏，目前僅能厚築縷水堤防；但當時潘季馴已確知遙堤與縷堤各有其防洪上的不同功能，故言：堤防有兩種，一是「縷隄近，束湍悍」；另一為「遙隄遠，待衝決。」〔註27〕由此可知潘季馴對束水攻沙論的認知應早於萬恭。

雖然萬恭在《治水筌蹄》裡，稱其認知束水攻沙論是源於虞城縣生員；但從《洞陽子箋》等史籍所存萬恭與潘季馴往來書信的內容，「維陽奉違台範，念十年舊好，此情淮水俱長」；〔註28〕「余從大中丞潘公遊十六年矣」，〔註29〕可知兩人的私交甚篤；而且，隆慶五年十二月，潘季馴遭勘河給事中雒遵（？～？，嘉靖四十四年進士）彈劾其治河無效，於隆慶六年正月被撤職，返回故里時，繼其後出任總河者，即是萬恭。萬恭出任總河之前，從其經歷，未曾具有治河經驗，因此其整治黃、漕二河的方法，依《洞陽子再續集·贈潘印川司寇序》載：

> 余代公（潘季馴）於維揚，……乃潘公固卜夜而燭，余按圖而籌，余曰：如此而善，如此而敗。余按之，百不一失焉，三載（隆慶六年閏二月～萬曆二年四月）竟善而不敗，嗟潘公何心哉，何心哉。〔註30〕

〔註27〕吳道南（明），《吳文恪公文集》（收入《四庫禁毀書叢刊》，據明崇禎吳之京刻本影印，北京：北京出版社，2000），集部，第 31 冊，卷 4，〈黃河〉，頁 42 上；張居正（明），《明穆宗實錄》，卷 52，頁 10 下，隆慶四年十二月癸亥：「近者連湍悍之流，而遠者所以待衝決之患，皆為上策。」；同書，卷 60，頁 8 下，隆慶五年八月戊午：「改工部營繕司郎中張純仍為都水司郎中，以總理河道都御史潘季馴言其治河有效，特請久任故也。」又賈征，《潘季馴評傳》，第 7 章 1 節，〈交友述要〉，頁 199～200，也載：「《治水筌蹄》作為專著在書坊出版的時間可能要早于《河防一覽》，但是這并不能成為否定潘季馴在＂束水攻沙＂理論上首創地位的理由。筆者認為，明代黃河治理問題上，＂束水攻沙＂理論的首創者和最早實踐者無疑都是潘季馴。」

〔註28〕萬恭（明），《洞陽子箋》，卷之天，〈潘印川中丞〉，頁 2 上。

〔註29〕萬恭（明），《洞陽子再續集》（明萬曆間刊本，臺北：漢學研究中心影印自日本尊經閣文庫），卷 1，〈贈潘印川司寇序〉，頁 4 上。

〔註30〕萬恭（明），《洞陽子再續集》，卷 1，〈贈潘印川司寇序〉，頁 5 上。

又同書，〈督撫江西（潘季馴於萬曆四年出任江西巡撫）奏疏序〉：

> 余往與大中丞潘公，道龍門，夷呂梁（洪），泛五湖之舟，下三江之
> 航。……余訐潘公，技也，識也。〔註31〕

又《洞陽子箋・潘印川總河》：

> 濟（濟寧）上三捧手書，……蓋徐、呂洪水，視去秋反高一尺，而
> 免大患，仗翁之力，豈其微哉，行當借重，來直臥治之耳。大率以
> 水治水，以河治河，更無他術外，此則鑿矣。承諭命，裒聚紀錄如
> 考功故事，生何敢當，但願執筆彰鉅畫也。〔註32〕

可知：（1）隆慶元年閏二月九日，潘季馴在淮安府城將總河一職交接給萬恭，
〔註33〕而且兩人交接職務時，還「卜夜而燭」，潘季馴對如何整治黃、漕二
河的方策面授機宜，萬恭則「按圖而籌，余（萬恭）曰：如此而善，如此而
敗」；甚至還親領萬恭視察黃、漕二河，從「龍門」，至「三江」。〔註34〕（2）
萬恭任職總河期間，曾逢黃河秋汛水勢高漲，較去年「高一尺」，而堤防能
免於潰溢，其認爲此是「仗翁之力」，「行當借重」，由此可論證「大率以水
治水，以河治河，更無他術外，此則鑿矣。」（3）也因兩人交情深厚，治河
方策均力主束水攻沙，故萬恭曾於隆慶六年八月，及同年十月，以身體健康
爲由，上疏乞休，雖未能獲准；〔註35〕但呈上乞休疏前後，其與潘季馴往來
的信函中，有提及「幸自愛，他日相代，舍翁其誰也。」〔註36〕「生憊甚，
近三疏乞去而不得，竟不欲變任，非翁莫可代者矣，幸勉珍攝，以俟後命。」
〔註37〕「樸奉違我翁，忽忽二年，河洛之思，唯從者知之，且蚤莫幸翁之來
代也。」〔註38〕可知萬恭認爲接替其職務的最佳人選，即是潘季馴。

〔註31〕萬恭（明），《洞陽子再續集》，卷2，〈督撫江西奏疏序〉，頁1上。
〔註32〕萬恭（明），《洞陽子箋》，卷之天，〈潘印川總河〉，頁23上下。
〔註33〕潘季馴（明），《潘司空奏疏》，卷7，〈督撫江西奏議・考滿疏〉，頁40下。
〔註34〕三江爲太湖的婁江、吳淞江、大黃浦。
〔註35〕溫體仁（明），《明神宗實錄》，卷4，頁1下，隆慶六年八月乙卯；同書，
　　　　卷5，頁9下，隆慶六年十月丁卯。另有關萬恭的病情，依萬恭（明），《洞
　　　　陽子箋》，卷之亥，〈高中玄閣老〉，頁53下～54上：「自冬十二月危病，
　　　　至于春三月，昏瞶中，……茲少瘥，且運將竣。」同書，卷之亥，〈湯覺菴
　　　　給事〉，頁36上：「生積勞危疾，孟仲之交，幾遊極樂。……危疾後，了此
　　　　運事。」
〔註36〕萬恭（明），《洞陽子箋》，卷之天，〈潘印川中丞〉，頁2上。
〔註37〕萬恭（明），《洞陽子箋》，卷之地，〈潘印川中丞〉，頁16下。
〔註38〕萬恭（明），《洞陽子箋》，卷之玄，〈潘印川中丞〉，頁24下。

晚明，爲引黃河全流水濟助河漕的背景下，最早提出束水攻沙論以治理黃河者，從知見史料，應是隆慶四年擔任工部郎中的張純，當時潘季馴雖因經費有限，未能採納其建議，以構築遙堤，但此一治黃保漕的新方策，於潘季馴交接總河職務時，依《洞陽子再續集》等史料，可推知其有轉知於萬恭，而後被萬恭首次推動在黃河的治理上。因此一時期，黃、漕二河合一，束水攻沙論者堅信治黃即可達成治運的目標，如萬恭所言：「國家財賦仰給東南，貢運全資河道，……徐州以下（黃）河狹，狹則水無所容而泛溢，故欲河不爲暴，莫若令河專而深，欲河專而深，莫若束水急而驟，束水急而驟，使行地中，舍堤別無策也。」〔註39〕

（二）束水攻沙的執行

晚明的總河官中，萬恭雖不是最先認知束水攻沙論，確是第一位推動此一治河方策者。

萬恭治理黃、漕二河之前，先以徐州茶城爲軸心，評估黃河中下游一帶應如何整治：

1、黃河中游河道：即茶城以西的黃河，因此段黃河不爲漕運所經，「似當緩圖」；〔註40〕茶城以北運道，即閘漕南段運道（山東魚臺縣－茶城），「當防黃河之決而入」。〔註41〕

2、黃河下游運道：即茶城以東的黃河下游河道（即河漕），「當防黃河之決而出」；〔註42〕由於此段運道寬窄不一，又以宿遷縣爲分界點，認爲宿遷縣以下（東）運道，「河闊岸高」，〔註43〕「河博而流汛」，不須構築堤防；至於以上（西）運道，因「地形卑下之區，尤慮衝決」，〔註44〕則急需建構堤防，

〔註39〕 田文俊（清），《河南通志》（收入《文淵閣四庫全書》，據國立故宮博物院藏本影印，臺北：臺灣商務印書館，1984），史部，地理類，第535冊，卷14，〈河防三〉，頁27下。

〔註40〕 萬恭（明），《治水筌蹄》，〈萬恭治水文輯‧二爲閱分緊要隄工亟行修築以保運道疏〉，頁134。

〔註41〕 談遷（明），《國榷》，卷68，頁4209，隆慶六年十月辛未。

〔註42〕 談遷（明），《國榷》，卷68，頁4209，隆慶六年十月辛未。

〔註43〕 萬恭（明），《治水筌蹄》，〈萬恭治水文輯‧二爲閱分緊要隄工亟行修築以保運道疏〉，頁134。

〔註44〕 萬恭（明），《治水筌蹄》，〈萬恭治水文輯‧二爲閱分緊要隄工亟行修築以保運道疏〉，頁134；又同書，一，〈黃河‧二四 論豫、蘇河道及隄埽等工，應因地制宜〉，頁36。

以約束河道。〔註45〕

　　依此一評估，可知萬恭最初所建置的束水堤防，其重點在二個地方，一在茶城一帶，以防範黃河在此潰決而衝入閘漕南段運道（詳見本章二節一項〈整治閘漕的茶城運口〉），另一在徐州城至宿遷縣之間，以預防黃河於此潰決而衝出。至於黃河中游河道，因此處河道並非糧船所經的運道，在整體築堤計畫中，則位居次要。

1、黃河下游堤防工程

　　此一工程是延續潘季馴於隆慶五年四月所計畫而尚未完成者。當時，黃河在雙溝（徐州治東 110 里）以下，北決油房（邳州）等 3 口，南潰關家口（睢寧縣）等 8 口；因黃河水散溢為支流 11 道，致使黃河正河道在邳州匙頭灣（治南 20 里）一帶淤淺 80 里。潘季馴調派 5 萬夫役，盡塞 11 處決口，〔註46〕使黃河水漸復故道；並計畫於明年構築大堤，北岸從徐州磨臍溝（治東 25 餘里）至邳州直河口（治東南 60 里）」，南岸從徐州離（梨）林舖至宿遷縣小河口。〔註47〕但潘季馴旋遭罷職，隆慶六年正月，改命工部尚書朱衡兼都察院左副都御史經理河工（隆慶六年正月～隆慶六年六月），〔註48〕萬恭則以兵部左侍郎兼都察院右僉都御史總理河道。

　　此時，河議紛擾，為使南糧得以北運，另有二種不同主張，一為挑濬山東膠萊新河（山東膠州麻灣海口－掖縣海倉海口，長 300 里），以復行海運；（見圖六、七）另一是開挑泇河新河（沛縣夏鎮－邳州直河口，長 260 餘里），以縮減利用黃河為運道的距離。（見圖八）

〔註45〕萬恭（明），《治水筌蹄》，一，〈黃河・二四　論豫、蘇河道及隄埽等工，應因地制宜〉，頁 36；又同書，一，〈黃河・一一　徐州、淮陰間河道及決口、堵築〉，頁 20～21：「呂梁上至徐州，兩岸山接岡連，水無他淺；直河下至清河，兩岸崖高河闊，水鮮旁趨。此兩段，縱被衝決，未為大害。惟黃鍾集、下房村、雙溝、曲頭、新安、王家、曹家等口，青洋、白浪等淺，八九十里之間，兩岸皆低。北隄決，則水出沂武、直河，南隄決，則水出小河口。」

〔註46〕傅澤洪（清），《行水金鑑》，卷 26，〈河水〉，頁 392。

〔註47〕章潢（明），《圖書編》（收入《文淵閣四庫全書》，據國立故宮博物院藏本影印，臺北：臺灣商務印書館，1984），子部，類書類，第 970 冊，卷 53，〈漕河總敘〉，頁 93 上下。

〔註48〕張居正（明），《明穆宗實錄》，卷 65，頁 3 下，隆慶六年正月戊辰；溫體仁（明），《明神宗實錄》，卷 2，頁 12 下，隆慶六年六月戊辰。

圖六：明代海運、漕運及河陸兼運示意圖

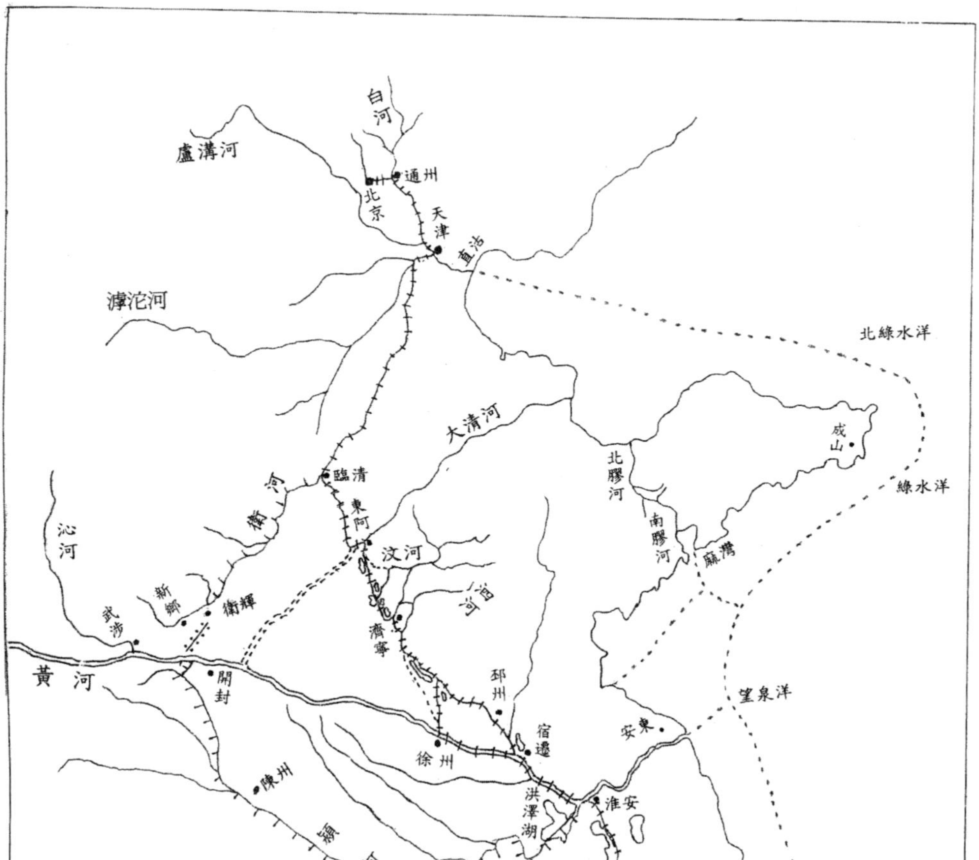

海運行程：------

漕運行程：+++++++

河陸兼運行程：河運 ┬┬┬ 陸運 ┼┼┼┼

圖七：明代膠萊新河圖

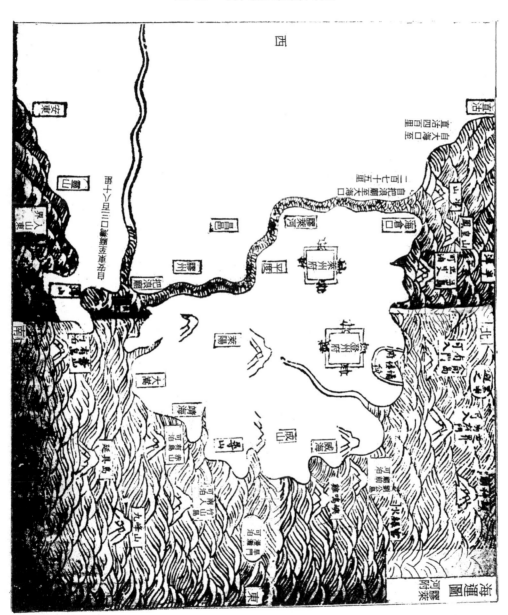

（採自明‧龍文明，《萬曆萊州府志》，海運圖）

圖八：明代泇河運道圖

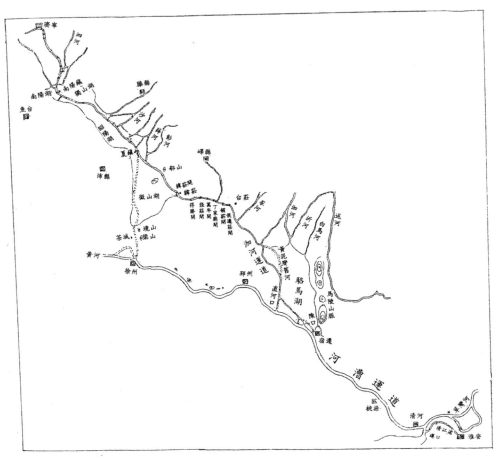

（採自武同舉，《淮系年表全編》，淮系歷史分圖五十四、五十八）

挑濬膠萊新河：如隆慶五年三月，戶科給事中李貴和（？～？，嘉靖四十四年進士）基於「此歲河決，轉運艱難」，建言重開膠萊新河；〔註49〕同年九月，戶科都給事中宋良佐（？～？，嘉靖四十四年進士）則主張先行恢復遮洋總（天津至薊州約 80、90 里的短期渤海灣的海運），以存海運的遺意。〔註50〕此時，戶部因顧及海運已廢棄甚久（從永樂十三年至隆慶五年已有 150 年），驟然恢復有其困難，但同意先行試運 12 萬石，並核撥 3 萬兩作為雇用海船與招募航員的經費。〔註51〕隆慶六年三月，總督漕運右

〔註49〕張居正（明），《明穆宗實錄》，卷55，頁2下，隆慶五年三月丁卯。
〔註50〕張居正（明），《明穆宗實錄》，卷61，頁3上下，隆慶五年九月丙寅。
〔註51〕張居正（明），《明穆宗實錄》，卷61，頁12上，隆慶五年九月乙酉。

副都御史王宗沐（1523～1591）試運 12 萬石從淮安入海，同年五月抵達天津。〔註52〕

開鑿泇河新河：首倡於隆慶四年九月前任總河翁大立（1517～？），其鑒於黃河決於邳州，導致河漕從睢寧縣至宿遷縣淤淺 180 里，奏請開挑泇河。〔註53〕翁大立奉命踏勘，同年十月，其奏報勘議：若能開通泇河，論其益處，從此不僅免除黃河灌淤茶城運口的危害，而且尚可避免糧船行經徐、呂二洪遇有湍流的危險等；但此一工程，卻有經費龐大，利國監（沛縣城南）等處多伏石，須繞道而行等弊病。〔註54〕此時，總河潘季馴因其堅持恢復舊運道（河漕），盡塞河漕沿岸各處決口，故未能興工開挑泇河。隆慶五年九月，黃河又決於邳州，開鑿泇河之議又紛起，禮科左給事中雒遵（？～？，嘉靖四十四年進士）奉命勘察。至隆慶六年閏二月，其奏報泇河不可開挑，主要理由：（1）葛墟嶺（沛縣東南 90 里）高出河底約 6 丈，試挑至 2 丈以下，就有硼石，即使強行開鑿，糧船能否行於 6 丈之下，而河夫拉牽於 6 丈之上；（2）侯家灣、良城（邳州城北 70 里）等處，河底均為伏石，甚難開鑿；（3）邳州的連汪（長 15 里）、周（長 20 里）、柳（長 15 里）等湖，水勢瀰漫，須構築堤防，但築堤所需泥土卻在數里之外，路程遙遠。〔註55〕所以此一議案再命工部尚書朱衡、總河萬恭覆勘，同年六月，朱衡奏言：開挑此道新河有三難，〔註56〕萬恭也言有六難，〔註57〕反對原因大致如同雒遵所述，且萬恭尚提出：

〔註52〕 夏燮（清），《新校明通鑑》（臺北：世界書局，1978），卷 65，頁 2555，隆慶六年三月。海運試行 2 年後，萬曆元年（1573）6 月，有 7 艘海船，3 艘哨船在即墨縣福山島附近漂沒，損失漕米約 5000 石，溺死運軍、水手 15 人，張居正接掌內閣首輔，於是王宗沐所規劃的海運，於同年 7 月遂被罷除。

〔註53〕 張居正（明），《明穆宗實錄》，卷 49，頁 5 下，隆慶四年九月甲戌。

〔註54〕 張居正（明），《明穆宗實錄》，卷 50，頁 11，隆慶四年十月庚申；陳子龍（明），《皇明經世文編》，集部，第 27 冊，卷 297，〈朱翁二公奏疏・論河道疏〉，頁 10～11。

〔註55〕 張居正（明），《明穆宗實錄》，卷 67，頁 5 下～6 上，隆慶六年閏二月壬申；潘季馴（明），《河防一覽》，卷 6，〈隆慶六年工部覆止泇河疏〉，頁 140～147。

〔註56〕 溫體仁（明），《明神宗實錄》，卷 2，頁 24，隆慶六年六月己卯：「工部尚書朱衡，……並請寢泇口河之議言：泇河開鑿之難有三，一則葛墟嶺開深之難，一則良城、侯家村鑿石之難，一則呂孟湖等築堤之難。」

〔註57〕 萬恭（明），《治水筌蹄》，二，〈運河・八九 反對開泇河，以為有「六難」〉，頁 90：「泇河口，從馬家橋入微山諸湖，穿梁城、侯家灣，取道於利國監，經蟃蛤、柳諸湖，出邳州直河入黃河，有六難！微山諸湖，水中不可陡，一也；梁城、侯家灣、葛墟嶺，皆數十里頑石，不可鑿，二也；硼石水中隨撤隨合，

假使迦河能開通，從此朝廷既要忙於黃河下游的整治，又要治理迦河，「勞不已甚乎」。於是罷除開鑿迦河之議。

海運雖有試辦（至萬曆元年七月罷除），朱衡與萬恭卻堅持治黃即治運，專注整治河漕堤防工程（徐州－宿遷縣），[註58] 至同年四月，河漕南北兩岸堤防完成，[註59] 各段工程詳如表一：

表一：隆慶六年萬恭構築河漕兩岸堤防

工程	堤式	南北岸	地　點	長　度（丈）	附　註
幫築	縷堤	南岸	青田淺（徐州）－關家口	14,844.50	原有舊堤，單薄不堪防禦。 隆慶五年，潘季馴題請修建中的工程。
修築	縷堤	南岸	關家口－直河（邳州治東南60里）	14,211.97	隆慶五年，潘季馴修建完成，但同年九月被黃河水衝刷單薄。
創築	縷堤	南岸	直河－小河口（宿遷縣）	8,400.00	
創築	遙堤	南岸	青田淺－陳家灣	4,724.50	
幫築	縷堤	北岸	呂梁城（徐州治東南50里）－栲栳（靈璧縣）、陸家灣	6,175.00	原有舊堤，單薄不堪防禦。 隆慶五年，潘季馴題請修建中的工程。
修築	縷堤	北岸	陸家灣－韓家莊（邳州）	15,112.86	隆慶五年，潘季馴修建完成，但同年九月被黃河水衝刷單薄。
創築	縷堤	北岸	韓家莊－直河	700.00	
合　計		南北岸		64,168.83	
資料來源		陳子龍（明），《皇明經世文編》（收入《四庫禁燬書叢刊》，據明崇禎雲間平露堂刻本影印，北京：北京出版社，2000），集部，第27冊，卷351，〈萬少司馬漕河奏議・為閱分緊要隄工亟行修築以保運道疏〉，頁1下～2上。		

金火不可施，三也；嶺南去徐、呂二洪一舍耳，二洪高下相等，避徐、呂二洪險，葛墟洪險復生，四也；假令治迦河即不治徐、邳河，尤可，萬一迦河成，歲治之，而徐、邳河非無事之水也，而又治，是兩役也，勞不已甚乎！五也；計鑿梁城、侯家灣，非五百萬不可，視今治徐、邳河五百年之費也，況未必成！六也。」

[註58] 夏燮（清），《新校明通鑑》，卷65，頁2551，隆慶六年正月辛未。

[註59] 張居正（明），《明穆宗實錄》，卷65，頁5上，隆慶六年正月辛未；章潢（明），《圖書編》，子部，類書類，第970冊，卷53，〈漕河總敘〉，頁93下。

　　此次築堤工程，縷堤部分，大多修築或幫築潘季馴已完成或尚在修建中的工程（5萬3百44丈3尺3寸），僅河漕北岸邳州韓家莊至直河（7百丈），南岸邳州直河至宿遷縣小河口（8,400丈），這二段（9,100丈）屬於創築。至於遙堤，則創築於河漕北岸，從徐州青田淺至陳家灣之間（4,724丈5尺）。

　　前述工程之所以能有效率的完成，以及日後為維護此段新建堤防，萬恭採行如下方法：

（1）用搶築法築堤

　　此一工程施工之前，時論相當非議：「（隆慶五年）前都御史潘季馴議開一百里故道，給事中雒遵議築三百里長堤，人情洶洶，謂堤費且無益于河。」〔註60〕「徐、邳順水之隄，其始役也，眾譁，以謂黃河必不可隄，笑之，其中也。」〔註61〕但萬恭在朝廷支持下，僅用工60日，比預定工期提早30天（原規劃90天）完成，工程費也節省一半，花費3萬兩（原計畫6萬兩），〔註62〕此因萬恭採行唐代張仁愿（？～？，華州下邽人）修建受降城所採行的「搶築法」，〔註63〕此一搶築法轉用於築堤，即是邳州至宿遷縣370里間，動用夫役5萬人，分配工地，編定字號，雖各段各自分工，但相連貫即成長堤，〔註64〕於是在嚴督勤惰，萬杵齊鳴，日以繼夜下，提高工作效率，所以能早日完成。

〔註60〕溫體仁（明），《明神宗實錄》，卷7，頁5上，隆慶六年十一月乙未。

〔註61〕萬恭（明），《治水筌蹄》，一，〈黃河・四五　徐、邳間築隄及效益〉，頁54。

〔註62〕溫體仁（明），《明神宗實錄》，卷7，頁5上，隆慶六年十一月乙未。

〔註63〕萬恭（明），《治水筌蹄》，一，〈黃河・四六　徐、宿間築隄及施工方法〉，頁55：「張仁愿搶築三受降，受降城有中、東、西三城，唐代景龍二年（708），張仁愿以兵工搶築，在今內蒙古自治區河套內」；又歐陽修（宋），《新唐書》（收入《文淵閣四庫全書》，據國立故宮博物院藏本影印，臺北：臺灣商務印書館，1984），史部，正史類，第274冊，卷111，〈列傳第三十六・張仁愿〉，頁25～28。

〔註64〕萬恭（明），《治水筌蹄》，一，〈黃河・四六　邳、宿間築隄及施工方法〉，頁55；另據萬恭（明），《洞陽子笈》，卷之天，〈上高張二相公〉，頁13下：「況今徐州至小河口，隄長亘三百七十里，又為遙隄、月隄。查照往年邊關，築邊牆法，五人為伍，一小工，五十人為隊，一大工，各分信地，析之則成各段，聯之則成長隄，勤惰強弱，各有稽查，鋪舍飲食，不移而具，悉變挨築之法，故歷日少而成功多，三月中可盡完矣。」可知萬恭改變「挨築之法」為搶築法，此一方法，當時用之於邊關築牆。

（2）築堤應召募夫

築堤所需夫役，其來源有三，萬恭評論其優缺點：一是差役編定的徭夫（如淺鋪夫、堤鋪夫、閘夫、溜夫等），此一夫役，除支領原有工食銀之外，尚須另給犒賞，具有雙重付費之弊；二為庫銀召募的募夫，大多來自貧窮百姓，每日支銀4分，量力分工，計工受值，含有賑濟之意，故百姓樂於服役，工事頗有效率；三是郡縣借派的白夫，在服役前，因遠赴它鄉，須先給安家費；服役時，又支付飯食費，可謂耗盡民力以從事河工。因此，萬恭認為白夫不如徭夫，徭夫不如募夫，在寧願政府多負擔經費而不願剝削百姓的原則下，築堤所需工役，應調動徭夫與募夫，尤其是募夫，至於白夫，屬於額外徵派，應予排除。〔註65〕

（3）建構守堤組織

在「防河如防虜，守隄如守邊」，〔註66〕「有隄無夫，與無隄同；有夫無鋪，與無夫同」的認知下，〔註67〕為修守此段新建堤防，乃仿照河南、山東二省修守黃河的組織，添設管河官，設置堤鋪夫，〔註68〕建構一套嚴謹守護河堤的制度：

A、設地方管河官。淮安府，雖已設置管河通判1員，現又增設管河同知1名；平時，二者各自督導所分配州縣的堤務，倘遇緊急事故，則須相互支援。黃河下游沿河各州縣，為督理新建堤防的修守事宜，每隔60里，添設管河官1員，由各州縣的判官或主簿擔任。〔註69〕

B、置堤鋪夫守堤。河漕南岸從徐州青田淺至宿遷縣小河口，每隔1里設3座堤鋪，依千文編號；北岸從呂梁洪城至邳州直河，則採百家姓編號。每座堤鋪備有河夫3人；其職責，各按汛地，在淮安府管河同知或通判（計有2位）

〔註65〕 萬恭（明），《治水筌蹄》，一，〈黃河・五一 築隄三夫〉，頁58；同書，〈萬恭治水文輯・二為閱分緊要隄工亟行修築以保運道疏〉，頁136～137。

〔註66〕 萬恭（明），《洞陽子箋》，卷之地，〈翁見海司馬・又〉，頁16上。

〔註67〕 萬恭（明），《治水筌蹄》，一，〈黃河・三六 防汛、搶險組織制度〉，頁48。

〔註68〕 章潢（明），《圖書編》，子部，類書類，第970冊，卷53，〈漕河總敘〉，頁93下。

〔註69〕 溫體仁（明），《明神宗實錄》，卷3，頁6上，隆慶六年七月戊子：李德溥（清），《宿遷縣志》（臺北：成文出版社，1974），卷10，〈河防志〉，頁5下：「（隆慶）六年，河決靈璧（縣）梣樹灣北岸，尚書朱衡、侍郎萬恭修築長隄，自徐州至宿遷（縣）小河口三百七十里，朱衡議每六十里用官一員，俱州判（官）、縣（主）簿領之，於是宿遷始有隄工河員。」

及各州縣管河判官或主簿（有 6 位）督導下，平時無事，從事修補堤岸；倘值洪汛，則駐守汛地；遇有河堤潰決，爲堵塞決口，此時，提領此座堤鋪的「老人」（每 4 座堤鋪設 1 位），立即敲鑼求援，鄰近堤鋪老人聞訊後，督率所屬堤鋪夫馳赴搶築；倘人力尚不足，府州縣管河官則督率 500 名「遊夫」救援。〔註 70〕

C、添備遊夫救急。萬恭爲補強縷堤的防護工作，在徐州、邳州二地各召募一隊 500 名的遊夫。此一夫役的設置，源於長城的防守制度，因在邊區，駐紮信地者爲「正兵」，但戰場的攻防，隨時有變化，須另設「遊兵」，以隨敵軍的進退而出擊，故萬恭現依「遊兵」而創建遊夫。此一夫役的組織與功能：每 50 名爲 1 伍，設伍長 1 人提領，每 500 名爲一隊，置有隊長。其職責：每年五月十五日上堤，九月十五日下堤；平時無事時，協助堤鋪夫修補堤防，倘遇河水泛漲，除須加緊巡邏，並支援堤工防護。〔註 71〕

2、黃河中游堤防工程

黃河全流東行徐州城後，黃河在徐州城以西的沿河州縣，論其地理形勢，位於黃河北岸的曹縣（山東曹縣）、單縣（山東單縣）、豐縣、沛縣（江蘇沛縣），與位在黃河南岸的蕭縣（江蘇蕭縣）、碭山縣，均因濱臨河岸，且地勢低下，成爲黃河匯衝之區。〔註 72〕爲防範黃河在此處潰決，此一地帶的河道兩岸均須構築堤防：

（1）黃河中游北堤

建置此處堤防的作用，係惟恐黃河在此潰決，洪水將北衝，阻斷閘漕。〔註 73〕

此時，河南修武縣至南直隸沛縣窰子頭間，已建造一道綿延 500 餘里的長堤，稱「泰黃堤」。現爲防禦黃河在北岸潰決，若在泰黃堤南邊（從曹縣至沛縣間），再構築一道縷堤，如是縷、遙二堤所收功效，「泰黃以縷水爲膚，縷水以泰黃爲骨，南北相峙。」〔註 74〕

〔註 70〕 萬恭（明），《治水筌蹄》，一，〈黃河·三六 防汛、搶險組織制度〉，頁 48～49。

〔註 71〕 萬恭（明），《治水筌蹄》，一，〈黃河·三五 防汛組織制度〉，頁 47～48。

〔註 72〕 萬恭（明），《洞陽子箋》，卷之天，〈揭高張二相公〉，頁 17 上；萬恭（明），《洞陽子集》（明萬曆間刊本，臺北：漢學研究中心影印自日本尊經閣文庫），卷 12，〈紀華山〉，頁 23 上：「豐、沛之間，平原千里，亡有峻坂崇岡。」。

〔註 73〕 萬恭（明），《洞陽子箋》，卷之天，〈揭高張二相公〉，頁 17 上。

〔註 74〕 萬恭（明），《治水筌蹄》，一，〈黃河·五 修武、沛縣間河道及隄防（泰黃隄等）〉，頁 15～16。

　　隆慶六年，萬恭所興建的黃河北岸縷堤，是位在曹縣與單縣交界處。此因曹縣境內已有縷堤一道，長 40 里；從豐縣經碭山縣至徐州衛界，也有長約 60 里的縷堤；僅曹、單二縣交界處，長約 88 里，尚未建造縷堤。現萬恭建置此段縷堤後，從此，西從曹縣，東至徐州衛，形成一道長達 200 餘里的聯堤，如同「常山之蛇」，可發揮北護泰黃堤，南遏黃河的作用。〔註75〕

（2）黃河中游南堤

　　修建此處堤防的目的，在於預防黃河於此潰決，將導致黃河水南循潁、渦等河入淮河，使河漕失去黃河水的濟注。

　　南堤修建於何處，萬恭認為碭山縣與蕭縣二地，雖位處河漕的上方（西方），卻反對在此築堤；論其原因有二：A、蕭縣、碭山縣一帶的地勢，原已呈現南高北下，若又在南岸修建堤防，將造成南岸地勢更高於北岸。一旦，黃河在此泛漲，洪水必然潰決於北岸，倘洪水往北衝，必然衝阻山東省的會通河；如轉向東北衝，則於魚臺縣阻斷閘漕南段運道（2 百里）。〔註76〕B、萬恭指出：其並非不重視蕭縣、碭山縣的民命，而是黃河若在此地潰溢，論其危害，僅「秋田水患」，「去年異災，亦止一、二尺，又止沿河一帶耳。」〔註77〕可知災情並不嚴重，因此在治黃保漕方策的影響下，基於「所愛有大於蕭（縣）、碭（山縣）十倍者」，〔註78〕決定不在碭山縣與蕭縣興建堤防，反將此處規劃為洪泛區，讓泛漲河水有所容受，以避免黃河在此南決而改道。〔註79〕

　　隆慶六年秋，河南管堤副使章時鸞（？～？，嘉靖舉人）奉命整治南堤，其所修建堤防的地點，是從蘭陽縣（河南蘭封）趙皮寨至虞城縣（河南虞城）凌家莊，全長 229 里。此一工程，僅 70 日即完成（同年十月），除調撥徭夫外，仍募夫 16 萬 7 百 1 人，工程費 4,821 兩，所收功效，「隄虞城（縣）以上，則上源水有所束，得沖刷之宜。」〔註80〕

　　萬恭採行束水攻沙論，整治黃河中、下游堤防工程，於隆慶六年十一月告成，所收效益，其預期「（黃）河漲則三百里之隄，內束河流，外捍民地，

〔註75〕萬恭（明），《治水筌蹄》，一，〈黃河‧四四 曹縣、碭山間築隄〉，頁 53。
〔註76〕萬恭（明），《洞陽子箋》，卷之天，〈張太岳相公〉，頁 4 上下。
〔註77〕萬恭（明），《洞陽子箋》，卷之天，〈揭高張二相公〉，頁 17 上下。
〔註78〕萬恭（明），《洞陽子箋》，卷之天，〈揭高張二相公〉，頁 17 下。
〔註79〕溫體仁（明），《明神宗實錄》，卷 7，頁 12 上下，隆慶六年十一月己酉。
〔註80〕溫體仁（明），《明神宗實錄》，卷 7，頁 12 上，隆慶六年十一月己酉。

邳（州）、睢（寧）之間，波濤之地，悉秋稼成雲，此隄之餘也，民大悅，眾
乃翕然定矣。」〔註81〕

第二節　調整漕河的治理方策

　　黃河下游東行，雖爲確保會通河與河漕這二段運道的通航；但此一流向，
對黃河與閘漕南端交接的茶城運口，與淮河交會的清口，與湖漕北端交接的
清江浦運口，卻增添黃河水逆灌淤阻的危患。此因黃河水勢強盛，而閘漕水、
淮水、湖漕水的水勢較弱，故每逢黃河水勢泛漲，混濁的黃河水必然倒灌入
茶城運口、清口，及清江浦運口，於是灌淤運道，阻礙糧船經行。萬恭也因
無法有效整治茶城運口的淤阻，被彈劾罷職。

一、整治閘漕的茶城運口

　　萬恭出掌總河之前，其前兩任總河官翁大立（隆慶二年九月～隆慶四年
七月）與潘季馴爲解決茶城淤阻，對於黃、漕二河交會點，曾建議稍作更動。
萬恭繼任後，仍維持二河交會於茶城；因此爲整治茶城運口的灌淤，其又採
行哪些方策。

（一）評估時議

　　隆慶四年七月，黃河暴漲，茶城又淤塞。此時，正逢山東的沙、薛、汶、
泗諸河水也驟漲，洪水不僅衝決閘漕仲家淺（濟寧州城南 44 里）等處，又從
徐州城北的梁山下（城北 34 里，南距茶城 4 里），張孤山（徐州城北 28 里）
東，內花山（徐州城北 32 里）西南，刷出一條新河道，在戚家港（茶城稍東）
會入黃河。（見圖三）因此，翁大立鑒於茶城運口既然年年有漲淤之患，在不
與黃河爭尺寸之地的情勢下，其提議：閘漕南端須另闢新運道，可循沙、薛、

〔註81〕萬恭（明），《治水筌蹄》，一，〈黃河‧四五　徐、邳間築隄及效益〉，頁 54：
　　　　又萬恭（明），《洞陽子箋》，卷之天，〈上高張二相公〉，頁 13 上下：「大率出
　　　　閘河爲茶城，至清河入淮，計五百四十里，徐、呂二洪，往患淤淺，今水深
　　　　至二丈餘，二洪無患一也。南行一百八十里爲邳州，前年邳河淤爲平陸，今
　　　　水由地中，河深二丈餘，岸高丈餘，邳河無患二也。邳州以下至清河，水深
　　　　一篙，不得河底，岸高丈餘，宿（遷）、清（河）之河，無患三也。此皆運道
　　　　所經，上則茶城以南，下則清河以北，悉可安枕者。若清河南至海口，則水
　　　　趨如奔，海口若塞，安能有此夫。」

汶、泗諸河水所衝刷的河道，從梁山至戚家港，逐加開濬，〔註82〕如此黃河
與閘漕交接點將轉移至戚家港。至於潘季馴，則主張黃河在開封府城以東的
河道，應重濬於嘉靖三十七年已淤塞的賈魯河，使黃、漕二河交會在徐州城
北的小浮橋，所持的理由之一，「小浮橋之來流既安，則秦溝可免復衝，而茶
城永無淤塞之虞。」〔註83〕

萬恭面對前述二項時議，提出不同意見，就戚家港一案，隆慶六年其認
為：羊山（徐州城北29里）新衝河道，現已淤平，即使予以開通，不久又遭
黃河泥沙所淤塞，所以不可施工。〔註84〕至於小浮橋案，其從二方面評估黃
河水向東循賈魯河或秦溝會閘漕的利弊得失：一為賈魯河行經地方，從山東
曹縣新集，經河南商丘縣丁家道口、蕭縣趙家圈（縣西60里），至小浮橋，
此一河道比較近直；如今黃河循經秦溝（徐州城北35里），會漕河於茶城，
此條河道不僅稍為繞遠，且會衝擊黃河北岸曹縣武家壩一帶，以致每年五月
至九月，須調動河夫捲掃修堤，實為不利；（見圖三）二是黃河所經州縣必然
帶來河患與工役，若重新開通賈魯河，從此，黃河南岸州縣，將重罹河工之
役。基於前述二項原因，是否重開賈魯河，萬恭雖執兩端言：恢復與不恢復
均可，或由河伯決定。但另從「又不能必（黃）河之趨而南」，以及黃河循行
秦溝會漕河，雖奪徙賈魯河以北的膏腴田地變為河道，但秦溝以南原為黃河
的河床地卻轉成膏腴農田，故權衡其利弊，實為相當。〔註85〕可知萬恭偏向
不重開賈魯河，主張維持現狀。

（二）整治方法

為整治茶城運口一帶的泛漲淤沙，萬恭主張：要運用7、8分的運河水予
以衝刷，再採用2、3分的人力加以挑除。〔註86〕

〔註82〕張居正（明），《明穆宗實錄》，卷47，頁12上，隆慶四年七月壬辰。
〔註83〕溫體仁（明），《明神宗實錄》，卷77，頁7上，萬曆六年七月己巳。
〔註84〕萬恭（明），《治水筌蹄》，〈萬恭治水文輯・二為閘分緊要隄工亟行修築以保運道疏〉，頁135。
〔註85〕萬恭（明），《治水筌蹄》，一，〈黃河・七 徐州小浮橋河道演變〉，頁17～18。
〔註86〕陳子龍（明），《皇明經世文編》，集部，第27冊，卷351，〈萬少司馬漕河奏議・勘報淮河海口疏〉，頁13上下：「乃濬二水交會之淺，……如黃水與閘水相會，則在茶城；與淮水相會，則在清河。茶城、清河之淺，無歲無之，良以二水互為勝負，黃水勝則壅沙而淤，及其消也，淮、漕水勝則衝沙而通。要之，人力居二三，而水力居其七八，此濬淺之大槩也。」

1、築堤束運水

漕、黃二河交會茶城，萬恭評估此處的黃運二水與運口的通塞關係，其認為：若黃河水勢強盛，而運河水勢退縮，運口將遭淤塞；反觀，運河水勢強盛，而黃河水勢退縮，則運口能維持暢通。因此，為確保運口的暢通，須增強運河水勢，以避免黃河水倒灌，於是萬恭採行束水攻沙方策，相繼在茶城以北至沛縣留城（縣治東南 50 里，南距茶城約 50 餘里）間的運道兩岸修建堤防，總計創築四段：（1）隆慶六年，先構築從境山（徐州城北 40 里）至茶城的北岸堤防，達成「使其力勁可敵黃流，黃水順下則沙不倒灌」，此一工程，於同年四月完成。〔註87〕（2）又在運口東岸，修建東大堤，長半里，以緊束運河水，如此，運河水勢強盛，徑直南下，不僅衝刷運道東岸淤沙；尚能力抗黃河水，防禦黃河水逆灌運口。〔註88〕（3）鑒於運口北岸，均為洲沙，遂在其南岸創築大南堤，以逼導運河水衝刷北岸淤沙，所收功效，「南隄急則北沙悉潰，水漸徙而北，茶城之口以逼而益深。」〔註89〕（4）萬曆二年三月，修建境山至留城一帶的東岸堤防，也作為拉牽船隻的牽路。〔註90〕

萬恭任職總河期間，曾歷經 3 次糧船北上，2 次回空南返。糧船北上時期（每年四月以前），因黃河水勢尚未泛漲，此時較無黃河水灌淤茶城運口的問題。於是以糧船南返，來論述此處運道採行束水攻沙方策能否發揮衝刷淤沙的功效，如萬曆元年，萬恭為使糧船順利南下茶城運口，前後採用二種救濟措施：

（1）設竹製滑板

當年五月十七日至七月二十八日，共計 70 餘日，因黃河水勢泛漲，逆灌茶城，初期此處運道因得黃河水的濟助，糧船南返經此，航行通順；但黃河久漲之後，運口的淤沙漸多，於七月二十九日，運道已變成「止一溝細流」，至八月一日，「竭水不通」，〔註91〕依《國榷》載：該年八月，茶城一帶受阻

〔註87〕　萬恭（明），《治水筌蹄》，〈萬恭治水文輯・二為閘分緊要隄工亟行修築以保運道疏〉，頁 135。

〔註88〕　萬恭（明），《治水筌蹄》，一，〈黃河・三九　束水深河與落淤「擁隄」的經驗〉，頁 51。

〔註89〕　萬恭（明），《治水筌蹄》，一，〈黃河・四○　築隄逼溜，束運敵黃，刷沙深河的經驗〉，頁 51。

〔註90〕　溫體仁（明），《明神宗實錄》，卷 23，頁 3 上，萬曆二年三月丙戌。

〔註91〕　萬恭（明），《洞陽子箋》，卷之亥，〈諸老〉，頁 16 下～17 上。

糧船有數千艘。〔註92〕於是萬恭先派河夫 2 千人，拉牽回空糧船；至於停擱在河洲上者，則製作滑板（其型式：採極長的毛竹，不去竹節，剖成 4 片，青皮向上，而以節入沙中，令勿動），密鋪於船前，三、五段，澆水於青竹上，潤滑如油，再以 80 人拉牽 1 船。此種滑板的功效，能迅速拖動擱淺糧船，遠則 2、3 里，近則 1 里，每日約拖救 30 艘。〔註93〕

（2）派夫挑淤沙

至同年九月五日，黃河水勢消落 1 丈，為挑除運道上的淤沙，徵召洪夫與募夫計 6 千人，擺列運道上約 10 里（1 千 8 百丈），每名夫役負責工地 3 尺。至九月十二日，已挑濬此段運道（境山以南）深 1 丈闊 6 丈，故 1 天內（九月十二日）糧船順行南下 250 艘，〔註94〕至九月十七日，已通行 1,200 餘艘。九月二十一日，山東省又調派夫役 4 千人，挑濬境山以北運道，如此閘漕南端運道全然暢通；九月二十五、二十六日，官民船隻已全部盡出，至於糧船，因有少數船隻脫離船隊，遲至十月七日，才南出茶城。〔註95〕

前述為黃河淤塞茶城運口的實況，依萬恭自述，其為順導糧船南出茶城，用盡各種方法，先舖設竹製滑板以利拉牽，待黃河水勢消落，再徵派河夫挑濬運道，因此萬恭於萬曆元年（1573）九月二十七日（甲辰）奏報：「今年七月，黃河水漲，沔（澠）池縣張成口至深五丈，徐州黃水驟發閱月，方始歸漕，皆故老所競言未見者。因自稱：調度機宜，……通茶城口淤一十餘里，回空千艘速出，仍開國初以來，治河之法，及今所探各處淺深以聞。」〔註96〕但 3 日後，九月三十日（丁未），工科署都給事中朱南雍（？～？，隆慶二年進士）卻彈劾萬恭：

> 防河甚于防邊，為河臣者，事必預報廟堂，方可據以處分，功必實圖國計，方可藉以利濟。臣備訪河務，咸謂茶城淤塞二十餘里，萬恭起夫數萬挑濬罔效，回空糧船數千，阻泊于上河者，不下五十餘

〔註92〕 談遷（明），《國榷》，卷68，頁4230，萬曆元年八月丁丑。

〔註93〕 萬恭（明），《洞陽子笈》，卷之亥，〈諸老〉，頁 16 下～17 上。

〔註94〕 萬恭（明），《洞陽子笈》，卷之亥，〈諸老〉，頁 17 下；同卷，〈馮小山潘參〉，頁 12 上：「茶城洚水，淤高一丈，延袤十里，誠駭聽聞，樸督丁夫一萬，開作六丈小河，乃今束水至黃河，閘河皆丈餘，殊快人意。」同書，卷之玄，〈王崑源鹽院〉，頁 56 上：「前於茶城督萬夫，開淤十里，月之十二日大通，遂出舟二百五十艘。」

〔註95〕 萬恭（明），《洞陽子笈》，卷之亥，〈諸老〉，頁 17 下～18 上。

〔註96〕 溫體仁（明），《明神宗實錄》，卷17，頁 10 下～11 上，萬曆元年九月甲辰。

里，幸黃水旁衝小溝，恭督軍民拖洩空船，從小溝出，日不能七、八隻，正河仍未開通。今據恭奏謂：河通於九月十二日，距恭具疏時，纔五日耳，縱神運鬼輸，焉能於五日間，盡回數十里糧船？始之失事，既屬隱蔽，今之奏詞，又屬朦朧，彌縫一時之失職，僥倖後日之成功，且不圖目前之艱，而談古法之沿革，不虞上流之塞，而計下流之淺深。恭蓋曰：河道通塞，自古已然，下流俱深，一淺何害。又何莫非，掩過倖功之心！夫今歲回南之空船，即明年北上之重船，使茶城一日不開，則空船即一日不下，明年之運，將有欲早而不可得者。乞勅令萬恭戴罪管事，悉心河務，以贖前愆。〔註97〕

朱南雍批評：萬恭所採行的挑濬等方法，事前並沒有奏報朝廷，也未能有效疏通茶城一帶運道，卻謊報九月十二日已開通。因此，明神宗於九月三十日嚴飭萬恭：「運船淤阻至數千艘，明年糧運必致有誤」，「設法挑濬，毋慕虛聲，務收實效。」十月四日，工部也嚴予譴責「僥倖圖功，朦朧罔上，懇乞嚴行查覈」，「以後河道事情，務要從實奏報，悉心經理，毋負朝廷委任之意。」〔註98〕

2、議建梁境閘

閘漕南端運道的船閘分布，當時，徐州黃家閘位居最南端，（見圖三、四）但此座船閘南距茶城尚有 30 里，仍無法有效遏阻黃河水的逆灌，因此萬恭建議重建境山積水廢閘爲船閘，此座新建船閘北距黃家閘 20 里，南至茶城僅 10 里，將成爲閘漕南端運道的「外戶」。倘與黃家閘相運作，可發揮「挾二十里之水勢衝十里之挾（狹）流」，「外阻黃流，內束漕流」的成效，如此茶城的淤沙不必採人力挑除。〔註99〕

境山積水閘是天順四年（1460）徐州判官潘東所建置，後毀壞，至嘉靖二十年（1541）總河兵部侍郎王以旂（1486～1538）曾予重建；〔註100〕隆慶初年，黃河全流東行（循秦溝會閘漕），因黃河水逆灌運口，以致此座水閘沈

〔註97〕 溫體仁（明），《明神宗實錄》，卷 17，頁 12 上下，萬曆元年九月丁未。

〔註98〕 周永春（明），《絲綸錄》（收入《四庫禁毀書叢刊》，據明刻本影印，北京：北京出版社，2000），史部，第 74 冊，卷之工，頁 1 上～2 下。

〔註99〕 萬恭（明），《治水筌蹄》，一，〈黃河‧九 徐州茶城黃、運交會及調節〉，頁 19；同書，二，〈運河‧八七 徐州運河及境山閘沿革〉，頁 89。

〔註100〕 姚應龍（明），《徐州志》（明萬曆年間刊本，臺北：漢學研究中心影印自日本尊經閣文庫），卷 3，〈河防〉，頁 44 上下。

入泥淖中 1 丈餘。〔註 101〕萬曆元年四月，工部尚書朱衡於答覆科臣朱南雍的
奏疏中，首次提及重建此座水閘爲船閘。〔註 102〕同年九月，工部鑒於茶城於
今年八月淤淺嚴重，回空糧船數千艘於此受阻而無法南還，爲整治茶城愈趨
嚴重的淤淺，建請朝廷督責時任總河的萬恭，宜按前議，在境山附近建造船
閘一座，發揮如下功效，「沙灌則閉而避，水積則放而衝。」〔註 103〕萬曆二年
三月，萬恭原擬在境山積水閘舊址重建船閘，但用鐵錐深入河底 2 丈 5 尺，
仍無法測得其基址，因此奏請應另相度地勢，創建船閘。〔註 104〕於是擇地於
境山以南與梁山（徐州城北 34 里）以北之間，新建梁境閘，〔註 105〕並在船閘
兩邊各築一道堤防，東岸至山岡高阜，西岸接黃河縷水長堤；倘逢黃河泛漲，
則緊閉船閘，阻遏洪流於兩堤之外，〔註 106〕從此，梁境閘（南距茶城 6 里）
將成爲防禦黃河水侵灌閘漕南端運口的第一關。（見圖三、四）

梁境閘尚未建造完成，〔註 107〕萬曆二年四月，在當年南糧北運，即將結
束時，工科給事中吳文佳、南京湖廣道御史陳堂等卻彈劾萬恭不能稱職，命
其回籍聽用。〔註 108〕論萬恭遭罷職原因，在於朝廷盛傳當年糧船北上受阻於
茶城。萬恭得知此一訊息，立即向朝廷及其好友解釋，此事爲誤傳，並非事
實，依《洞陽子箋·王西石大司寇》載：

> 臥室（生病中）中了公事，忽接二月初十日至教字，字皆肝刻。仰
> 知翁爲弟留心河事，過於弟之自留心，如此骨肉之情，此生不敢忘
> 也。緣今年運事，弟竭死力，黃河五百七十里，以河夫助運，止限
> 二十日；閘河一千里，發諸泉助運，止限三十日。適有天幸乾旱半

〔註 101〕萬恭（明），《治水筌蹄》，一，〈黃河·九 徐州茶城黃、運交會及調節〉，頁
　　　　19。
〔註 102〕溫體仁（明），《明神宗實錄》，卷 12，頁 7 上，萬曆元年四月辛酉。
〔註 103〕溫體仁（明），《明神宗實錄》，卷 17，頁 12 上，萬曆元年九月丁未。
〔註 104〕溫體仁（明），《明神宗實錄》，卷 23，頁 2 下，萬曆二年三月丙戌。
〔註 105〕申時行（明），《大明會典》（收入《續修四庫全書》，據明萬曆內府刻本影印，
　　　　上海：上海古籍出版社，2002），史部，政書類，第 789 冊，卷 197，〈工部·
　　　　河渠二·閘壩〉，頁 16 上：「（徐州）梁境閘，即境山舊閘。萬曆二年復。」
　　　　爲錯誤，因梁境閘位於境山南，舊閘位於境山北。
〔註 106〕溫體仁（明），《明神宗實錄》，卷 23，頁 2 下，萬曆二年三月丙戌。
〔註 107〕依溫體仁（明），《明神宗實錄》，卷 23，頁 2 下，萬曆二年三月丙戌，載：「一
　　　　議修復境山閘座，……待運盡之日，併力興工，毋得延遲。」可知梁境閘興
　　　　建時間是在當年九月以後，而萬恭卻在當年四月被彈劾離職。
〔註 108〕溫體仁（明），《明神宗實錄》，卷 24，頁 2 下，萬曆二年四月癸丑。

載，而黃河安流，閘水充盈，運船悉能如限，二月二四日止，入茶
城，過黃家閘，滔滔北行者，已及二千，過濟寧者，已一千三百有
奇，首幫已至臨清，出衛河矣。弟與漕司協力，且經二年，章奏已
詳，規矩各定，今俱無言無爭，而運速若此，茶城口內外，及境山
黃家閘，竝無一船阻滯，但恨黃河中，來者之零星耳，翁其萬萬放
心。惟京師易於傳訛，即如敝衙門，爲去年九月十七日，暴風摧倒
頭門二門，弟因天凍人閒，十二月修完，其公堂、臥房，一瓦未動，
而京師遂傳訛，鼎新公署，明著者如此，而況于河事乎？〔註109〕

前述主要內容，尚見於萬恭寫給南京工部尚書劉應節（？～？，嘉靖二十六
年進士）、〔註110〕張居正（1525～1582）、〔註111〕兵部尚書譚綸（1520～1577）
等人的揭函裡，〔註112〕可知當年糧運在萬恭「竭死力」的經營下，二月二十
四日航入茶城，過黃家閘者已有 2 千艘，所以茶城至黃家閘之間，並無任何
船隻受阻。但當時，北京朝廷卻傳言糧船受阻於茶城一帶，不僅引起其至友
譚綸等人來函關切，同時也引起萬恭的警覺，爲讓朝廷立即暸解事情眞相，
於是在每月的奏報之前，至少已先呈上二封揭函向張居正說明此次糧運北上
的詳情。另萬恭爲論證謠言可畏，列舉去年九月十七日，其整修濟寧州城內
的總河官署，雖僅換修被巨風吹壞的大門，卻被傳言成重建整棟公署，因此
心寒而感嘆言：「鼎新公署，明著者如此，而況于河事乎？」「茶城自三月以

〔註109〕 萬恭（明），《洞陽子箋》，卷之亥，〈王西石大司寇〉，頁 33 下～34 上。
〔註110〕 萬恭（明），《洞陽子箋》，卷之亥，〈劉百川薊督〉，頁 57 上下：「河運四百萬
石，孟夏悉過洪入閘矣，有運以來所無，乃一夫流言，萬口莫辨（辯），計徐
徐必知其端，國事可惜至此。」
〔註111〕 萬恭（明），《洞陽子箋》，卷之亥，〈張太岳相公〉，頁 31 上下：「運艘盛至茶
城，大發諸湖之水，而小河又成水勢深通，自二月十五日，至過茶城入黃家
閘者，已一千二百有奇，各船載米如制者，俱不起剝，……今年入黃家閘之
數，倍於去年，恐月奏稽遲，先此馳揭，仰慰尊懷。」同卷，〈張太岳相公〉，
頁 33 上：「至二月二十日止，糧船入茶城甚利，過黃家閘滔滔北行者，已一
千五百有奇，視去年倍之，但黃河中，來者之難繼耳，附此仰慰尊懷。」
〔註112〕 萬恭（明），《洞陽子箋》，卷之亥，〈譚二華大司馬〉，頁 32 下：「病中，得
翁二月初十，心教刻骨刻骨。今年運事，自二月二十日止，入茶城、黃家
閘者，已一千五百有奇，滔滔過濟寧矣，視去年倍之，但黃河中，來者之
不繼也，馳報仰慰至懷。外諭鼎新公署，此盡力溝洫之時，何暇治宮室哉。
蓋緣去年九月十七日，疾風暴雨，摧其頭門二門，乃柳木土坯所爲，略撤
而新之，十二月即完矣，公堂、寢室一椽未動，承翁爲弟無所不至，有傳
訛者乞遍白之。」

來，寸流皆深，勺米不剝，……乃一夫流言，萬口莫辨（辯），國計人心至此，可爲寒心。」〔註113〕

　　萬曆二年的糧運北上，應是如萬恭所言，如期經行茶城，爲何有此一阻滯糧船的謠傳，可推知此爲朝廷逼迫萬恭離職的徵兆，因其治河所採行的束水攻沙方策，雖《治水筌蹄》載：「以人治河，不若以河治河也，……余試之，爲茶城之洲，爲徐（州）、邳（州）之（黃）河，無弗效者。」〔註114〕事實上，是無法刷除茶城與黃河下游河道的淤沙，尤其萬曆元年八月，其謊報回空糧船順利經行茶城，早已奠下其去職的導火線，故《明史・河渠志》載：「是時，茶城歲淤，恭方報正河安流，回空船速出，給事中朱南雍，以回空多阻，劾恭隱蔽溺職，帝切責，恭罷去。」〔註115〕

　　黃、漕二河交會處，萬恭堅持在徐州茶城，雖增建梁境閘，但茶城運口仍時有淤阻之患，故萬曆十一年總河凌雲翼（？～？，嘉靖二十六年進士）開鑿羊山新河（北接梁境閘，南經梁山、內華山、羊山，於古洪口入黃河），計長 11 里，將運口轉移至古洪口（茶城東），爲防範黃河水的灌淤，在此新開運道上創建古洪（南距黃河 180 丈）、內華（南距古洪閘 3 里）2 座船閘。〔註116〕萬曆十六年總河舒應龍（？～？，嘉靖四十一年進士）又於運口（古洪閘南），再添建船閘一座，稱鎮口閘（南距黃河僅 80 丈）。（見圖三、四）〔註117〕

二、整治湖漕運道

　　湖漕從淮安府城南至儀眞縣與瓜洲鎮，全長 370 里，此段運道除北端的清江浦河與南端的瓜洲河、儀眞河是以人力挑濬而成外；其餘運道，於明初，均航行於上下相接的湖泊，借爲運道的湖泊，從北而南爲：寶應縣的白馬湖（縣治西，長 15 里）、清水湖（長 2 里）、寶應湖（即氾光湖，長 30 里）、界首湖（即津湖，長 3 里）；高郵州的張良湖、七里湖、新開湖（州治西 3 里，

〔註113〕同前書，卷之亥，〈京中諸老〉，頁 57 下～58 上。

〔註114〕萬恭（明），《治水筌蹄》，一，〈黃河・三八 束水深河與緩流落淤的理論、經驗〉，頁 50。

〔註115〕張廷玉（清），《明史》，卷 85，〈河渠三・運河上〉，頁 900 下。

〔註116〕溫體仁（明），《明神宗實錄》，卷 135，頁 8 下，萬曆十一年三月己亥；張萱（明），《西園聞見錄》（臺北：明文書局，1991），卷 38，〈戶部七・漕運後〉，頁 5 下。

〔註117〕溫體仁（明），《明神宗實錄》，，卷 197，頁 5 下，萬曆十六年四月癸亥。

長 35 里）、罷社湖（州治西 30 里）；江都縣的邵伯湖（縣治北 40 里，長 18 里）。〔註118〕

晚明，黃河全流與淮河交會於清口，黃河水對湖漕的主要危害有二：一為黃河水侵淤湖漕北端的清江浦運道口，二是黃、淮二水南灌寶應、高郵諸湖，諸湖的湖底淤高，水勢盈盛，有潰決湖堤，氾濫淮南的危害。

（一）清江浦河的運口調整

萬曆元年以前，清江浦河的運道口，因水文環境的改變，有三次調整：

1、建新莊閘

清江浦河（淮安府城西北 30 里），從管家湖至天妃口（天妃祠東，也稱鴨陳口），全長 60 里，是永樂十三年平江伯陳瑄所開通，為調節運河水，此段運道上建置 5 座船閘，即新莊閘（淮安府城東北 5 里）、福興閘（淮安府城西北 40 里）、清江閘（淮安府城西北 30 里）、移風閘（淮安府城西北 20 里）、板閘（淮安府城西北 11 里）。（見圖九）新莊閘最接近運道口，為「河、淮之第一關」，故稱「頭閘」。〔註119〕

新莊運口於嘉靖二十五年（1546）以前，為何少有淤塞，主要與黃河下游的正流河道藉循於哪一條河道會入淮河有關，依《治水筌蹄》載：

> 淮水，昔不病淮安，今病淮（安）、揚（州）。蓋黃河正流，往經河南，或出潁川，或出壽春，匯淮入於海。其入小浮橋，經徐（州）、邳（州）入海者，支流也。勢故卑且弱。河、淮合，則為一家，直湧而東奔，是淮以河，利也，安能害淮安！今全河舍河南之故道，併流徐、邳，經清河，而淮水自西來會，是二家也，不相統一。……秋水灌河，河恃勢而驕，直淮安之東北，若大行焉。而淮水方挾潁川、壽春（縣）諸平陸之水勢，與強河鬨於清河（縣），不能衝中堅則氣喪，而潰散淮安之郊。〔註120〕

〔註118〕顧炎武（清），《天下郡國利病書》，卷27，〈江南十五·山陽〉，頁3；同書，卷28，〈江南十六·江都、高郵、寶應〉，頁26上、32下、33上、39上下。

〔註119〕方尚祖（明），《淮安府志》（明天啟間刊清順治五年印本），卷3，〈建置志·山陽縣治〉，頁42下；朱元豐（清），《清河縣志》（清乾隆十五年刊本），卷5，〈河防·河道源流治法始末〉，頁3下～4上；顧炎武（清），《天下郡國利病書》，卷26，〈江南十四·淮南水利考〉，頁37上；和珅（清），《大清一統志》，卷93，〈淮安府一〉，頁13上下。

〔註120〕萬恭（明），《治水筌蹄》，一，〈黃河·一四　黃、淮形勢；主張分淮漲入高、寶湖，經射陽湖歸海〉，頁23～24。

圖九：明代黃、漕二河交會清口與清江浦運口變遷示意圖

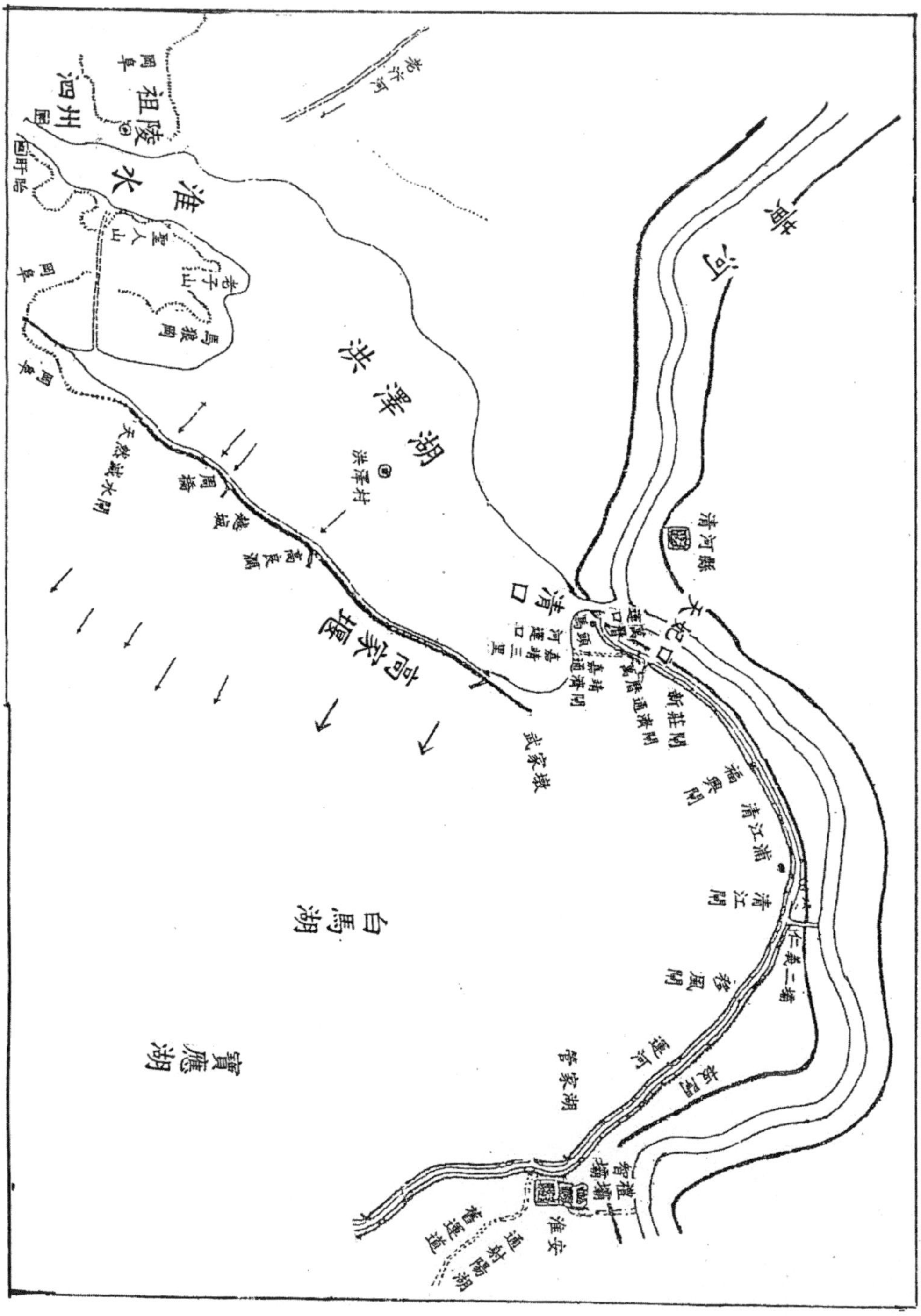

又《洞陽子集・創建淮安天妃閘記》：

> 嘉靖中，河、淮相挾，伏秋，湖水不勝，則以濁流壅而灌諸漕渠，
> 渠乃大淤。〔註121〕

淮水爲何「昔不病淮安」，而「今病淮（安）、揚（州）」，依萬恭分析：明中葉，黃河正流大多南循潁河或渦河入淮河，黃淮二水合流後，才往東行，經清口、新莊閘運口，入於海；至於黃河水東行經賈魯河在徐州小浮橋入泗河僅爲支流水，此一形勢，稱爲「河、淮合，則爲一家，直湧而東奔，是淮以河，利也，安能害淮安。」如今，黃河流向改變，其全流水東行徐州城，與淮河交會在清口，則「是二家也，不相統一」，如此黃河逢伏秋水汛，強盛的黃河水，與淮水強鬥於清口，其所造成的危害，不僅淮水無法順流東出會黃河水入海，潰散於淮安府城一帶；而且黃河水也將灌淤清江浦河。

2、置通濟閘

嘉靖二十五年，黃河潰決於山東曹縣，黃河正流東北徙，在山東魚臺縣一帶會入閘漕，導致在此之前黃河水南循渦、澮等河道均成淤涸。從此時起至隆慶元年，黃河在河南開封府城以東，其河道不論東北流（魚臺縣一帶）或東流（徐州城）會漕河，黃河水均統會於徐州城北，循泗水東下，造成黃、淮二河水交會在清口。

嘉靖三十一年（1552），總河連鑛（？～？，嘉靖五年進士）、漕撫都御史應檟等基於新莊運口常遭黃河水的灌淤，阻滯糧運，每年須派夫役挑濬運道。爲避免黃河水直衝運口，遂在福興閘一帶，另開挑三里溝新河（馬頭鎮東南半里，淮安府城東南 3 里入淮河）；此一新河道的流向，「南又折而西，迂回稍遠」，故其運口轉向西南，直接朝向淮水；明年在新運口，創建一座比新莊閘更厚實的船閘，稱通濟閘，〔註122〕新莊閘遂罷廢。（見圖九）〔註123〕

〔註121〕萬恭（明），《洞陽子集》，卷 12，〈創建淮安天妃閘記〉，頁又 28 上。
〔註122〕不著撰者（明），《淮南水利考》（收入《續修四庫全書》，據南京圖書館藏明刻本影印，上海：上海古籍出版社，2002），史部，政書類，第 851 冊，卷下，頁 34 上下；　孟仲遴（明），《清河縣志》（明嘉靖辛亥刊本），卷 3，〈閘壩・通濟閘〉，頁 5 上。
〔註123〕顧祖禹（清），《讀史方輿紀要》（臺北：洪氏出版社，1981），卷 22，〈江南四・通濟閘〉，頁 1031。

3、設天妃閘

通濟閘的禦水功效,雖說其運口轉朝淮水,不再直向黃河,可避免灌淤。〔註124〕萬恭卻批評此一新運口有二項缺點:

一則里程較紆遠:前此,糧船航出新莊運口,入黃河至清河縣,僅需「半餉」(一會兒);現改行通濟運口,此三里溝新河不僅水量淺澀,而且河道迂迴長達8里,才到達清河縣。〔註125〕

二則淤塞更嚴重:新運口雖朝向淮水,但黃河並非安流的河水,逢伏、秋水汛,黃河水侵灌清口,併挾帶淮水數十里,衝灌通濟運口;因此,先前的新莊運口僅有黃河一水的灌淤,現通濟運口則有黃、淮二河水的衝灌,可謂「夫防一淤,生二淤。」況且每年尚須調派數千名夫役挑濬三里溝新河,卻隨濬隨淤,〔註126〕使山陽、清河二縣的民力不堪負荷。〔註127〕

萬曆元年,黃河水侵淤清口嚴重,糧船受阻於清江浦河無法北上,萬恭遂在天妃口開挑月河一道,4日內,順導糧船4,200艘出黃河。因此,萬恭鑒於通濟運口,既容易遭受黃、淮二水的灌淤,決議將運口再改回天妃口,並建造船閘一座。〔註128〕此一工程,於萬曆元年五月興工,總經費2,500兩,明年正月落成,〔註129〕此座新船閘稱天妃閘。(見圖九)至於三里溝新河及通濟船閘則不再使用。〔註130〕

〔註124〕萬恭(明),《治水筌蹄》,二,〈運河・九〇 淮陰天妃口運河演變〉,頁91。

〔註125〕朱鋐(清),《河漕備考》(北京:書目文獻出版社,1988),卷1,〈淮揚漕河考・天妃閘〉,頁142。

〔註126〕朱鋐(清),《河漕備考》,卷1,〈淮揚漕河考・天妃閘〉,頁142;萬恭(明),《治水筌蹄》,二,〈運河・九〇 淮陰天妃口運河演變〉,頁91;陳子龍(明),《皇明經世文編》,集部,第27冊,卷351,〈萬少司馬漕河奏議・創復諸閘以保運道疏〉,頁21上下。

〔註127〕萬恭(明),《洞陽子集》,卷12,〈創建淮安天妃閘記〉,頁又28下。

〔註128〕陳子龍(明),《皇明經世文編》,集部,第27冊,卷351,〈萬少司馬漕河奏議・創復諸閘以保運道疏〉,頁21下;萬恭(明),《治水筌蹄》,一,〈黃河・三二 豫、魯、皖、蘇「防河十四要」〉,頁45。

〔註129〕萬恭(明),《洞陽子集》,卷12,〈創建淮安天妃閘記〉,頁又29上;萬恭(明),《治水筌蹄》,二,〈運河・八八 魯蘇運河閘座演變〉,頁90:「創天妃閘則卸移風(閘),古石大且整,蓋勝於今閘云。」溫體仁(明),《明神宗實錄》,卷12,頁12下,萬曆元年四月乙亥。

〔註130〕萬恭(明),《治水筌蹄》,一,〈黃河・三二 豫、魯、皖、蘇「河防十四要」〉,頁45。

　　天妃閘的地點位在天妃口，有些明清史籍，如《讀史方輿紀要》、〔註131〕
《大清一統志》、〔註132〕《乾隆清河縣志》、〔註133〕《河漕備考》等，〔註134〕
將萬恭所創建的天妃閘視為重建陳瑄所建造的新莊閘，因此萬恭所建造的天
妃閘是否重建明初的新莊閘，依《洞陽子集・創建淮安天妃閘記》：

> 永樂中，命平江伯陳公瑄董其事，……自漂母祠捷天妃宮六十里，置
> 閘而入諸淮，航淮而逆達于清河（縣），運艘行隧道中，亡風濤之患，
> 而天妃祠口，故不設閘，蓋（黃）河、淮（河）之勢未合。〔註135〕

又《皇明經世文編・萬少司馬漕河奏議・創復諸閘以保運道疏》：

> 淮安清江浦河六十里，先臣陳瑄濬至天妃祠東，其口決而注于黃河。
> 運艘出天妃口入黃河，……嗣緣黃河水漲，則逆注入天妃口，而清
> 江浦多淤。第制天妃口可也，議臣乃塞天妃口，令淮水勿與黃水值，
> 而費十餘萬開新河，創通濟閘，以北接淮河。……臣是以有建天妃
> 閘之議，……是補陳瑄之所未備。〔註136〕

從前述，永樂十三年，此時黃河的下游河道並非朝向東流（黃河正流南循潁
水入淮），與淮河交會在清口，因此，當時糧船從天妃運口北出淮河，並無風
濤的危患，陳瑄於運口，「故不設閘」。嘉靖二十五年以後，黃河全流與淮河

〔註131〕顧祖禹（清），《讀史方輿紀要》，卷129，〈川瀆六・通濟閘〉，頁5003～5004：
　　　　「初，陳瑄創鑿清江浦一帶，以通黃、淮兩河，而黃流甚濁，恐至淤澱，乃
　　　　設天妃等閘，遞相啟閉。」；同頁，又載：「通濟閘，舊名新莊閘，亦曰天妃
　　　　閘，與清河口對岸，嘉靖末，濁流填淤，因改置通濟閘於浦南三里溝；隆慶
　　　　中，河臣萬恭復開天妃閘以通運。」此處將新莊閘、嘉靖通濟閘、天妃閘等
　　　　三閘視為同一閘；天妃閘建置時間是在萬曆元年而非隆慶中。

〔註132〕和珅（清），《大清一統志》，卷94，〈新莊閘〉，頁22上：「新莊閘，在清河
　　　　縣西，惠濟祠東天妃口，明永樂中建，為運河入淮之口，……萬曆元年，總
　　　　河萬恭復建閘於此。……按明初新莊閘，即萬曆初之天妃閘，在天妃廟口，
　　　　故名。」

〔註133〕朱元豐（清），《乾隆清河縣志》，卷5，〈汛工・惠濟閘一座〉，頁19下：「閘，
　　　　舊在惠濟祠南天妃口，名新莊閘，亦名天妃閘，明永樂中平江伯陳瑄建。」
　　　　又同卷，〈運口〉，頁9上：「永樂中，平江伯陳瑄開清江浦運道，從府西三十
　　　　里入本縣七里溝東界，南出三里溝，逕通黃河，又於運口建天妃閘，以資啟
　　　　閉。」

〔註134〕朱鈜（清），《河漕備考》，卷1，〈淮揚漕河考・天妃閘〉，頁142：「天妃閘，
　　　　本平江伯置，在惠濟寺（天妃祠）濱河，直向淮、黃交會處，黃水于內灌。」

〔註135〕萬恭（明），《洞陽子集》，卷12，〈創建淮安天妃閘記〉，頁又28上。

〔註136〕陳子龍（明），《皇明經世文編》，集部，第27冊，卷351，〈萬少司馬漕河奏
　　　　議・創復諸閘以保運道疏〉，頁21上～22上。

交會在清口，黃河水衝灌天妃口，淤塞清江浦河，萬恭認爲當時僅須在天妃口建置堵水工程即可，不必耗費 10 餘萬兩，去開挑三里溝新河，將運口轉向淮水，並建造通濟閘。所以萬曆元年，萬恭將運口調回天妃口，又創建船閘，此一工程稱之「補陳瑄之所未備」，由此可知新莊閘並非位在天妃口，而是位於福興閘與天妃口之間。

　　天妃閘能否防堵黃河水的灌淤，萬曆三年（1575）七月，依御史劉光國的勘察：天妃閘的地勢高於通濟閘，造成「淮水灌溢多於黃水」；於是又重建通濟閘及新莊、福興二閘，再度啓用通濟閘運口。〔註 137〕萬曆六年（1578），總河潘季馴指出：天妃閘與通濟閘二處運口，各有其缺點，前者，「專引黃水入閘，且任其常流，並無啓閉，……以致沙淤日積」；〔註 138〕後者，「逼近淮河，直受衝齧，勢甚洶湧。」因此，另選擇甘羅城東堅實基地，開闢新運口（位在天妃閘與嘉靖通濟閘之間）；爲避免黃河直射，於是規劃此新運口斜向西南，並建造船閘一座，也稱通濟閘（爲區別嘉靖三十一年所建的通濟閘，此新閘稱爲萬曆通濟閘）。（見圖九）至於天妃閘，因其運口直向黃河，遂改建爲車船壩；若是新莊閘，則基於其太逼近萬曆通濟閘（相距不及 1 里），二閘之間無法容納過多船隻，且水勢湍急，不易啓閉閘門，遂予拆除。〔註 139〕

（二）挑湖底淤泥與建減水堤閘

　　高郵、寶應等湖，周遭數百里，其水源主要來自滁州（安徽滁縣）、泗州（安徽泗縣）、天長縣（安徽天長）等處 70 餘條山溪水。〔註 140〕晚明，黃、

〔註 137〕溫體仁（明），《明神宗實錄》，卷 40，頁 4 下，萬曆三年七月己未。
〔註 138〕潘季馴（明），《河防一覽》（臺北縣：文海出版社，1971），卷 8，〈查復舊規疏〉，頁 201。
〔註 139〕潘季馴（明），《河防一覽》，卷 8，〈恭報續議工程疏〉，頁 198～199。
〔註 140〕陳子龍（明），《皇明經世文編》，集部，第 27 冊，卷 351，〈萬少司馬漕河奏議·創復諸閘以保運道疏〉，頁 20 上下；楊洵（明），《萬曆揚州府志》（北京：書目文獻出版社，1988），卷 6，〈高郵州〉，頁 12 下：「按高郵有三十六湖，受西山眾流爲諸水之匯，浩蕩二、三百里。」又范惟恭（明），《隆慶高郵州志》（明隆慶六年刊本），卷 2，〈水利志〉，頁 26 上：「郵之地，西南接連揚州，滁、泗、天長諸山，……高者水之所出，其源有七十二澗之水，下者水之所歸，凡七十二澗之水，皆匯於三十六湖，而後入海也。」又清·靳輔，《治河奏績書》（收入《文淵閣四庫全書》，據國立故宮博物院藏本影印，臺北：臺灣商務印書館，1984），史部，地理類，第 579 冊，卷 4，〈下河形勢紀〉，頁 39 上：「淮以南，揚以北，周數千百里，澤國也。……上河西南接滁泗天長諸山，危岡斷隴，起伏相續，地形爲高，水之所從發也。」

淮二河交會的清口，（見圖九）屢遭黃河水中泥沙的衝淤，以致清口一帶 10 餘里，約於隆慶三年至萬曆六年間，漸淤成堅硬如石的大板沙，呈現「中間如岡如阜」，「僅存一線，人皆褰裳而渡。」〔註 141〕此大板沙所造成的危害，將阻礙淮水東北出，會黃河入海，遂停蓄在洪澤湖內；一旦淮河也泛漲，淮水不僅向西逆侵泗州、祖陵，也向東南潰決高家堰（山陽縣東南，長 70 里），（見圖九）衝灌高寶諸湖，氾濫於淮南。

萬恭為疏導淮水入海，採用「導淮」方策，其主張：倘逢黃河水勢消落，淮水循其故道，於淮安府城北，會同黃河水，從安東縣雲梯關海口入海。若值黃河水勢泛漲，則分導淮水，南下高寶諸湖，一路往東行，洩入射陽湖（位於山陽、寶應、鹽城三縣交界，南北寬 30 丈，東西長 300 里，蓄納各方來水），由山陽縣廟灣（縣治東 180 里）等海口入海；〔註 142〕另一道則導向南流，循運道，從瓜洲河或儀眞河入長江，此一流向，也稱「淮入江故道」。（見圖一）〔註 143〕

隆慶三年（1569）七月，高家堰首遭潰決，〔註 144〕萬恭為分導淮水南下，並未修復此座堤堰，此後逢淮、黃二河漲盛，二河水必南溢高寶諸湖，泥沙淤高湖底，湖水盈盛，依《敬止集》載：「蓋隆慶三年，洪水大發，高（家）堰決，而淮、黃之水，入灌高（郵）、寶（應），以致黃土成淤，湖底益高，迄今為害二十年。」〔註 145〕又萬曆十二年（1584）八月，吏科給事中陳大科（1534～1601）也言：「至嘉、隆間，黃河南徙，水高田丈餘，昔所謂圈田萬頃，蕩為巨浸，湖身既高，涵洞既塞。」〔註 146〕

〔註 141〕清口淤沙如何形成，參閱蔡泰彬，《晚明黃河水患與潘季馴之治河》（臺北：樂學書局，1998）第 2 章 2 節，〈晚明黃河泛濫原因・清口淤成門限沙〉，頁 75～80。

〔註 142〕萬恭（明），《治水筌蹄》，一，〈黃河・一四　黃、淮形勢：主張分淮漲入高、寶湖，經射陽湖歸海〉，頁 24。

〔註 143〕萬恭（明），《治水筌蹄》，一，〈黃河・一九　論禹治水──疏、瀹、決、排之法〉，頁 32～33。

〔註 144〕劉寶楠（清），《寶應縣圖經》（臺北：成文出版社，1970），卷 3，〈河渠〉，頁 31 下。

〔註 145〕陳應芳（明），《敬止集》（收入《文淵閣四庫全書》，據國立故宮博物院藏本影印，臺北：臺灣商務印書館，1984），史部，地理類，第 577 冊，卷 3，〈與王鹽法文軒〉，頁 22。

〔註 146〕劉寶楠（清），《寶應縣圖經》，卷 3，〈河渠〉，頁 43 下～44 上。

　　爲治理高寶諸湖日益淤高的湖底與盈溢的湖水，萬恭採行兩種方法：

1、挑湖底淤泥

　　隆慶初年，高寶諸湖水勢，高於高郵州城、寶應縣城「數尺」，〔註147〕已成地上懸湖。爲預防湖水潰溢湖堤，時議採行增高湖堤的策略，論其成效，年年增高湖堤，卻使湖水更加高漲。〔註148〕萬恭對此一方策遂有所評論：「儀眞至淮安，（漕）河不濬也久矣」，〔註149〕「畏濬淺之苦，每湖淺一尺，則加隄一尺，歲月既久，湖水捧起，而高（郵）、寶（應）爲盂城矣。」〔註150〕《寶應縣圖經》也載：「近時，有事漕河者，皆利於築隄，不利於濬淺，……故隄日高，則湖日淺，水無受所，勢必潰隄而出。……今高郵、寶應諸湖，隄內高於水者，不滿五尺，外高於平田者，則八、九尺，三百里大湖，如支閣在地上，稍一搖撼，則崩瀉不可禦，所以淮、揚多水患。」〔註151〕

　　當時萬恭爲整治湖漕，反對「止務高隄，不務深河」，〔註152〕而提出「但許深湖，不許高隄。」〔註153〕

　　湖漕的湖水深度，於永樂十四年（1416），經陳瑄整治後，定制爲7尺。〔註154〕萬曆元年，依萬恭的實測，湖漕的370里運道中，須挑濬之處約50里，從江都縣三汊河至揚子橋，計半里（水深4尺）；寶應縣大潭至三官殿嘴，白馬湖口至錢家直，約3里半（水深4尺5寸～4尺2寸）；山陽縣化骨

〔註147〕萬恭（明），《治水筌蹄》，二，〈運河・九五　寶應、儀徵間運河建閘溢洪、節流〉，頁96。

〔註148〕陳鶴（清），《明紀》（臺北：臺灣中華書局，1972），卷39，頁1下，萬曆元年三月丙申。

〔註149〕萬恭（明），《治水筌蹄》，二，〈運河・九一　淮安、儀徵間運河水深及治理〉，頁92。

〔註150〕陳子龍（明），《皇明經世文編》，集部，第27冊，卷351，〈萬少司馬漕河奏議・創復諸閘以保運道疏〉，頁20下。

〔註151〕劉寶楠（清），《寶應縣圖經》，卷3，〈河渠・明劉堯誨治河議〉，頁23上下。

〔註152〕萬恭（明），《治水筌蹄》，二，〈運河・九一　淮安、儀徵間運河水深及治理〉，頁92。

〔註153〕陳子龍（明），《皇明經世文編》，集部，第27冊，卷351，〈萬少司馬漕河奏議・創復諸閘以保運道疏〉，頁20下。

〔註154〕不著撰者（明），《淮南水利考》，史部，政書類，第851冊，卷下，頁9下；又江武曹（清），《黃河考》（揚州：廣陵書社，2006），頁78上：「所謂高寶諸湖，周遭數百里，西受天長七十餘河，徒恃百里長隄者，是也；又於運河東岸，建減水閘、減水洞，水勢七尺以下，則蓄之，即踰七尺，則自運隄減水閘、洞，下東方諸湖，而入於海。」

亭至趙家莊，1 里（水深 4 尺 2 寸）；凡水深僅有 4 尺之處，務必濬深至 7 尺。
〔註 155〕

另為維護湖漕的航運暢通，萬曆元年四月，萬恭又重建陳瑄所規劃的淺鋪制度；從儀眞縣至山陽縣，計有 51 淺，每一淤淺處設淺鋪乙座，配置撈淺小船 2 艘，淺夫 10 名，經費 7 兩，以從事湖底淤泥的挑濬工作，〔註 156〕並將挑起的湖泥用來修築湖堤，如此，可達成「湖愈深，而隄厚」的功效。〔註 157〕

2、建減水堤閘

減水堤閘（以下簡稱堤閘）也稱平水閘，建在高寶諸湖堤上。（見圖十）萬恭設置此式堤閘的目的，依《治水筌蹄》載：

> 固高、寶諸湖之老隄，建諸平水閘，大落高、寶諸湖之巨浸，廣引
> 支河歸射陽湖入海之洪流。〔註 158〕

又同書載：

> 高、寶諸湖，今建平水閘，俱引支流入射陽湖，注于海，正道也。
>
> 〔註 159〕

又同書載：

> 高、寶諸湖，山陽（縣）黃浦（淮安府城西）、平河間，伏秋浩渺，
> 無從宣洩，官隄、民廬苦之。司河者有二十三平水閘以待，而又以
> 瓜（洲）、儀（眞）二閘通漕入於江，夫洩之者多，則蓄之者薄，湖
> 水不能使之災矣。〔註 160〕

可知堤閘具有疏洩高寶諸湖盈盛的湖水，東經涇河（淮安府城南 50 里）、子嬰溝（高郵州治北 9 里）等支河，匯入射陽湖，在廟灣等海口入海；或南下運道，於瓜洲鎮或儀眞縣入長江。

〔註 155〕萬恭（明），《治水筌蹄》，二，〈運河・九一 淮安、儀徵間運河水深及治理〉，頁 92。

〔註 156〕溫體仁（明），《明神宗實錄》，卷 12，頁 12 下，萬曆元年四月乙亥。

〔註 157〕陳子龍（明），《皇明經世文編》，集部，第 27 冊，卷 351，〈萬少司馬漕河奏議・創復諸閘以保運道疏〉，頁 20 下。

〔註 158〕萬恭（明），《治水筌蹄》，一，〈黃河・一四 黃、淮形勢；主張分淮漲入高、寶湖，經射陽湖歸海〉，頁 24。

〔註 159〕萬恭（明），《治水筌蹄》，二，〈運河・九七 高、寶運河平水閘及歸海水道〉，頁 97。

〔註 160〕萬恭（明），《治水筌蹄》，一，〈黃河・三二 豫、魯、皖、蘇「河防十四要」〉，頁 45。

圖十：明代湖漕減水堤閘圖

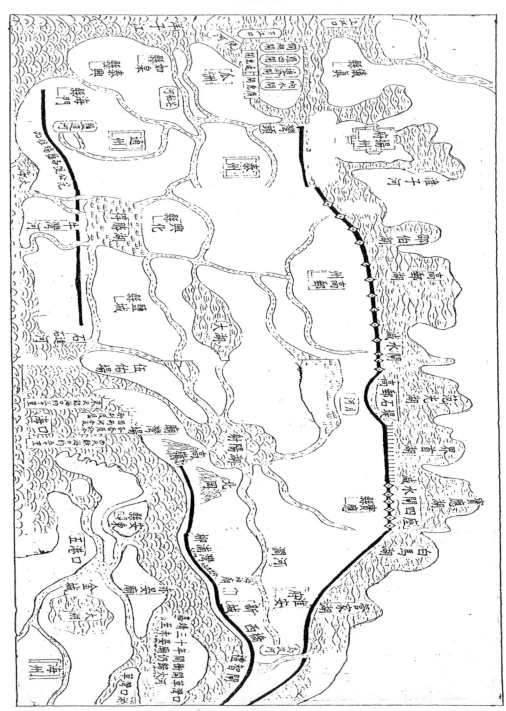

（採自明・章潢，《圖書編》，兩河新築堤閘壩總敘）

　　萬曆元年以前，陳瑄、漕運都御史屈直（正德五年五月）、〔註 161〕漕運都御史胡錠（嘉靖四年正月）、〔註 162〕工部管河郎中陳毓賢（嘉靖五年六月）等，〔註 163〕奉命治理湖漕時，均曾在高寶諸湖堤上建置堤閘。但這些堤閘，至萬曆元年，或因「湖身既高，涵洞既塞」，或因「畏修閘之勞，每壞一閘，即堙一閘」，以致「歲月既久，諸閘盡堙」，沈沒於湖底；如此百里湖堤，因缺乏堤閘與涵洞以調節湖水，成為「死障」。〔註 164〕

　　現在萬恭週覽諸湖數百里，在訪求陳瑄當年所建堤閘舊蹟，不可得的情勢下，〔註 165〕重新策劃堤閘的分布與規制：

　　　　諸閘欲密，欲狹，欲平水。密則水疏，亡脹悶之患。狹則勢緩，亡
　　　　衝擊之虞。平水，則湖溢耶，水從上透；湖即涸耶，閘底截住，亡
　　　　起閉之勞。高、寶、興化諸州縣，亡潰隄昏墊之苦。〔註 166〕

　　萬恭重視堤閘的功能，以陳瑄為典範，提出：「湖漕弗堤與無漕同，湖堤弗閘與無堤同。」〔註 167〕其所建置的堤閘形式須具備以下三項原則：

　　欲密：堤閘數量須密布，以避免諸湖水有堵漲的危患。

　　欲狹：閘門不能太寬（9 尺），以預防疏洩湖水過量，衝汜淮南各州縣。

　　欲平水：此式堤閘，不設閘板，不派閘夫，〔註 168〕能隨湖水的盈縮，自動發揮調節作用。論其形式：「就隄建閘，下以石板，計五尺許，實之而空其上。水發，則空處可出也；水落，則實處可留也。」〔註 169〕可知堤閘所發揮的蓄洩運作，「實之而空其上」，表示諸湖蓄水，以 4 尺（或 5 尺）為

〔註 161〕費宏（明），《明武宗實錄》（國立中央研究院歷史語言研究所民國五十一年刊本縮印，京都：京都出版社，1984），卷 63，頁 5 上，正德五年五月庚午。

〔註 162〕沈朝陽（明），《皇明嘉隆兩朝聞見紀》（臺北：臺灣學生書局，1985），卷 2，頁 151，嘉靖四年正月。

〔註 163〕張居正（明），《明世宗實錄》，卷 65，頁 6 上，嘉靖五年六月丁卯。

〔註 164〕陳子龍（明），《皇明經世文編》，集部，第 27 冊，卷 351，〈萬少司馬漕河奏議・創復諸閘以保運道疏〉，頁 20 下。

〔註 165〕萬恭（明），《洞陽子續集》（明萬曆間刊本，臺北：漢學研究中心影印自日本尊經閣文庫），卷 3，〈創高寶湖平水閘記〉，頁 11 上。

〔註 166〕陳子龍（明），《皇明經世文編》，集部，第 27 冊，卷 351，〈萬少司馬漕河奏議・創復諸閘以保運道疏〉，頁 20 下～21 上。

〔註 167〕萬恭（明），《洞陽子續集》，卷 3，〈創高寶湖平水閘記〉，頁 10 下。

〔註 168〕萬恭（明），《洞陽子續集》，卷 3，〈創高寶湖平水閘記〉，頁 11 上。

〔註 169〕陳應芳（明），《敬止集》，史部，地理類，第 577 冊，卷 1，〈論減水隄閘〉，頁 25。

準，〔註170〕若遇湖水盈盛，高過水則，由其「空處」，排洩於湖外；倘逢湖水不足，低於水則，則由「實處」，收蓄在湖內。

依此三原則，萬恭於隆慶六年十一月至萬曆元年十二月間，共建置 20 座堤閘，在山陽縣 2 座（萬曆元年十二月完成），寶應縣 8 座（隆慶六年十一月、萬曆元年十月完成），高郵州 6 座（萬曆元年九月完成），江都縣 4 座（萬曆元年十月完成）；稍後，又在瓜洲河增建 1 座、儀眞河加建 2 座，總計 23 座。〔註171〕建造一座堤閘的經費約 300 兩，〔註172〕所需石料，因萬恭鑒於前此淮南地區建造水閘，其石材均取於江南，經綱運送達，勞費不貲；現爲體恤江南的官民，爲節省運費，及避免困擾商船，則派遣石工至徐州山區開採，再命回空糧船 8 千餘艘載運，若一艘糧船承運 3 塊，一年可載送 2 萬 4 千個，足供建造堤閘所需石料；所需經費，也僅支付工匠薪資而已。〔註173〕

另淮南百姓爲導引湖水灌溉農田，常在諸湖堤上私設涵洞，但逢夏、秋二季，因湖水泛盛，此一涵洞，常會引發湖水潰決湖堤，所以萬恭認爲這些涵洞僅對少數農民有利，卻危害淮南地區大多數百姓；現爲維護湖堤的安全，須嚴禁農民私設涵洞，但允許改建爲平（減）水小閘，也稱「民閘」。〔註174〕

萬恭重建堤閘的目的，主要在鞏固湖漕運道，也有利於灌溉淮南的農田。但堤閘所洩放的湖水，是經由涇河等支河，匯集於射陽湖，再由廟灣等海口

〔註170〕萬恭（明），《洞陽子續集》，卷3，〈創高寶湖平水閘記〉，頁 11 上：「止蓄瀦水，大都深四尺爲度，令可運舟而已。」可知萬恭濬深高郵、寶應諸湖 7 尺，藉減水堤閘的運作，通行糧船，大都蓄水以 4 尺爲度，3 尺水排放閘外。另萬恭（明），《治水筌蹄》，二，〈運河‧九一 淮安、儀徵間運河水深及治理〉，頁 92：「則以運舟用水三尺乘之，高、寶諸湖從平水二十餘閘中，尚可洩去四尺。夫水落四尺，則湖岸視舊可高四尺，一以固隄，一以利田。」排放閘外的湖水則爲 4 尺。

〔註171〕萬恭（明），《洞陽子續集》，卷3，〈創高寶湖平水閘記〉，頁 11 下；溫體仁（明），《明神宗實錄》，卷12，頁 12 下，萬曆元年四月乙亥，載：「儀眞建平水閘二座，江都一座，高郵十座，寶應八座，山陽二座，凡二十三座。」又萬恭（明），《治水筌蹄》，二，〈運河‧九五 寶應、儀徵間運河建閘溢洪、節流〉，頁 96：「隆慶六年、萬曆元年，建平水閘二十一於長隄，又加建瓜洲閘，併儀眞閘爲二十三。」

〔註172〕溫體仁（明），《明神宗實錄》，卷12，頁 12 下，萬曆元年四月乙亥。

〔註173〕萬恭（明），《治水筌蹄》，一，〈黃河‧一○九 高、寶運河建閘石料，改進運料措施〉，頁 105。

〔註174〕萬恭（明），《治水筌蹄》，二，〈運河‧九六 高、寶湖隄禁設涵洞〉，頁 97；萬恭（明），《洞陽子續集》，卷3，〈創高寶湖平水閘記〉，頁 11 下。

入海；可是隆慶三年七月，黃、淮二水氾濫淮南，沙泥隨洪水入灌射陽湖，膠泥填淤，射陽湖始遭淤澱；〔註175〕至於入海口，依萬恭的實察，范公堤上雖有 5 處入海口（山陽縣廟灣海口、喻口，鹽城縣石礴口、天妃口，興化縣牛灣河等），但當時已堙塞 4 處，僅存廟灣海口，能疏洩河水入海。〔註176〕

綜觀萬恭在淮南的治河方策，其從未整治已漸淤塞的射陽湖與各處海口（或許任期不長），但高寶諸湖水經二十幾座堤閘的運作，卻日以繼夜的排放入淮南，此為晚明淮南多水患的原因之一。故萬曆二十年（1592），興化知縣歐陽東鳳（？～？，萬曆十七年進士）即言：「論水患於今日，患在減牐東注也。減水諸牐共計二十八座，每牐闊九尺，合之則水口，共計三十四丈，日夜東流。夫非以高（郵）、寶（應）、興（化）、鹽（城）為壑而焉往也。……而何以水若滔天，興（化）、鹽（城）陸沉乎？則以減牐之分流太多，而宣洩無路耳，欲求宣洩之路，射陽（湖）不可為矣。」〔註177〕

晚明，河漕為通行糧運，將黃河下游河道導向東行；在此情勢下，為整治黃河的水患，萬恭雖是第一位推動束水攻沙論者，卻無法有效治理黃河下游河道的淤沙與茶城運口的淤塞。另在漕河的整治上，其為治理清江浦運口的淤塞與疏洩高寶諸湖盈盛的湖水，雖遵循陳瑄的治河方策，將運口調回天妃口，並在諸湖堤上建置堤閘。但因時空與水文的改變，當時流經清江浦運口外的河流，已非黃、淮二河的合流水（黃河南循潁、渦等河入淮），而是黃、淮二河交會於清口，因此天妃運口仍遭受黃河水的灌淤。至於堤閘的建置，雖可排放盈盛的高寶諸湖水，以避免潰決湖堤，但堤閘所排放的湖水，卻因淮南的支河、湖泊及海口，均遭黃河的泥沙所淤塞，造成此一地區的排水機能不通暢，於晚明常有嚴重水患發生。

〔註175〕劉寶楠（清），《寶應縣圖經》，卷3，〈河渠〉，頁30下、31下。

〔註176〕萬恭（明），《治水筌蹄》，二，〈運河・九七 高、寶運河平水閘及歸海水道〉，頁97。

〔註177〕顧炎武（清），《天下郡國利病書》，卷30，〈江南十八・興化知縣歐陽東鳳議濬神臺水利申文〉，頁34上下。

第四章　江南糧船於冬季啓航與萬恭治理漕河方策的調整

　　晚明，淮安府城至徐州城間，既是黃河，也是漕河；依黃河的水汛，正月是「信水」，二、三月「桃花水」、「菜花水」，四月「麥黃水」；若是五月爲「瓜蔓水」，六月「礬山水」，七月「豆華水」，八月「荻苗水」，九月「登高水」，〔註1〕依萬恭言：

> 夫黃河之發也，地氣使之然也，與潮信同。參月清明水，數尺耳，不害運；肆月麥黃水，數尺耳，不害運。惟伍月至于秋九月，爲伏、秋水，多者肆次，少者參次，高者丈伍餘，下者丈餘，此運船之所必避也。〔註2〕

可知三、四月，黃河水深，僅高「數尺」，並不危害漕運；若是五月至九月，爲伏、秋汛期，與其他月份相比，水勢最爲強盛，〔註3〕此時常有洪峰出現，每年有3、4次，每次泛漲3、4日，〔註4〕此一洪峰水勢，最高可達1丈5尺餘，若有船隻遇上，必遭覆滅。尤其徐州、邳州一帶河道，於隆慶、萬曆年間，已淤高成地上懸河，〔註5〕逢伏、秋水汛，潰決之患，不在今秋，則在來

〔註1〕 潘季馴（明），《河防一覽》，卷4，〈修守事宜〉，頁107。

〔註2〕 陳子龍（明），《皇明經世文編》，集部，第27冊，卷351，〈萬少司馬漕河奏議集・酌議漕河合一事宜疏〉，頁9上下。

〔註3〕 潘季馴（明），《河防一覽》，卷4，〈修守事宜〉，頁108。

〔註4〕 萬恭（明），《治水筌蹄》，一，〈黃河・一八　論黃河特性及防汛戰略、戰術〉，頁31：「夫黃河，非持久之水也與江水異。每年，發不過五六次，每次發，不過三四日。」

〔註5〕 張居正（明），《明穆宗實錄》，卷52，頁10下，隆慶四年十二月癸亥：「徐（州）、呂（梁）二洪之間，漸成填淤，河隄寖薄，假令來年水溢，必有衝決之患。」

－59－

年；黃河一旦在此氾濫，必然阻礙漕運。

　　爲避免糧船西溯黃河，遭逢伏、秋水汛，早於嘉靖八年（1529）已制訂糧船過淮河入河漕的程限，依此程限：江北諸總須於前年十二月經渡淮河，江南、南京二總則是當年正月，浙江、江西、湖廣三總爲三月；〔註6〕可知，最遲不得超過三月過淮河，因此在徐州城轉入閘漕的時間，不會遲於四月。但此一程限，於隆慶朝卻不被漕軍所遵守，以致糧船航行河漕，常有覆滅的危患，如隆慶四年，當年糧船北上，遲至五月經渡淮河，八月才轉入閘漕，當糧船西溯河漕，正逢黃河水勢泛漲時期，糧船漂損 8 百餘艘，漕軍溺死 1 千餘人，漕米漂失 22 萬 6 千 6 百餘石。〔註7〕

　　爲整飭漕規，隆慶六年六月，萬恭與漕運都御史王宗沐（1523～1591）重新議訂漕運行程：

　　　　漕河，十月徵稅，十一月兌軍，十二月開幫，次年二月過淮，三月、
　　　　四月過徐州洪入閘。〔註8〕

爲使糧船於四月底前全部航入閘漕，〔註9〕萬恭等也制訂獎懲辦法，以督促各省糧儲道：凡三月前通過徐州城者（即徐州洪、呂梁洪），從優敘獎；四月者，仍頒獎勵；若遲至五月以後，將被議處，倘因此糧船遭遇洪水漂流，則從嚴懲罰。〔註10〕

　　江南糧船於冬季啓航，以利明年四月以前經行河漕入於閘漕；但此時漕河沿岸各水系，正值冬春枯水期，況長江潮水也低落，爲使糧船能順行北上，

　　　　又溫體仁（明），《明神宗實錄》，卷35，頁 16 下，萬曆三年二月丁酉：「頃見徐（州）、邳（州）一帶，河身澱淤，壅決變徙之患，不在今秋，則在末歲。」

〔註6〕申時行（明），《大明會典》，史部，政書類，第 789 冊，卷 27，〈會計三・漕運〉，頁 37 上；張廷玉（清），《明史》，卷 79，〈食貨三・漕運〉，頁 832 下。嘉靖八年，黃河正流東北行，於魚臺縣或沛縣一帶會閘漕，故黃河全流水於徐州城循徐淮運道，於淮安府城西會淮河；也因此時，黃、漕合一，方有此一程限的制訂。

〔註7〕高汝栻（明），《皇明法傳錄嘉隆紀》（收入《四庫禁毀書叢刊補編》，據明崇禎九年刻本影印，北京：北京出版社，2005），第 10 冊，嘉隆卷 6，〈穆宗莊皇帝〉，頁 28 上下。

〔註8〕萬恭（明），《治水筌蹄》，二，〈運河・一三四 運船裝載、開航等規定〉，頁 120；章潢（明），《圖書編》，卷 88，〈運期宜早〉，頁 66 上；溫體仁（明），《明神宗實錄》，卷 2，頁 26 下，隆慶六年六月庚辰。

〔註9〕萬恭（明），《治水筌蹄》，二，〈運河・一三○ 運河通航有「八因」、「三策」〉，頁 118。

〔註10〕陳子龍（明），《皇明經世文編》，集部，第 27 冊，卷 351，〈萬少司馬漕河奏議集・酌議漕河合一事宜疏〉，頁 9 下～10 上。

遂開啓整治漕河的另一新里程。萬恭爲「建千萬世之長策，變二百年之舊圖」，〔註11〕其須積極整治缺乏河水量（閘漕、浙漕北段運道）或航行困難的運道（湖漕瓜洲河）。

第一節　浙漕濬深北段運道

浙漕，從丹徒縣的京口（縣治西北），南至杭州城，長凡 800 餘里。論其地勢，常州戚墅堰（武進縣東 30 里）以南，地勢卑下且多湖蕩，但從常州白家橋（武進縣）以北至京口，長約 300 里，則位在岡身上，地勢漸高，〔註12〕尤其丹陽與丹徒兩縣交界處，有大、小夾岡（大夾岡在丹陽縣北 25 里，小夾岡在丹徒縣東南），地勢尤其高昂，「兩岸壁立，對夾如谷」，〔註13〕「鎮江據京口上游，其地高於蘇（州）、松（江），數十丈。」〔註14〕因此大、小夾岡正位在水脊上，由此分向南、北兩邊傾斜；（見圖二）在此處運道上，惟恐走洩運河水，須建置 4 座船閘、3 座車盤壩；從大、小夾岡以北至長江（計 60 里），有京口閘（距江 1 里許），以南則是呂城閘壩（丹陽縣東 54 里）、奔牛上下閘壩（武進縣西 30 里）。〔註15〕（見圖十一、十二）

浙漕的北端運道既位在岡身上，春夏二季，其能通行糧船，主要是接引江潮，依《明崇禎長編》載：「長江之水，自京口分入鎮江爲河，河水歷丹徒九十里達丹陽，又九十里達常州之武進。」〔註16〕又《抑菴文後集》：「將鎮江運河疏濬，……從京口（閘）、奔牛（閘）接引江潮，……每二月中旬後，潮高水漲，則開閘放船；九月初旬以後，霜降水落，閉閘車壩。」〔註17〕可

〔註11〕黃宗羲，《明文海》（清），（收入《文淵閣四庫全書》，據國立故宮博物院藏本影印，臺北：臺灣商務印書館，1984），集部，總集類，第 1453 冊，卷 79，〈萬恭漕河議〉，頁 6 下～7 上。

〔註12〕萬恭（明），《治水筌蹄》，二，〈運河‧一〇四　江南運河及治理〉，頁 100～101。

〔註13〕黎世序（清），《練湖志》（嘉慶十五年刊本，臺北：丹陽文獻社，1981），卷 5，〈公牘‧高聯覆議復湖詳文〉，頁 31 上。

〔註14〕黎世序（清），《練湖志》，卷 1，〈圖考‧水利全書〉，頁 18 上。

〔註15〕船閘與車盤壩的運作，詳見蔡泰彬，《明代漕河之整治與管理》，第 5 章 5 節，〈浙漕與京口等八座船閘〉，頁 272。

〔註16〕不著撰者（明），《崇禎長編》（國立中央研究院歷史語言研究所民國五十一年刊本縮印，京都：京都出版社，1984），卷 51，頁 1 上，崇禎四年十月辛丑。

〔註17〕王直（明），《抑菴文後集》（收入《文淵閣四庫全書》，據國立故宮博物院藏本影印，臺北：臺灣商務印書館，1984），集部，別集類，第 1241 冊，卷 4，〈鎮江府重修運河記〉，頁 44 下。

知二月中旬以後，長江的潮水高漲，則開啓京口閘，放船出江；至九月初旬，因江潮低落，則緊閉京口等閘蓄水，以等待明年的春運。〔註18〕

圖十一：明代鎮江運河形勢圖（一）

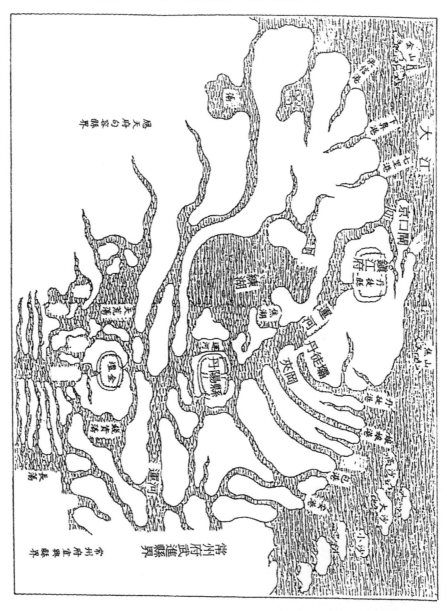

（採自明・張國維，《吳中水利全書》，鎮江府全境水利圖）

〔註18〕潘季馴（明），《河防一覽》，卷3，〈河防險要・淮南〉，頁85：「江南丹徒、丹陽一帶運道，原無水源，藉江爲源，潮長則開京口閘以放舟，潮落則下板以蓄水。」

圖十二：明代鎮江運河形勢圖（二）

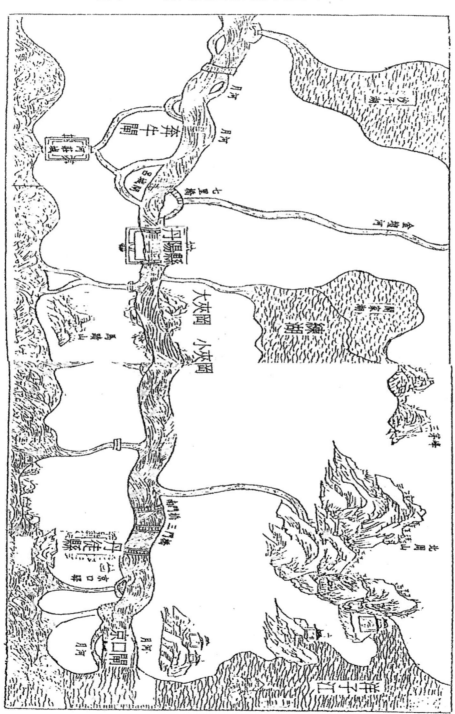

（採自明・潘季馴，《河防一覽》，全河圖說）

　　萬曆元年，江南漕米須於十月徵稅，十一月兌軍，糧船則在十二月啓航。依此程限，影響及江南山區州縣百姓的赴兌行程，與浙漕北段運道的通航；萬恭爲使山區百姓能如期交兌，糧船能準時啓航，採行如下方法：

一、攜銀省城，市米交兌

　　江南山區各河川的河水量，盛發於五月，此時位居山區州縣百姓方能採用水運，載運糧米至省城交兌。若依新程限，漕米須提前於前年十一月交兌，此時正值河川斷流，無法通行舟船，但漕軍各把總官卻刁難山區百姓須繳納本色，且又不准在省城買米交兌。萬恭見此情形，感嘆言：爲何強求山區百姓，在河水淺澀，路途遙遠的情勢下，尙須親自運米至省城；況且百姓若沒米交兌，糧船必然延期啓航。因此，特准山區百姓得攜帶金錢，至省城買米交兌，如此可讓百姓、商賈、官府三方鈞蒙其利。〔註19〕

二、挑深運道，引水北注

　　糧船於冬季須由京口閘出江，正值江潮低落，運道水量淺澀，京口等閘壩封閉時期。〔註20〕爲使常州白家橋至京口的3百里運道，此時能通行糧船，萬恭採行3年2次挑濬此段運道；待運道濬深後，再仿照山東省引汶水在汶上縣南旺鎮濟注會通河的實例（詳見本章三節〈閘漕備春運的整建工程〉），導引常州戚墅堰以南的諸河水，往北流，以濟注京口一帶運道通航所需的水量；況且太湖上游的水源也因此得以分洩10分之3，可減輕蘇州、松江二府的水患。〔註21〕隆慶六年八月，萬恭派漕儲道按察使潘允端（1526～1601）督率鎮江府同知林應雷、丹徒縣知縣何世學等先行試挑，所獲成效，萬曆元年冬季，京口閘遂能啓閘通船，從正月六日至二月四日，通行軍運糧船3,908艘，民運糧船118艘，共計4,026艘。〔註22〕

　　每次挑濬運道所需經費約「數萬」兩，此筆龐大經費，要如何籌措？萬恭認爲：若從「導河夫銀」撥付，將有害於當地農田水利的維修；若依丁戶

〔註19〕陳子龍（明），《皇明經世文編》，集部，第27冊，卷351，〈萬少司馬漕河奏議集·酌議漕河合一事宜疏〉，頁12上下。

〔註20〕溫體仁（明），《明神宗實錄》，卷19，頁2下，萬曆元年十一月壬午。

〔註21〕陳子龍（明），《皇明經世文編》，集部，第27冊，卷351，〈萬少司馬漕河奏議·議復部臣經略江南河道疏〉，頁19上。

〔註22〕陳子龍（明），《皇明經世文編》，集部，第27冊，卷351，〈萬少司馬漕河奏議·議復部臣經略江南河道疏〉，頁17下。

與田畝徵派夫役，則增加百姓的負擔；若借辦於舖行，也將有害於商業發展。因此在不增添商民負擔的原則下，依其查知：東吳、浙江的漕糧約有 2 百萬石，在此之前，原本每石漕米須另加徵雇船腳米 7 升，但瓜洲河現已改建爲船閘（原爲車盤壩，詳見本章二節〈湖漕的瓜洲河改建船閘〉），糧船可直達江南各水次倉交兌漕米，此項雇船腳米遂被廢除；現爲籌措挑濬鎮江運河的經費，於是奏請每石漕米仍加徵米 1 升，每年折銀約 1 萬兩，稱「運河銀」；此筆經費，依各府縣的河務輕重，分別儲存，凡是挑濬運道，雇募夫役，築堤建閘，買辦什物等所需費用，均從此項經費內支付。〔註23〕

三、議設郎中，專督挑濬

從北京南至儀眞縣、瓜洲鎮的運道，依其管理組織，是在總理河道都御史的掌理下，爲分段督理漕河，設有通惠河郎中（北京－天津）、北河郎中（天津－魚臺縣南陽）、南河郎中（魚臺縣南陽－儀眞縣、瓜洲鎮）；至於江南的蘇州、松江、常州、鎮江等四府，爲興修當地農田水利與整治運道，在此之前，曾有3個時期設置工部都水司江南管河郎中（弘治十年工部都水司郎中傅潮、正德十四年工部都水司署郎中事員外郎林文沛、嘉靖九年工部都水司郎中朱袞），〔註24〕但從嘉靖九年（1530）以後，此一職官則被裁革，改派兵備道等兼理；由於缺乏水利專官督理河道，以致此後四十年間，疏洩太湖水入海的三江（吳淞江、劉家河、大黃浦），堙塞二江（吳淞江、劉家河），江南運河也淤塞將半。〔註25〕

因此，萬曆元年三月，萬恭基於江南糧船若要如期啓運，首須濬深江南運道；挑濬江南運道，則須復設江南管河郎中。況江南管河郎中所領薪俸幾何？而運道的暢通與否，實事關國計民生，〔註26〕於是奏請復設此一職官：

> 今宜比照通惠河、北河、南河事例，復設郎中，駐箚鎮江，以其餘
> 力兼治三吳水利。〔註27〕

〔註23〕溫體仁（明），《明神宗實錄》，卷 19，頁 2 下～3 上，萬曆元年十一月壬午。

〔註24〕陳子龍（明），《皇明經世文編》，集部，第 27 冊，卷 351，〈萬少司馬漕河奏議‧議復部臣經略江南河道疏〉，頁 18 上；張國維（明），《吳中水利全書》（揚州：廣陵書社，2006），卷 9，〈水官〉，頁 10 上、11 上下。

〔註25〕陳子龍（明），《皇明經世文編》，集部，第 27 冊，卷 351，〈萬少司馬漕河奏議‧議復部臣經略江南河道疏〉，頁 18 上下。

〔註26〕陳子龍（明），《皇明經世文編》，集部，第 27 冊，卷 351，〈萬少司馬漕河奏議‧議復部臣經略江南河道疏〉，頁 18 下。

〔註27〕明‧溫體仁，《明神宗實錄》，卷 11，頁 8 上，萬曆元年三月壬寅。

上奏後，又寫信給工部尙書朱衡，請其協助促成此事：

> 吳中水利，如徐鳳竹（徐栻，1519～1581）公等往往乞復郎中，萬
> 口一詞，故有此奏，且直至浙江亦八百里，與南河地相等耳。……
> 萬一以多官爲辭，則請以浙江水利道兼管浙河，以蘇松兵備道兼管
> 蘇（州）、常（州）、鎮（江）河，而河院總督之；河夫、河銀悉如
> 徐州、淮揚二道之例，河務、撫按不得干預；總院水利、兵備二道，
> 俱攢入敕書，各行換給，思之至極。若非京口冬開，則今年吳浙五
> 千艘，今尚在京口也，安得速濟若此。鄙見復郎中，爲上策；浙水
> 利，吳兵備、管河道，爲次之。若以浙鹽院帶理，則氣血兩截不通，
> 是一人之身，分運氣血者也；以浙水利管至京口，是張三管李四之
> 家者也；今日之弊，正坐此二端，唯尊裁之。待下年，京口春開，
> 沮滯早運，值黃水，罪河道，則諸公方以鄙言爲泰山，晚矣，晚矣。
> 〔註28〕

可知，（一）當時，浙漕是全由浙江巡鹽御史與浙江水利道兼管，但萬恭則批評：浙江巡鹽御史兼理運道，係「氣血兩截不通」；至於浙江水利道督理京口一帶運道，則是「張三管李四之家」，此爲浙漕管理不善的兩大弊病所在。（二）隆慶六年十一月，京口閘之所以能於冬季通行糧船「五千艘」，足以證明此爲挑濬運道所帶來的成效，因此，奏請復設江南管河郎中，駐紮鎮江府城，專理挑濬運道，若有餘力，再兼管東吳農田水利。（三）倘「以多官爲辭」，不能復設江南管河郎中，得退而求其次，重新調整浙漕的管轄權，浙江水利道僅能兼管浙江省所屬運道；若是南直隸蘇州、常州、鎮江三府的運道，應由蘇松兵備道兼管。

工部議處萬恭的奏疏，卻認爲東吳的農田水利與挑濬運道二事，需各有職司管理；此因東吳的農田水利，其積弊已深，已非江南管河郎中所能勝任，故應責成應天巡按御史督理。因此浙漕的管理組織，工部並沒有採納萬恭的上策，復設江南管河郎中，反而採行其下策，將蘇州、松江、常州三府運道，派任蘇松常鎮兵備副使兼理；至於浙江省所屬運道，則屬浙江水利僉事。〔註29〕《國史唯疑》對於未能專設江南管河郎中表示惋惜：「萬恭議於江南設一管河

〔註28〕 萬恭（明），《洞陽子箋》，卷之玄，〈朱鎮山少保〉，頁6上～7上。
〔註29〕 溫體仁（明），《明神宗實錄》，卷11，頁8上，萬曆元年三月壬寅；張萱（明），
《西園聞見錄》，卷38，〈戶部七・漕運後〉，頁7上。

郎中，仿通惠河、南河、北河例，專駐鎮江，治京口閘，通吳浙糧運，……
策誠善，惜無舉行者。」〔註30〕

　　爲籌備江南糧船能於冬季啓航，萬恭採行挑濬運道，引水北注的方法。
此一方策，於萬曆二年七月（萬恭已離職），遭吏部候選歲貢生員許汝愚的批
評：「今改爲十月臨倉，雨則既少，江水枯落，不免剝淺，纔數十里之區，有
閱三、四月，而不得盡達于江者。……夫夾港（即大、小夾岡）兩岸，高者
數十丈，而河僅闊數丈許，下之開鑿愈深，則上之坍塌愈速，憑冬役民以浚
之，春來淤塞如故，年年興此大役，民何以堪。」〔註31〕可知大、小夾岡其
地勢高於河岸數十丈，在其下挑深運道，容易引發土石坍塌，等到明年春季
行運時，此段運道又遭淤塞；由於年年徵調民夫予以挑濬，增加百姓負擔，
故《吳中水利全書》載：「我丹陽之民，尤苦每冬月之挑漕河也。」〔註32〕因
此，爲減輕丹陽等縣百姓挑濬運道的辛勞，其方法之一，即是利用練湖（丹
陽縣北，周圍 40 里）爲水櫃，（見圖十一、十二）於冬季，引湖水濟運，論
其效果，「湖水放一寸，河水漲一尺。」〔註33〕成爲晚明，救濟此段運道淺澀
常用的方策。

第二節　湖漕的瓜洲河改建船閘

　　瓜洲河（長 30 里）與儀眞河（長 4 里）是湖漕南端的二處運道，糧船由
長江北上入湖漕，或南下經湖漕入長江，東吳、浙江二地的糧船係航行於瓜
洲河，若是江西、湖廣二省則經由儀眞河。

一、築車船壩以蓄湖水

　　瓜洲、儀眞此二段運道，其能通行糧船的水量，主要來自高寶諸湖南下
的湖水，依《明憲宗實錄》載：「總督漕運平江伯陳銳奏：儀眞、瓜洲運河，
原無水源，全賴揚州雷公（江都縣治北 15 里）、陳公（儀眞縣治北 30 里）二

〔註30〕 黃景昉（明），《國史唯疑》（收入《續修四庫全書》，據上海圖書館藏清康熙
　　　　三十年徐釚刻本影印，上海：上海古籍出版社，2002），史部，雜史類，第 432
　　　　冊，卷 12，〈雜史類〉，頁 196。
〔註31〕 溫體仁（明），《明神宗實錄》，卷 27，頁 7 下，萬曆二年七月癸巳。
〔註32〕 張國維（明），《吳中水利全書》，卷 23，〈姜寶鎮江府水利圖冊序〉，頁 29 下。
〔註33〕 張國維（明），《吳中水利全書》，卷 14，〈郭思極修復練湖疏浚盂瀆疏〉，頁
　　　　88 下。

塘，及高郵、寶應、邵伯等湖積水接濟。」（見圖十三）〔註34〕由於湖漕的地勢，從淮安府城向南傾斜至瓜洲鎮（揚州府城南 45 里）與儀眞縣，以致南北水勢差距有「丈許」，〔註35〕況瓜洲河的地勢比長江高「數尺」，〔註36〕因此爲防範湖漕的水量南洩入大江，瓜洲與儀眞二河須設置車船壩，以節蓄運河水，故《萬曆江都縣志》載：「各壩爲（漕）河限，使不洩於江」；〔註37〕「儀眞、瓜洲各設五壩，原爲防遏河水，不使下瀉於江。」〔註38〕《明世宗實錄》也載：「惟賴瓜（洲）、儀（眞）二壩關防」。〔註39〕

瓜洲河的形勢，如同「瓜」字形，運道在此分爲 3 支，東邊一支，稱「東港」；西邊一支，稱「西港」；中間一支，因受阻於江堤，其河水分匯入東、西港。（見圖十四）明初，此處原設置車船壩 11 座，東港有八壩、九壩、十壩，西港則是一壩、二壩、三壩、四壩、五壩、六壩、七壩，及鹽壩（以後移往儀眞縣）。〔註40〕至於儀眞縣，濱臨長江的河港密布，永樂朝以後，船隻主要航行於直河港，此一河道上建置 5 座車船壩（一壩、二壩、三壩、四壩、五壩）。（見圖十三、十四）〔註41〕

瓜洲、儀眞二處的車船壩，雖能潴蓄湖漕南端運道的水量，但糧船盤壩甚爲艱難，爲能順利航行，其盤壩時，需乘湧漲的江潮，依《明英宗實錄》載：

> （景泰五年十月丁亥）工部奏：近聞，儀眞、瓜洲二壩，每遇冬春，潮水退縮之時，往來舟船，膠淺難行，宜於二壩下，各置閘。於潮水漲時，閉閘蓄水，用通舟船。從之。〔註42〕

〔註34〕 劉吉（明），《明憲宗實錄》（國立中央研究院歷史語言研究所民國五十一年刊本縮印，京都：京都出版社，1984），卷 112，頁 6 下，成化九年正月己未。

〔註35〕 張居正（明），《明世宗實錄》，卷 241，頁 3 下，嘉靖十九年九月壬寅。

〔註36〕 楊洵（明），《萬曆揚州府志》，卷 6，〈府治江都‧瓜洲十壩〉，頁 2 下。

〔註37〕 陸君弼（明），《萬曆江都縣志》（收入《四庫全書存目叢書》，據北京圖書館藏明萬曆刻本影印，臺南：莊嚴文化事業公司，1996），史部，地理類，第 202 冊，志 7，〈提封志第一‧瓜洲十壩〉，頁 14 下。

〔註38〕 陸君弼（明），《萬曆江都縣志》，志 7，〈提封志第一‧瓜洲十壩〉，頁 15 上。

〔註39〕 張居正（明），《明世宗實錄》，卷 241，頁 3 下，嘉靖十九年九月壬寅。

〔註40〕 陸君弼（明），《萬曆江都縣志》，志 7，〈提封志第一‧瓜洲十壩〉，頁 14 下。

〔註41〕 申嘉瑞（明），《隆慶儀眞縣志》（上海：上海古籍書店，1981），卷 7，〈水利考〉，頁 11，載五壩的分布：「縣城南二里曰一壩，稍南曰二壩，又南曰三壩，迤東一里曰四壩、五壩，各疏枝渠數十步，以外閘河相表裏，以車輓官民舟。」

〔註42〕 陳文（明），《明英宗實錄》（國立中央研究院歷史語言研究所民國五十一年刊本縮印，京都：京都出版社，1984），卷 246，頁 2 下，景泰五年十月丁亥。

圖十三：明代瓜洲運河、儀真運河形勢圖

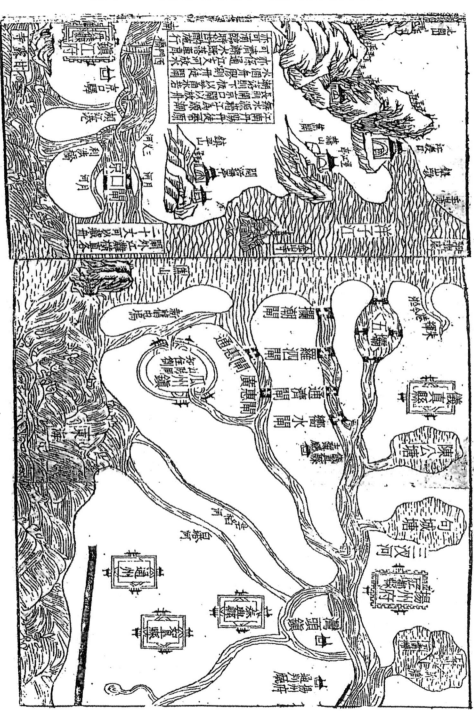

（採自明・潘季馴，《河防一覽》，全河圖說）

圖十四：明代瓜洲運河、儀真運河車船壩分布圖

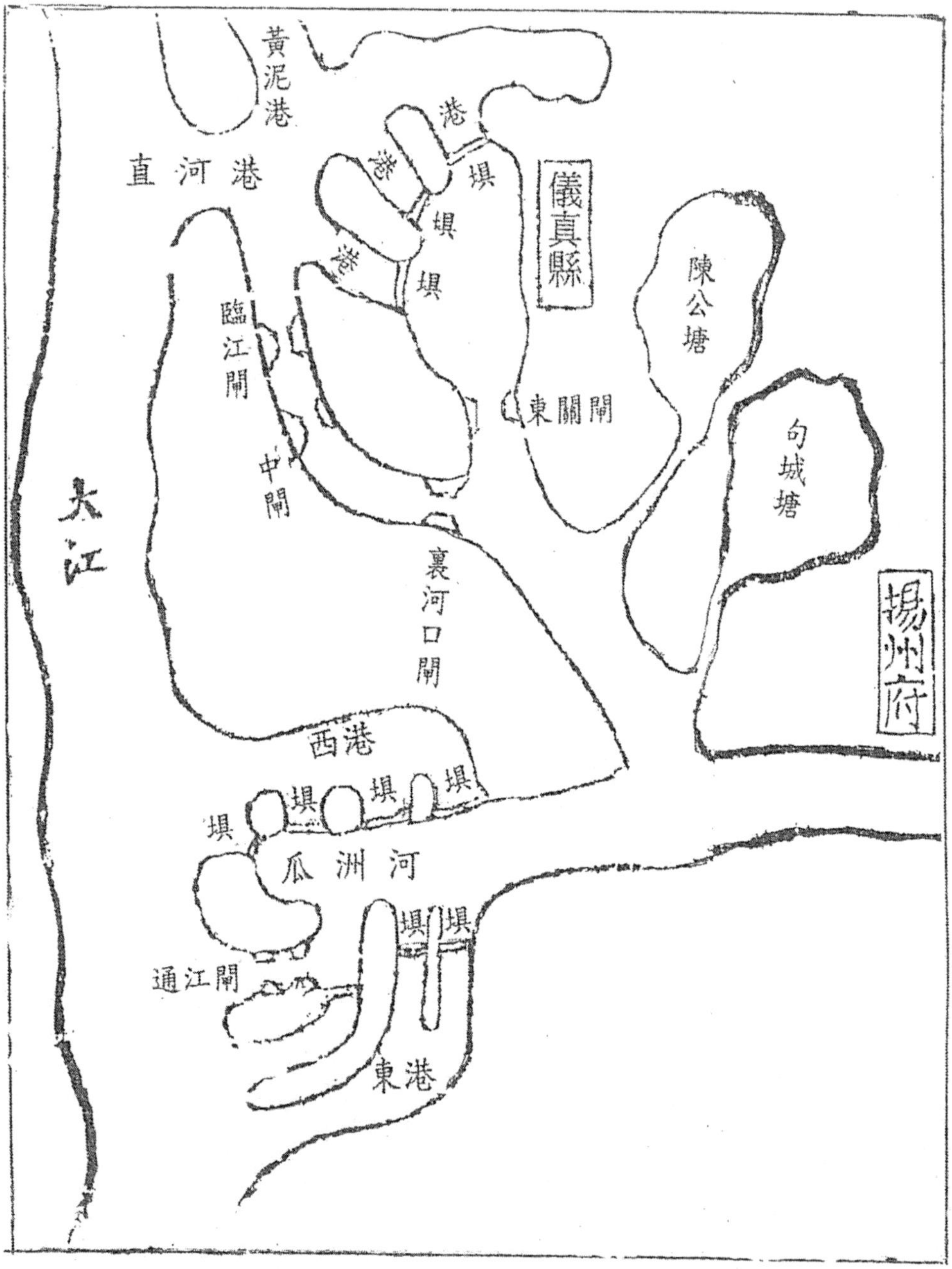

（採自明·王瓊《漕河圖志》，圖十一）

又《明孝宗實錄》載：

> （弘治十年十月丙戌）總督漕運都御史李蕙，請於瓜洲新壩至倉壩，
> 一壩至四壩港口；儀眞鑰匙河及歇馬亭各建一閘，以便糧運。工部
> 覆奏謂：二壩邊臨大江，潮長則壩低水高，固易於車放；潮落則壩
> 高水低，殊不爲便。莫若於江口總港內，各建一閘，潮平之時，下
> 板蓄水，令與壩相平爲便。從之。〔註43〕

又《漕河圖志》：

> 成化三年（1467），因儀眞壩下，黃泥灘、直河口二港；瓜洲壩下，
> 東、西二港，江潮往來，湧沙塡淤，潮不登壩，船不得過，定例每
> 三年，冬月江涸之時，發軍民人夫挑濬一次。〔註44〕

可知江潮盛漲時，因「壩低水高」，糧船盤壩較爲容易；若值江潮低落，「壩高
水低」，則盤壩不易。因此在冬季，江水退縮，爲讓船隻順利通行，所採行的因
應方策有二：一則爲引納江潮以利盤壩，遂在壩前，增建攔潮閘，如成化十二
年（1476）七月，於瓜洲壩前建置留潮、通江二閘。（見圖十四）〔註45〕二則惟
恐潮泥淤積壩下，不僅淤淺港道，而且阻礙潮水臨壩；尤其江潮低落時，大船
因航道淤淺無法盤壩，被迫停在江面，甚爲危險。所以爲清除壩下潮泥，依成
化三年的漕規，每隔3年的冬季，須趁江水低落時，發動軍民挑濬。〔註46〕

二、改建船閘以引江潮

糧船盤壩的艱難，如《皇明經世文編‧萬少司馬漕河奏議》所載：

> 瓜洲爲運道咽喉，而下江等總歲運漕儲貳百萬石，咸必由之。一向
> 建設土壩，凡江北之空船南還，必掣壩以出；江南之重船北運，必
> 盤壩以入，運船有靠損之虞，盤剝有腳價之費，停泊江濱，有風濤
> 之患，船隻輻輳，有守候之苦。〔註47〕

〔註43〕　李東陽（明），《明孝宗實錄》（國立中央研究院歷史語言研究所民國五十一年
　　　　　刊本縮印，京都：京都出版社，1984），卷130，頁6上，弘治十年十月丙戌。
〔註44〕　王瓊（明），《漕河圖志》（北京：水利電力出版社，1990），卷2，〈諸河考論‧
　　　　　諸湖〉，頁51。
〔註45〕　劉吉（明），《明憲宗實錄》，卷155，頁5下，成化十二年七月甲寅。
〔註46〕　陳文（明），《明英宗實錄》，卷63，頁3上，正統五年正月壬子；劉吉（明），
　　　　　《明憲宗實錄》，卷44，頁3上下，成化三年七月戊辰。
〔註47〕　陳子龍（明），《皇明經世文編》，卷351，〈萬少司馬漕河奏議‧建瓜洲閘疏〉，
　　　　　頁7上。

又《明憲宗實錄》：

> 江南進貢糧運等船，至儀眞壩，維夏月潮盛，亦須人力絞挽，方能
> 達河，少有錯失，即損壞。〔註48〕

又《治水筌蹄》：

> 瓜、儀未建閘時，商舶悉盤壩出入，民甚苦之。〔註49〕

可知糧船北上盤壩，不僅須付腳價，且會撞損船體；〔註50〕若逢回空糧船南返，又須拆除車船壩，以供通行。因此，爲改善瓜洲、儀眞二處壩河的弊端，成化十一年（1475），首先就儀眞運口予以改善，此因「各湖水南注者，儀河窄而淺，瓜河廣而深」，〔註51〕可知儀眞河「窄而淺」，較不易傾洩高寶諸湖水，故先改進此段運道。於是依照工部郎中郭昇的建議，在儀眞縣羅泗橋處，另開鑿通江河港（長4里）爲新運道（稱儀眞閘河），並建置船閘4座：響水閘、羅泗橋閘（也稱臨江閘）、通濟閘（也稱中閘）、東關閘，乘江潮啓閉，〔註52〕江潮盛漲啓閘放船，江潮退縮則閉閘。閉閘時期，船隻可轉盤車船壩，以上下運道。〔註53〕（見圖十三）

晚明，黃、淮二河水入灌高寶諸湖，諸湖水勢盈盛（詳見第三章二節二項〈整治湖漕運道〉）。前述水文的改變，倘瓜洲車船壩能改建爲船閘，已無傾洩諸湖水的疑慮，故《皇明經世文編·萬少司馬漕河奏議》載：「高（郵）、寶（應）諸湖之水，歲以瀰漫決隄爲患，未聞以走洩涸竭爲患也」；〔註54〕《治水筌蹄》：「隆慶初，水高於高（郵）、寶（應）城中者數尺，每決隄，即高、

〔註48〕 劉吉（明），《明憲宗實錄》，卷148，頁3下，成化十一年十二月辛卯。

〔註49〕 萬恭（明），《治水筌蹄》，二，〈運河·一二九 儀徵、瓜洲運河航道管理〉，頁118。

〔註50〕 鄭曉（明），《今言》（收入《四庫全書存目叢書》，據山東省圖書藏明嘉靖四十五年項篤壽刻本影印，臺南：莊嚴文化事業公司，1996），史部，雜史類，第48冊，卷3，頁56下：「漕船一萬二千一百四十三，裏河淺船、遮洋海船十年一造，免儀（眞）、瓜（洲）壩也；江南皆五年一造，往回皆經壩也；官軍十二萬有奇。」明·溫純，《溫恭毅集》（文淵閣四庫全書，臺北：臺灣商務印書館，1984），卷四，〈破格從輕暫改漕糧以濟國運以便民情疏〉，頁10上：「據浙江布政使司呈稱，……本省額運淺船一千九百九十九隻，先年原係五年一造，……續又定爲七年一造，今則十年一造矣。」

〔註51〕 萬恭（明），《治水筌蹄》，二，〈運河·九八 儀徵、瓜洲運河及水量調節〉，頁98。

〔註52〕 劉吉（明），《明憲宗實錄》，卷148，頁3，成化十一年十二月辛卯。

〔註53〕 靳輔（清），《治河奏續書》，卷1，〈瓜儀運河〉，頁38上。

〔註54〕 陳子龍（明），《皇明經世文編》，集部，第27冊，卷351，〈萬少司馬漕河奏議·建瓜洲閘疏〉，頁7下；萬恭（明），《洞陽子續集》，卷3，〈瓜洲閘記〉，頁13下：「且長堤之間，方建平水閘洩之，猶恐不勝，何有於瓜洲通江一竇也。」

寶、興化悉成廣淵。」〔註55〕因此，隆慶初年，已有多位朝臣建請在瓜洲河設置船閘，如隆慶四年四月，御史楊家相認為車盤瓜洲土壩甚為艱難，奏請改建閘座，以省耗費；工部雖肯定其建言，〔註56〕實際上並未興工。隆慶五年五月，工科給事中張博也建請更改瓜洲土壩為船閘，此次工部指示河道、漕運諸臣：此項工程，因當事者畏懼改革，久議而未決，「此必狗私牟利之徒，倡言阻撓。」〔註57〕所謂「狗私牟利之徒」，依《萬曆揚州府志》載：「境內如瓜州（洲），擁大江引吳會飛輓，萬貨紛集，居民悉為牙儈，貧者倚負擔剝載，索傭直以糊其口，弗事農。」〔註58〕可知瓜洲鎮的貧戶「不止萬眾」，他們依賴挑運、盤剝維生，〔註59〕一旦車船壩改建為船閘，將失去搬運貨物過壩的工作，於是倡言：此地建置船閘，將會走洩高寶諸湖水，瓜洲船閘不可建造。此一情事，《皇明經世文編・萬少司馬漕河奏議》也有評論：「而竟格不得行者，徒以本鎮壟斷之徒，欲牟大利，每假走洩水利為辭。」〔註60〕

　　隆慶六年六月，江南糧船須於冬季啟程，此時江潮低落，糧船無法乘盛潮過壩，盤壩時的搬剝，將更為困難，勢必延誤每年四月以前經由河漕的程限。因此萬恭基於儀真閘河，改建為船閘之後，迄今，江西、湖廣二省糧船經行此段運道甚為便利，〔註61〕於是奏請建造瓜洲閘河，此段閘河若能完成，能獲得五項利益：

> 今閘成之後，漕舟通利，若履平地，壹便；盡免車盤，船無靠損，貳便；隨到隨過，風波無虞，參便；閘座既通，高寶諸湖，水有疏洩，不致敗隄，肆便；閘道通行，商舶雲集，市廛交易，水陸畢至，伍便。〔註62〕

〔註55〕萬恭（明），《治水筌蹄》，二，〈運河・九五 寶應、儀徵間運河建閘溢洪、節流〉，頁96。

〔註56〕張居正（明），《明穆宗實錄》，卷43，頁3上～4下，隆慶四年三月壬申。

〔註57〕張居正（明），《明穆宗實錄》，卷57，頁3下，隆慶五年五月壬申。

〔註58〕楊洵（明），《萬曆揚州府志》，卷1，〈郡縣志上・總論〉，頁5上下。

〔註59〕陳子龍（明），《皇明經世文編》，集部，第27冊，卷351，〈萬少司馬漕河奏議・建瓜洲閘疏〉，頁7上。

〔註60〕陳子龍（明），《皇明經世文編》，集部，第27冊，卷351，〈萬少司馬漕河奏議・建瓜洲閘疏〉，頁7上下。

〔註61〕陳子龍（明），《皇明經世文編》，集部，第27冊，卷351，〈萬少司馬漕河奏議・建瓜洲閘疏〉，頁7下。

〔註62〕陳子龍（明），《皇明經世文編》，集部，第27冊，卷351，〈萬少司馬漕河奏議・建瓜洲閘疏〉，頁7下。

前述第四項益處，若瓜洲運口改建船閘，不僅不會走洩高寶諸湖水，而且還能分洩諸湖盈盛的湖水入長江，以避免諸湖水潰決湖堤。

隆慶六年八月二十六日，瓜洲閘河獲准興工，至同年十二月十二日告成。此一工程，由南河工部郎中吳自新（1541～1593）、管漕參政潘允端、揚州知府賈應元等，各自督役催工，計完成：（一）開新運道。從花園港（瓜洲鎮西7里）至時家州，長6里。〔註63〕（二）建造船閘。在新挑運道上建置船閘2座，一座位在時家州河岸，稱廣惠閘；另一座位於瓜洲城內的豬市，名通惠閘（運口）；〔註64〕（見圖十三）此一建閘工程，由通州、泰州、如皋縣、泰興縣各派官員負責督造；〔註65〕所需石材，青石選購於蘇州，麻石則取於上元縣（江蘇南京），閘匠來自沛縣夏鎮，夫役召募於江北。〔註66〕（三）建揚子橋（揚州府城南15里，瓜洲鎮北30里）。因湖漕與瓜洲河、儀眞河的交會處，稱三汊河，（見圖十三）此處的地勢，「水勢大趨瓜洲」，為避免花園港閘河通航後，南下的高寶諸湖水，都流向瓜洲河，以致儀眞河患淺涸；於是在三汊河，建造橋樑一座，稱揚子橋，其橋口形制，如同水閘，可均分諸湖水於瓜洲、儀眞二河。〔註67〕前述三項工程，採購石料與雇募夫役等所需經費，約「萬金」，全由河道銀內支付。〔註68〕

花園港閘河，原僅建造2座船閘；為有效達成：對外，能防禦江潮逆侵；對內，能順導諸湖水入長江。萬曆二年，又在通惠與廣惠二閘之間的詹家洲，增建1閘，稱永惠閘；並規劃於明年拆除揚子橋，改建為船閘，名開惠閘。如此，從花園港至三汊河30里間，計有通惠、永惠、廣惠、開

〔註63〕顧炎武（清），《天下郡國利病書》，卷29，〈江南十七・題為恭報瓜閘告成速濟新運事〉，頁27上。

〔註64〕萬恭（明），《治水筌蹄》，二，〈運河・九九 瓜洲建廣惠、通惠二閘（一）〉，頁98；又同書，〈一○○ 瓜洲建廣惠、通惠二閘（二）〉，頁99，載：「瓜洲，上曰通惠閘，下曰廣惠閘」為誤，應是上是廣惠閘，下為通惠閘。

〔註65〕陳子龍（明），《皇明經世文編》，集部，第27冊，卷351，〈萬少司馬漕河奏議・建瓜洲閘疏〉，頁8上。

〔註66〕萬恭（明），《治水筌蹄》，二，〈運河・一○○ 瓜洲建廣惠、通惠二閘（二）〉，頁99。

〔註67〕顧炎武（清），《天下郡國利病書》，卷29，〈江南十七・題為恭報瓜閘告成速濟新運事〉，頁28上；萬恭（明），《治水筌蹄》，二，〈運河・九八 儀徵、瓜洲運河及水量調節〉，頁98。

〔註68〕萬恭（明），《治水筌蹄》，二，〈運河・一○一 瓜洲建廣惠、通惠二閘（三）〉，頁99。

惠等 4 閘。〔註 69〕其所發揮的效用，不僅江南糧船於冬季啓航，能順行於瓜洲運口，不會延誤漕運行程，直達北京；〔註 70〕而且每年東吳、浙江 2 百萬漕米，可節省雇船米（腳價）約 11 萬 2 千兩（漕米 1 石徵納雇船米 7 升，共計 14 萬石，每石米折銀 8 錢計）。〔註 71〕因此揚州知府賈應元即讚頌此爲萬恭的功績：「余爲之盠運，余爲之瓜閘，此二百年非常之原也。中外訿訿，公（萬恭）獨奮焉，振長策，屬而和之。至於今，盠運亡遺筹，瓜閘成永利。」〔註 72〕

第三節　閘漕備春運的整建工程

閘漕，北從臨清州城，南至茶城，全長約 700 里，因此段運道位在漕河全線第二回起伏段上，〔註 73〕就其地勢，汶上縣南旺鎮位居最高點（也是全漕河最高點），向稱「水脊」或「分水口」；（見圖一、二、十五）〔註 74〕由此，往北至臨清州城（300 里），「地降九十尺」，往南至茶城（390 里），「地降百十有六尺」。〔註 75〕在此一稍具起伏的運道上，爲蓄足運河水深達 3 尺（6 拳，

〔註 69〕 萬恭（明），《洞陽子續集》，卷 3，〈瓜洲閘記〉，頁 14 下；溫體仁（明），《明神宗實錄》，卷 23，頁 8 下，萬曆二年三月辛丑。

〔註 70〕 顧炎武（清），《天下郡國利病書》，卷 29，〈江南十七・題爲恭報瓜閘告成速濟新運事〉，頁 28 上，載萬恭評估瓜洲花園港閘河構成後，其功效：「自從浙江以至張家灣（通州城南 15 里），水路三千餘里，冬間亦可直趨，吳、浙之運，十一、二月亦可開幫，自此與江西、湖廣征發相同。」

〔註 71〕 萬恭（明），《洞陽子箋》，卷之玄，〈三吳諸老〉，頁 27 下；萬恭（明），《洞陽子續集》，卷 3，〈瓜洲閘記〉，頁 13 上下；陳子龍（明），《皇明經世文編》，集部，第 27 冊，卷 344，〈 王敬所集・條爲議單款目永爲遵守疏〉，頁 11 上下：「先年原係民運至瓜淮水次兌軍，其後雖改官軍，前赴江南領兌，船仍寄壩，而有司每糧一石，微過江腳米一斗三升，内以七升雇覓江船，裝至瓜洲壩，盤入軍船轉運，又以六升折銀給與旗軍，俱爲修船什物之用。」

〔註 72〕 萬恭（明），《洞陽子再續集》，卷 10，〈貫中丞僉院序〉，頁 26 上。

〔註 73〕 從李約瑟，《中國之科學與文明》第 10 冊（臺北：臺灣商務印書館，1980），〈大運河（隋與元）〉，頁 500～501 所載，可知漕河全線有三回起伏：北京至天津，爲第一降落段；天津至南旺，爲第一隆起段；南旺至儀眞，爲第二降落段；儀眞至丹陽，爲第二隆起段；丹陽至杭州，爲第二降落段。

〔註 74〕 趙遵路（清）《榆巢雜識》（臺北：新興書局，1978），卷上，頁 16 下。

〔註 75〕 張廷玉（清），《明史》，卷 85，〈河渠三・運河上〉，頁 894 下；萬恭（明），《治水筌蹄》，二，〈運河・六九 山東運河水量的控制——戴村壩，坎河口石灘，南旺分水〉，頁 75：「不知陽穀、壽張之交，地勢聳於濟寧數丈。」

1 拏約 5 寸），以通行糧船，〔註76〕若僅依賴汶、泗諸河水的濟助，仍不足以維持全年的航運，故稱「閘河無源」。〔註77〕因此，尚須建置 42 座船閘，來節蓄運河水，達到萬恭所言：「理閘如理財，惜水如惜金」的目標。〔註78〕

圖十五：明代汶河濟助閘漕的河道變遷圖

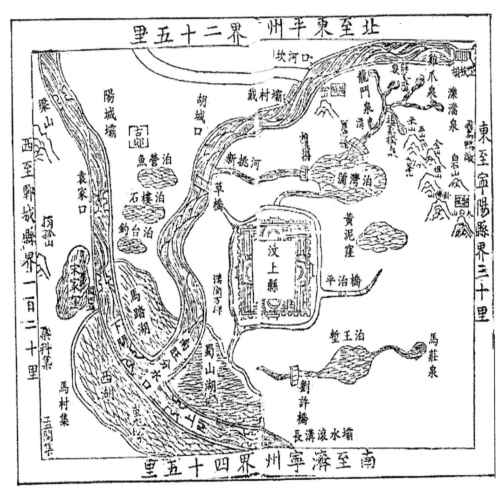

（採自明·栗可仕，《萬曆汶上縣志》，圖考）

〔註76〕 萬恭（明），《治水筌蹄》，二，〈運河·一二四 山東運河漕船載重、喫水等標準〉，頁 115。

〔註77〕 萬恭（明），《治水筌蹄》，二，〈運河·一一二 山東運河航道管理及改進漕糧裝載〉，頁 107；同書，〈六七 山東運河水源〉，頁 70：「閘河無源，非真無源也！蓋合徂徠諸山二百八十泉者，尺疏而丈導之，合則流，散則否，有似於無源耳。故閘河之水，以深三尺爲制。」

〔註78〕 萬恭（明），《治水筌蹄》，二，〈運河·七四 山東運河水量及疏濬標準〉，頁 80。

晚明，每年萬艘糧船依漕運行程須於正月至四月之間，經河漕入閘漕，所以每個月經由茶城運口入閘漕的糧船數，約有 2,500 艘，換算為日數，則是 80 艘。〔註 79〕此時，正值閘漕水量淺涸時期，依《治水筌蹄》載：

> 閘河，……入春水竭，……春間，閘漕盛運，悉皆重船。〔註 80〕

又同書載：

> 夏春運盛之時，正汶水微弱之候，南北分流之則不足，併流之則有餘。〔註 81〕

又同書載：

> 顧汶水微於春夏之交，而灌輸方盛，湖水溢於夏秋之交，而運事已竣。〔註 82〕

又同書載：

> 其流于濟寧、南陽，出茶城者，特沂、泗二水耳。流細而力薄。〔註 83〕

閘漕沿岸諸水系，汶河為第一大川，但於春季行運時，正處「微弱之候」；至於泗、沂等河水，也是「流細而力薄」。故此時為使糧船能順利經行閘漕，萬恭採行以下諸方策：

一、坎河口築石灘

閘漕的會通河，其於明代之所以能通行糧船，主要是導引汶水濟運。按汶河的自然流向，其流至東平州戴村（州治東 60 里），是轉向北流，會入大清河（也稱鹽河），經青州，東行入海。（見圖十六）永樂九年（1411），工部尚書宋禮為導引汶水濟注會通河，採納汶上縣老人白英的獻計，以人力改變汶河下游河道的流向；其在戴村建造水壩（長 5 里 13 步），攔阻汶水北流，並開挑汶上縣黑馬溝至鵝河口的新河道（約百餘里），轉引汶水西南流，在南旺鎮會入運道。再經由南旺上、下閘的運作（位在南旺分水口兩側），（見圖

〔註 79〕溫體仁（明），《明神宗實錄》，卷 7，頁 14 上，隆慶六年十一月庚戌。

〔註 80〕萬恭（明），《治水筌蹄》，二，〈運河・一一二　山東運河航道管理及改進漕糧裝載〉，頁 107～108。

〔註 81〕萬恭（明），《治水筌蹄》，二，〈運河・一一五　南旺南北兩閘調節水量（一）〉，頁 109。

〔註 82〕萬恭（明），《治水筌蹄》，二，〈運河・七二　汶河水量與蜀山諸湖（一）〉，頁 79。

〔註 83〕萬恭（明），《治水筌蹄》，二，〈運河・七一　汶水利用與控制〉，頁 78。

十五、十六）調配汶水 7 分的水量，往北流，至臨清州城，會衛漕；3 分水量
往南流（90 里），在濟寧州天井閘匯泗河，流至徐州城北，入河漕。〔註84〕

　　戴村壩是導引汶水濟注運道的主要工程，宋禮建造此座水壩時，已考慮
到汶河於不同季節的水量變化，於是在戴村壩以東 5 里預留一處水口，稱「坎
河口」，〔註85〕（見圖十六）此一水口的地勢及重要性，依《行水金鑑》載：

　　　汶（水）蓄則漕盈，汶洩則漕涸，夏秋之間，水固有餘，冬春之後，
　　　不可使有涓滴他適，明矣。乃戴村以上，有坎河口，西趨鹽河（大
　　　清河）為入海故道，沛然就下，勢若建瓴。〔註86〕

又《治水筌蹄》載：

　　　坎河口者，其運漕之彙籥乎！旱則止汶以濟漕，潦則洩汶以全漕。
　　　〔註87〕

於弘治年以前，坎河口一帶的地勢，河床深廣，河身偏向對岸的松山（汶上
縣治北 40 餘里）。（見圖十五）宋禮預留坎河口的目的，係在調節汶水的濟運
功能。於冬春時節，此時汶水枯微，為盡導汶水流向南旺鎮濟注運道，坎河
口僅用刮沙板構築一座簡易沙壩，作為攔阻汶水北流之用。倘於夏秋二季，
此時汶河水勢漲盛，泛漲汶水奔流至坎河口，得輕易衝毀此座沙壩，北入大
清河，以避免過多河水衝淤閘漕。因此，在明初，坎河口的沙壩雖處於年年
修築，年年潰決，〔註88〕但其具有調節汶水，暢通運道的功能。

　　弘治年間（1488～1505），有次汶河泛漲，不僅衝潰坎河口沙壩，也導致
此地帶的河床淤高，〔註89〕河身轉為偏近坎河口。〔註90〕由於坎河口的地勢，
位居「入海之捷徑」，「建瓴之勢」，此後汶水流經此地，大多往北流，會入大
清河，以致流向西南，濟助運道的水量，趨於微弱，依〈萬恭・創建坎河石

〔註84〕　黃宗羲（清），《明文海》，集部，總集類，第 1457 冊，卷 384，〈萬恭創建坎
　　　　河石灘記〉，頁 1 上下；張橋（明），《泉河志》（明嘉靖癸亥刊本），卷 1，〈禹
　　　　貢〉，頁 24 上下。
〔註85〕　傅澤洪（清），《行水金鑑》，卷 146，〈運河水・坎河口閘〉，頁 2104。
〔註86〕　傅澤洪（清），《行水金鑑》，卷 125，〈運河水・築坎河以防滲漏〉，頁 1814。
〔註87〕　萬恭（明），《治水筌蹄》，二，〈運河・七○ 坎河口石灘的作用〉，頁 77。
〔註88〕　傅澤洪（清），《行水金鑑》，卷 146，〈運河水・坎河口閘〉，頁 2105；康基田
　　　　（清），《河渠紀聞》（臺北：文海出版社，1970），卷 19，頁 49 上。
〔註89〕　傅澤洪（清），《行水金鑑》，卷 146，〈運河水・坎河口閘〉，頁 2105。
〔註90〕　黃宗羲（清），《明文海》，集部，總集類，第 1457 冊，卷 384，〈萬恭創建坎
　　　　河石灘記〉，頁 1 下；張伯行（清），《居濟一得》（揚州：廣陵書社，2006），
　　　　卷 5，〈東省湖閘情形〉，頁 15 上。

圖十六：明代閘漕的戴村壩與坎河口

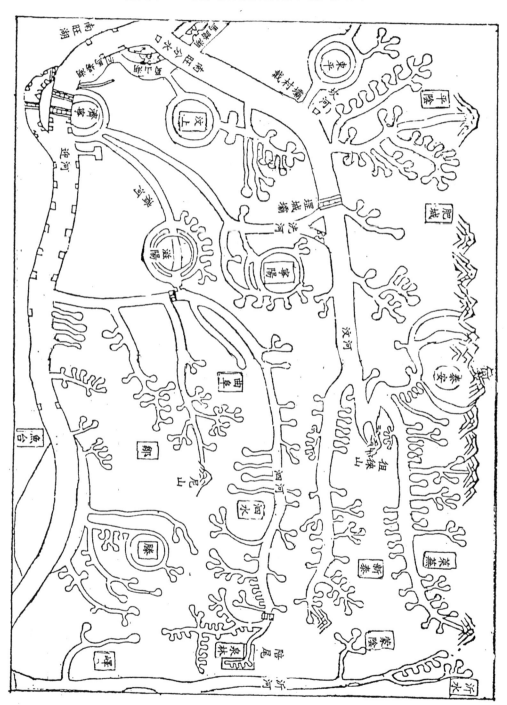

（採自明・胡瓚，《泉河史》，圖紀）

灘記〉載:「而坎河東注（北流）者，日漸月流，注南旺者幾絕，殆不可舟矣。」
〔註91〕故此時期，倘逢乾旱，運道水量不足，所採行的濟運措施，則是清復
南旺鎮附近的蜀山、馬踏、南旺等三座湖泊的湖田，以利蓄水濟運，稱為水
櫃。（見圖十五、十七）〔註92〕

隆慶六年，江南糧船採行冬季出航，行至南旺，常遭淤淺，〔註93〕依《洞
陽子箋》載：

> 從茶城北出臨清、衛河八百里，內建四十二閘，閘口只寬一丈八尺，
> 僅可過一舟，河漕（槽）闊不過五丈至八丈，往年春夏多斷流，官
> 民船隻，有守水一、二月者，正值五、六、七月，汶水大盛，運船
> 乃行，貢座、民船從之。今改早運（冬運），正值春夏斷流之時，往
> 年回空阻淺之際。〔註94〕

為解決運道淺涸，萬恭與南旺工部主事張克文周覽坎河口附近形勢，萬恭感嘆
言：「嗟！獨奈何不以有源者為水囊，而以無源者為水櫃（蜀山、馬踏、南旺等
三座湖泊）乎？」〔註95〕為導引汶水濟運，萬恭見坎河口北邊的龍山（東平州
城東40里），其山麓下有亂石如魚鱗，遂指示張克文帶領士兵7千人，搬運石
塊填塞坎河口，從隆慶六年九月至萬曆元年二月，築成一道石灘（長1里，寬
1里，高1丈餘），預期能發揮如下功效：於秋季，逢汶水泛漲，能讓洪水能溢
過此道石灘，洩入大清河故道；在春夏二季，汶水微弱，因河水受阻於石灘，
得盡導其水量濟注運道。〔註96〕當年糧船行經閘漕情形，依〈萬恭・重脩南旺
宋康惠公祠記〉載：「先是命（張）克文灘坎河，脩戴村，永斷鹽河（大清河）
之流，而汶之奔南旺者，駛駛若黃河焉。明年行早運，策歲大旱，往年河竭之
候，而會通南北流幾八百里，皆深丈餘，通閘而灌之餉道。」〔註97〕

〔註91〕黃宗羲（清），《明文海》，集部，總集類，第1457冊，卷384，〈萬恭創建坎
河石灘記〉，頁2上。

〔註92〕黃宗羲（清），《明文海》，集部，總集類，第1457冊，卷384，〈萬恭創建坎
河石灘記〉，頁1下～2上。

〔註93〕羅覺普爾泰（清），《乾隆兗州府志》（北京：北京圖書館，2004），卷18，〈河
渠志・戴村壩坎河口〉，頁40上。

〔註94〕萬恭（明），《洞陽子箋》，卷之亥，〈諸老〉，頁22上。

〔註95〕黃宗羲（清），《明文海》，集部，總集類，第1457冊，卷384，〈萬恭創建坎
河石灘記〉，頁2上。

〔註96〕黃宗羲（清），《明文海》，集部，總集類，第1457冊，卷384，〈萬恭創建坎
河石灘記〉，頁2上下。

〔註97〕萬恭（明），《洞陽子集》，卷12，〈重脩南旺宋康惠公祠記〉，頁又26下。

圖十七：明代閘漕水櫃、船閘分布圖

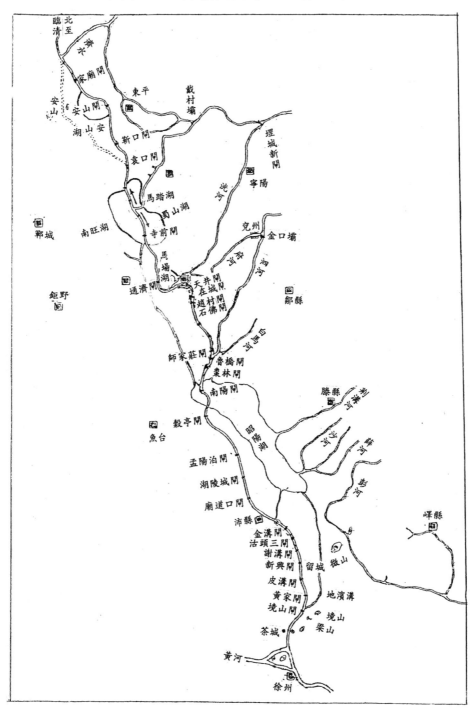

（採自武同舉，《淮系年表全編》，淮系歷史分圖四十九、五十二）

　　萬恭所建造的坎河石灘，雖具有「溢則縱之，平則留之」的功能，但《山東全河備考》則批評：

> 萬曆以來，創爲石灘，似亦良法，但重運水渴之時，有隙可以洩水，而伏秋水溢之日，則無路可以通沙，以故正河淤塞日甚，每歲築壩之勞費如故。〔註98〕

又《居濟一得》載：

> 因土壩歲築勞費，創爲石灘，但方其水溢，勢甚洶湧，若石灘阻壅，不能大洩，勢必多潰裂於王堂諸口，及草橋上下，驟水所經，民田受害非細，不便一。且灘能走水，不能走沙，淤沙日積，河身日高，漸與灘平，反助障阻，不便二。〔註99〕

可知此座石灘最大的弊病，在於春夏二季，需全導汶水濟運時，卻因石灘有空隙，容易洩漏河水；倘值秋季，汶水泛漲，其又不具排放河水中泥沙的功能，致使汶河的河身日漸淤高。至萬曆十六年（1588），此座石灘，已成亂石數堆，都給事中常居敬（？～？，萬曆二年進士）奏請將石灘改建爲滾水石壩（長60丈，面闊1丈，底闊1丈5尺，深入土4尺，出土3尺）。〔註100〕

二、控船閘御運水

　　閘漕的船閘，於萬曆初年，計有南旺等42座，因南旺鎮一帶，其旱乾季節是在二月、三月、四月，「方其旱也，每有淺阻之患。」〔註101〕爲解決運道淺涸，萬恭的治水方策之一，即是利用船閘的操控技術，使有限的運河水能發揮最高效用。

　　就整體船閘的運作言，如何操作，以提高用水的目標，其採用四種方法：

（一）放船法

　　如糧船北上，在逆上河段（茶城－南旺），（見圖二）須遵守「啓上閘，

〔註98〕 葉方恒（清），《山東全河備考》（揚州：廣陵書社，2006），卷2，〈河渠志下〉，頁8下～9上。

〔註99〕 張伯行（清），《居濟一得》，卷3，〈坎河口閘〉，頁22上。

〔註100〕潘季馴（明），《河防一覽》，卷14，〈都給事中常居敬欽奉敕諭查理漕河疏〉，頁531。

〔註101〕張伯行（清），《居濟一得》，卷2，〈南旺分水・又〉，頁22下。

即閉下閘」的原則；若是順下河段（南旺－臨清州城），則是「啓下閘，即閉上閘。」〔註102〕

（二）填槽法

也稱「以槽治槽」。〔註103〕閘漕所建置的船閘，在地勢較爲平坦的河段，係數十里設置 1 座，若是陡峻之處，則是 1 里或數里。〔註104〕以間距 1 里的閘槽（船閘與船閘之間）論，按舊制，此一運槽間（屬逆上運道），須有 30 艘糧船才能開啓前座船閘的閘板放船；現萬恭新規定：須多達 90 艘，在船隻填滿整個運槽的情勢下，如此開啓前方船閘放船時，能獲得二項功效：1、能避免本運槽的河水從旁奔洩，如同半杯水，置入甘蔗後，則成滿杯水。2、因本運槽添滿糧船，不僅前方運槽的河水受阻於本槽船隻，於是停蓄於槽內，不會直洩而下；而且本運槽的河水尚會逆湧而上前方的運槽。〔註105〕

（三）乘水法

在逆上運道，凡前方船閘啓放糧船經渡，此時，過閘的船隻，其與後艘船須維持首尾相接，其間距不得超過 1 尺；且當前艘船被溜夫挽過閘口「七分」時，此艘船立即交由漕軍自行拉牽，而溜夫則返回原閘門再牽引後艘船，以利後艘船過閘時，能循著前艘船所乘行的河水而上。此一方法的成效，不僅讓後艘船能避免碰觸開啓閘門時的湍流，而且閘（溜）夫可減少「一半」拉牽行程，而糧船經渡船閘的速度卻能增快「一倍」。〔註106〕

〔註102〕萬恭（明），《治水筌蹄》，二，〈運河・一一九 山東運河啓閘、閉閘及停船候水等經驗〉，頁111。

〔註103〕萬恭（明），《治水筌蹄》，二，〈運河・一二一 山東運河調節水量三法——「填槽」、「乘水」、「審淺」〉，頁 113；同書，〈一二三 山東運河放船過閘，增船蓄水經驗〉，頁 115。

〔註104〕萬恭（明），《治水筌蹄》，二，〈運河・一一七 山東運河增蓄水量——濬深不如加板〉，頁111。

〔註105〕萬恭（明），《治水筌蹄》，二，〈運河・一二一 山東運河調節水量三法——「填槽」、「乘水」、「審淺」〉，頁 113；同書，〈一二三 山東運河放船過閘，增船蓄水經驗〉，頁 115。

〔註106〕萬恭（明），《治水筌蹄》，二，〈運河・一二一 山東運河調節水量三法——「填槽」、「乘水」、「審淺」〉，頁 113。

（四）增板法

凡遇運道淺阻，如何救急，萬恭反對採用以人力挑濬淤沙的方法，原因在於數十里運道濬深 1 尺，不知將花費多少經費與民力，故採用增加閘板的方式。論其成效，增添 1 板，短時間內，能使數十里運道的水深，加高「（1）尺半」，可謂：「救急莫如增板」。〔註 107〕

此外，尚有個別閘座的控水方法，如南旺上、下閘。這二座船閘，位在南旺分水口的南、北兩側，相距 9 里，由於春季汶水微弱，無法同時濟注南旺以南及南旺以北運道，為善於駕馭汶水，可善用南旺上、下閘的運作。倘糧船擱淺在濟寧州一帶（南旺以南），則關閉下閘，盡導汶水南流；若糧船擱淺在東昌府（南旺以北），則緊閉上閘，全導汶水北流，〔註 108〕 所以萬恭言：「水如人意者，莫如汶（水）。故命之左則左灌濟寧，命之右則右灌臨清」，於是稱此一方法為「役水」。現列舉實例說明其運作：如萬曆元年，糧船停滯於臨清州，萬恭等到糧船尾幫行至南旺鎮後，即緊閉上閘，盡導汶水北流至臨清州，其成效，一日內糧船航出板閘（臨清州，汶水與衛河交會處）700 艘，10 日共計 6 千艘。〔註 109〕

三、設湖泊為水櫃

閘漕沿岸汶、泗等水系，其山水均盛發於夏秋之交，此時，北上糧船業已全部通過此段運道，因此盈盛的沿岸諸河水，得收蓄在南旺以北的蜀山、馬踏、南旺、安山、沙灣等湖，以及南旺以南的獨山、微山、昭陽、呂孟等湖。（見圖十七）

閘漕能通行糧船，除依賴汶水的濟助外，尚須沿岸諸湖泊，能發揮蓄有餘而濟不足的輔助功能。〔註 110〕 依萬恭的勘查，能充當水櫃的湖泊，及其蓄水面積如表二：

〔註 107〕 萬恭（明），《治水筌蹄》，二，〈運河・一一七 山東運河增蓄水量——濬深不如加板〉，頁 111。

〔註 108〕 萬恭（明），《治水筌蹄》，二，〈運河・一一五 南旺南北兩閘調節水量（一）〉，頁 109。

〔註 109〕 萬恭（明），《治水筌蹄》，二，〈運河・一一六 南旺南北兩閘調節水量（二）〉，頁 110。

〔註 110〕 萬恭（明），《治水筌蹄》，二，〈運河・七二 汶河水量與蜀山諸湖（一）〉，頁 79。

表二：晚明萬恭勘查閘漕沿岸濟運水櫃

湖　泊	隸屬州縣	周圍長（里）	可櫃面積（頃）	可田面積（頃）
馬場湖	濟寧州	40	具蓄水	
南旺湖	汶上縣	79	1,607.80	374.60
蜀山湖	汶上縣	59	1,539.50	172.00
大昭陽湖	沛縣		103.00	397.00
小昭陽湖	沛縣		110.00	108.00
沙灣河	壽張縣		可櫃	
資料來源	萬恭（明），《治水筌蹄》，二，〈運河・八一　山東運河的水櫃——馬場等湖〉，頁 84～85。			

　　萬恭評估沿岸諸湖泊是否能充當水櫃的標準，在於其與運道之間的地勢，可作爲水櫃者，其地勢須高於運道，若是運道地勢高於湖泊，則不可。依此標準，審視沿岸諸湖泊；（一）表二所載馬場等 6 座湖泊均能充當水櫃，惟大、小昭陽湖因蓄水面積僅有 213 頃，且水量涓涓，濟運功能並不佳。（二）安山湖（東平州）與馬踏湖（汶上縣），前者，就其地勢，不能充當水櫃；後者，雖可作爲水櫃，但隆慶元年，已遭百姓侵耕爲官田（有實地丈量，按畝徵稅者）與民田（尚未按畝徵稅者），因此其蓄水面積有限。（三）獨山、赤山、微山、呂孟等 4 湖，原非湖泊，係嘉靖四十五年開濬南陽新河（魚臺縣南陽－沛縣留城，長約 141 里）後，因築堤圍田，才蓄水成湖；論其濟運功能，雖無水櫃之名，卻具備水櫃的功能。〔註111〕

　　閘漕逢春運，汶水正微弱，況其河水量尚須分濟南旺南（南旺－茶城，390 里）、北（南旺－臨清州城，300 里）運道。由於南旺以南運道的里程較長，卻僅分濟 3 分的汶河水（7 分北注），故此段運道要能通運，濟寧州以北至南旺鎮間，尚須導引蜀山湖水濟注，（見圖十五、十七）若是魚臺縣南陽鎮以南運道，其左岸須引用呂孟諸湖水，右岸則是昭陽湖水。〔註112〕

四、其它增水方法

　　萬恭尚採用如下方法，以解決春運時期此處運道水淺的問題：

〔註111〕萬恭（明），《治水筌蹄》，二，〈運河・八一　山東運河的水櫃——馬場等湖〉，頁 84～85。

〔註112〕萬恭（明），《治水筌蹄》，二，〈運河・七三　汶河水量與蜀山諸湖（二）〉，頁 80。

（一）設置船堤與留淺蓄水

臨清州城一帶，正位於閘漕北端與衛河交會，此處地勢「下而易傾」，爲防止走洩閘漕水（汶水），可採行二種方法：

1、以船治船

即糧船北上，行至閘漕北端運口（屬順下河段），首先以最前方數艘糧船堵塞運口，作爲「船堤」；此一船堤的作用：當閘漕的運河水被船堤所阻，不得急奔而下（衛漕），於是此處河水量因堵蓄而加深，有利於通航。如是，最前端糧船（充當船堤者）被拉牽入衛河後，位在其後方的糧船則依序遞補輪充船堤。〔註113〕

2、以淺治淺

在閘漕北端臨近衛河交會處（屬順下河段），須保留一處淤淺「長數丈」，不可挑濬；論其作用，其具有堵蓄上游水量的功能；倘挑去此處淤沙，如同開啓閘門，不僅此處運河水將流洩入衛河，而且其上游運道也將因此而造成多處淤淺，故謂「以一淺省多淺」。〔註114〕

（二）縮小河槽

閘漕的運道寬度，除沛縣留城以下50餘里，因往年頻遭黃河水衝盪，寬至「數十丈」外，其餘運道均不超過「六丈」。〔註115〕

萬恭評估汶河的水流量從南旺鎮僅勻出一半（應爲 3 分）南流，而留城至茶城間的運道寬度卻有數十丈，所以此處容易產生淺涸。爲解決此段運道水量的不足，其制訂「小河之法」：在秋季末期，運河水量消落，在淺涸處，建築縷水（束水）小堤，以縮小運道寬度爲 6 丈。當河道寬度被縮小，河水位立即調升。〔註116〕

縷水小堤（高僅 5 尺，底寬 4 尺，頂寬 2 尺），如何構築？此處淤淺，倘屬「平淺」，即在運道兩旁建置小堤；若是「偏淺」，則小堤僅修築於淺涸

〔註113〕萬恭（明），《治水筌蹄》，二，〈運河・一一四　山東運河、衛河交接處通航經驗──「船堤」〉，頁109。

〔註114〕萬恭（明），《治水筌蹄》，二，〈運河・一一三　山東運河、衛河匯流後，留「淺」蓄水〉，頁108。

〔註115〕萬恭（明），《治水筌蹄》，二，〈運河・一二三　山東運河束小河槽，擡高水位經驗〉，頁114。

〔註116〕萬恭（明），《治水筌蹄》，二，〈運河・一二三　山東運河束小河槽，擡高水位經驗〉，頁114。

的那一側。逢夏秋，運道水勢漲盛，則任由泛漲河水衝毀此式小堤；等到水
勢消落，再行重建；依萬恭估算，1 千名夫役，1 日可修築小堤約 2、3 里。
〔註 117〕

　　江南糧船須於冬季啓航，衝擊浙漕北段、湖漕南端瓜洲運口、閘漕等三
段運道的航運。萬恭的整治方策：一、浙漕北段，採濬深運道，並導引常州
戚墅堰以南的河水北注，以期增加運河水。二、瓜洲運口，則另開挑花園港
閘河，建置通惠等 4 座船閘。三、閘漕，採行多元方法：一則爲導引汶水濟
助運道，建造坎河口石灘；二則爲善於操控船閘，以駕御運河水，其創設放
船法等 4 種駕御河水的技術；三則於閘漕沿岸，以馬場等湖泊爲水櫃，以發
揮蓄有餘而濟不足的功能；四則因閘漕與衛漕交會處，閘漕的運河水容易於
此地傾洩入衛河，於是採行以船治船、以淺治淺等方法；五則閘漕南端，從
沛縣以南 50 餘里的運道，河道寬至數十丈，於是建造縷水小堤，以縮小河槽
寬度至 6 丈。前述諸工程的建置，都是冀望糧船能如期行經河漕通達於北京。

〔註 117〕萬恭（明），《治水筌蹄》，二，〈運河‧一二三　山東運河束小河槽，擡高水位
　　　　經驗〉，頁 114。

第五章 結 論

　　隆慶元年，爲濟助河漕的河水量，導引黃河全流東行徐州茶城，從此徐州城至淮安府城間，既是黃河也是運河；也因黃、漕合一，如此，治黃即是治運，治運也是治黃，朝廷爲通行漕運不得不重視黃河的整治。

　　隆慶、萬曆年間，黃河嚴重氾濫於下游（徐州以下），阻礙漕運進行，束水攻沙論者如萬恭、潘季馴、朱衡等，爲何堅持南糧北運，仍須維持河運，借黃河爲運道（黃河下游東行）；而反對開鑿膠萊新河，復行海運；也反對「以運避黃」方策，開挑泇河新河，以縮短漕運借黃河爲運道的行程。論其原因之一，在於南糧北運若有替代航線，朝廷將忽視黃河的整治；即使能如以往重視黃河的水患，畢竟政府財力有限，無法同時兼顧黃河、漕河、膠萊新河、泇河的治理，此一情形，萬恭即指出：「國家財利幾何，每年事黃河，又事閘河，又事膠河，又事泇河。夫一長城之役，足以斃秦，一賈魯（河）之役，足以踣元，乃今四役並興，上下疲命，胡不引秦、元之事，觀之也。」〔註1〕

〔註 1〕黃宗羲（清），《明文海》，集部，總集類，第 1453 冊，卷 79，〈萬恭漕河議〉，
　　　　頁 8 上：萬恭反對開挑膠萊新河、泇河的原因，見於同卷，頁 7 上～8 上：「好
　　　　事者，顧欲從海運，而棄黃河，此丘文莊（濬）之議也，夫文莊但計漂溺之
　　　　米，而不計漂溺之人，嗟乎？傷人乎？不問馬，仁人之言也，曾是而海道可
　　　　行乎？開泇河，此翁中丞（大立）之議也？夫赤獨、鰻蛤諸湖之巨浸，不可
　　　　堤；良城、侯灣之頑石，不可開，嗟乎？損有限之民財，填無窮之巨壑，仁
　　　　人之言也，曾是而泇河可通乎？鑿膠河而棄閘河，此劉司空（劉應節）之議
　　　　也，夫海潮之淖沙，日濬日淤，而百里之石骨，愈鑿愈堅，嗟乎？竭民事河，
　　　　無故料民，智者之言也，曾是而膠河可通乎？夫黃河非可棄之水也，萬一泇
　　　　河可通，黃河終不可不治也，閘河非可棄之路也。萬一膠河可通，閘河終不
　　　　可不治也。……宋臣有言：天下未有有利而無害者，唯擇其利多而害少者爲
　　　　之。夫利多而害少者，祖宗之河運是也，有大害而無微利者，海運、膠河、
　　　　泇河，分河之議是也。」

黃河全流導向東行，開啓整治黃、漕二河的另一新時代；此一流向，維持至清咸豐五年。萬恭爲官，能體恤民艱，擘畫論事，熟諳國家大政，其出掌總河的時間雖不長，因能專心一意的綜理河務；針於晚明黃河東流後對黃、漕二河所產生的新危害，及江南糧船因更訂冬季啓航須調整漕河水系等問題，首次提出全面性的改革方案。

萬恭所採行的整治措施，有些是承繼前人經驗，有些係仿造軍事制度，另有屬於個人自創者：

承前人經驗：一、整治湖漕。大多承襲平江伯陳瑄，如調整清江浦運口於天妃口，在高寶諸湖堤上建造減水堤閘，並重建淺舖等。其又承繼隆慶初年御史楊家相、工科給事中張博等人的建議，開挑瓜洲鎮花園港閘河。二、治理閘漕。係遵循工部尚書宋禮，建築坎河口石灘，設置湖泊爲水櫃等。三、整建河漕。採行的束水攻沙論，依萬恭自述，是承自虞城縣一位生員的獻策，但從知見史料，早於隆慶四年工部郎中張純已向總河潘季馴建議在黃河下游修建雙重堤防，此一治河方策，於隆慶六年閏二月，潘季馴將總河一職交接給萬恭時，從二人的深厚交情及往來書信推知，潘季馴應有告知萬恭，使其成爲史上第一位執行束水攻沙論者。另爲有效執行河漕兩岸雙重堤坊的修建，以及堵塞徐州房村決口等，〔註2〕其採用唐代張仁愿的搶築法。四、漕河植樹。從通州張家灣（州治南 15 里）至瓜洲鎮、儀眞縣，承襲劉天和（嘉靖十三年總河官）的「六柳之法」，廣植柳樹 70 萬餘棵，營造「柳巷二千里」，不僅柳葉能提供修築堤防所需材料，其樹陰也可讓拉牽者免於曝曬。〔註3〕

仿軍事制度：萬恭提出守堤如守邊，將巡撫山西時的軍事經驗轉用於治河，創設偵測黃河水汛的塘馬，搶修河漕堤防的游兵等。又總河官的常年辦公費（約 6 百兩）以及雇用輿皂、門快等薪資，這些經費原偏累濟寧一州來編列，萬曆元年，爲紓解濟寧百姓的負擔，萬恭按「各邊軍門例」，改由南北直隸、山東、河南四省共同負擔。〔註4〕另總河官的職守，隆慶四年起須兼

〔註2〕萬恭（明），《治水筌蹄》，一，〈黃河・四七 「臨決」、「通決」及其堵口方法〉，頁 56：「余於房村，以搶築法施之，正河安流。」又〈黃河・四八 堵口的經驗教訓（一）〉，頁 56：「搶築法，先以椿草固裹兩頭，以保其已有。卻捲三丈圍大埽，、丁頭而下之，則一埽可塞深一丈，廣一丈，以復其未有，易易耳。」

〔註3〕萬恭（明），《治水筌蹄》，二，〈運河・一〇六 運河植柳護隄兼備埽料〉，頁 103～104：六柳：臥柳、低柳、編柳、深柳、漫柳、高柳。

〔註4〕萬恭（明），《治水筌蹄》，一，〈黃河・五八 總河常年辦公費用及來源〉，頁 63。

帶提督四省軍務，〔註5〕為防護糧船免遭搶奪，其於漕河沿岸所布防的官兵，模仿防守邊牆的制度：於河岸每5里成立一部隊，每隊有5人，輪番駐守。〔註6〕

　　屬個人自創：大多位於閘漕，創設操控船閘以駕馭運河水的放船法、塡槽法、乘水法，及增板法；以及防堵閘漕河水傾洩入衛漕的以船治船、以淺治淺等方法。另南旺分水口挑濬淤沙的日期，原訂當年正月興工，二月竣事；隆慶六年八月，萬恭考量江南糧船已改期於冬季啓航，若挑濬南旺分水口的工期，仍維持在春季，此時正逢糧船航經此地，必然無法施工，且沿河農民也正忙於春耕。為避免這些弊病，於是調整工期於九月施工，十月完成。〔註7〕

　　萬恭治理閘漕各項水利工程時，有感於此段運道能通行漕運，主要歸功於永樂九年工部尚書宋禮整治會通河，其採納老人白英的建言，導引汶水以濟運。但於明中葉，山東一帶，論起閘漕通航的功績，僅知有陳瑄，而不知有宋禮，丘濬（1420～1495）的詩文即反應此一情形：「幾度會通河上過，更無人語宋尙書。」〔註8〕萬恭也指出：陳瑄治理漕河的主要貢獻在於淮南（湖漕），而非會通河（閘漕），以後因為宋禮「有微過，朝廷督責之」，「革其冠帶，止服儒巾治事」，以及後世子孫均為平民，無法宣揚其祖先功績，導致宋

〔註5〕萬恭（明），《治水筌蹄》，二，〈運河‧一三六　蘇、魯、冀運河布兵護運及管理（一）〉，頁120。

〔註6〕萬恭（明），《治水筌蹄》，二，〈運河‧一三六　蘇、魯、冀運河布兵護運及管理（二）〉，頁121：「入清河，則徐州參將營布兵至夏鎮，濟寧、曹濮二兵備道布兵至東昌，臨清兵備道布兵至滄州，天津兵備道布兵至白河，霸州兵備布兵至張家灣。」

〔註7〕萬恭（明），《治水筌蹄》，二，〈運河‧七八　南旺、三河口大挑的五不便與五便〉〉，頁82；溫體仁（明），《明神宗實錄》，卷4，頁21上下，隆慶六年八月戊寅。

〔註8〕黃訓（明），《名臣經濟錄》（收入《文淵閣四庫全書》，據國立故宮博物院藏本影印，臺北：臺灣商務印書館，1984），史部，詔令奏議類，第444冊，卷50，〈南旺廟碑記〉，頁1上、3下、4上：「尙書宋公禮同（都督府）都督周長等，發山東丁夫一十五萬，……疏鑿會通河，……而平江伯（陳瑄）亦疏鑿淮、揚一帶，南北遂會通矣，至今為國大利，而宋公之功，當為第一，都督周公（長）、（刑部）侍郎金公（純），亦不可不謂之賢勞。厥後，傳謂宋公有微過，朝廷督責之，革其冠帶，止服儒巾治事，其權中微，而平江之功愈彰，故今人惟頌平江伯而不及宋公。故丘文莊公嘗過會通河，有感賦詩曰：「清江浦上臨清閘，蕭鼓叢祠飲餕餘，幾度會通河上過，更無人語宋尙書。」

禮治河事功，不爲世人所知。〔註 9〕至弘治十七年（1504）工部左侍郎夏鍭、正德六年（1511）工部郎中楊淳（1475～1539）等爲彰顯宋禮的治河事功，先後建言應爲其立祠奉祀，遂於正德十一年（1516）冬，在汶上縣南旺鎮分水龍王祠西，創建宋尚書祠，並配享協助治漕有功的汶上縣老人白英等。〔註 10〕隆慶六年，萬恭治水於汶、泗二河間，曾拜謁宋尚書祠，驚見「淒涼古舍中」，宋禮的職銜，僅爲工部尚書，沒有贈諡；也拜謁白老人祠於戴村壩（龍王廟後），見及「棟撓，像頹，冠定平巾老人已爾。」〔註 11〕反觀陳瑄辭世後，榮獲明宣宗贈諡（追封平江侯，贈太保，諡恭襄），子孫蔭襲爲官。因此萬恭奏請朝廷諡封宋禮，如同陳瑄例；至於白英，也能酌量贈予官職，方能報答開河元勳治理閘漕的功績。萬曆元年正月，朝廷從其建言，追頌宋禮，贈太子太保，諡康惠，蔭嫡孫 1 人入國子監讀書；白英，則賜給冠服，嫡長孫充當冠帶老人，管理河夫，世守坎河口石灘，並修築戴村壩。〔註 12〕

萬恭爲因應黃河全流東行，在黃、漕二河所整建的各項工程，其能維持長久者，僅瓜洲鎮花園港閘河，閘漕的船閘御水方法，及塘馬制等；其它治水工程，如坎河口石灘，束水攻沙的執行，反對開挑泇河，茶城與天妃口的灌淤，分洩淮水入江海，湖漕減水堤閘產生的危害，浙漕北段運道淺涸等，雖都未能產生長遠功效，但也爲後世奠下整建基礎；往後的明清二代，出任總河者如潘季馴、靳輔（1633～1692）等，均在此一基礎上繼續更進。其服官任事，能體恤民命的人道精神，也彰顯於河務，如見山東民力竭盡於河道，

〔註 9〕萬恭（明），《治水筌蹄》，二，〈運河・六八 明初運道與會通河治理——宋禮、白英的貢獻〉，頁 70～72：「宋少保禮，河南永寧人。永樂初，治會通河。……河成，會北京建宮殿，五敕公採大木，六十四卒于蜀。乃以餉道統屬平江公。平江居河上三十年，功多在淮南，而會通河則仍少保之舊。平江以帝姻，且久河工，昭景鑠。而少保自蜀葬于永寧，曾學士棨表墓，又不著河工。子孫皆微爲庶人，又不克揚先人之烈。弘治中，僅僅廟食公南旺足矣。白英，尤泯不聞。悲夫！」。

〔註 10〕謝肇淛（明），《北河紀》（收入《文淵閣四庫全書》，據國立故宮博物院藏本影印，臺北：臺灣商務印書館，1984），史部，地理類，第 576 冊，卷 8，〈河靈紀〉，頁 2 上；同卷，〈工部尚書李鐩・宋尚書祠堂記〉，頁 14 上～15 上。

〔註 11〕萬恭（明），《治水筌蹄》，二，〈運河・六八 明初運道與會通河治理——宋禮、白英的貢獻〉，頁 72。

〔註 12〕萬恭（明），《治水筌蹄》，二，〈運河・六八 明初運道與會通河治理——宋禮、白英的貢獻〉，頁 72；又同書，〈萬恭治水文輯・一五 請謚、蔭（宋禮）疏〉，頁 156、157；溫體仁（明），《明神宗實錄》，卷 9，頁 3 下，萬曆元年正月辛卯。

爲減輕百姓負擔，提出：「余治河必先治民，寧敝河不忍敝民。」〔註13〕此一襟懷，可爲總綰河務者所服膺。

〔註13〕 萬恭（明），《治水筌蹄》，一，〈黃河・二七 論賈魯治河：改進募夫收稅辦法〉，頁 39。

參考書目

一、傳統文獻

1. 王直（明），《抑菴文後集》，收入《文淵閣四庫全書》，據國立故宮博物院藏本影印，臺北：臺灣商務印書館，1984，集部，別集類，第 1241 冊。

2. 王瓊（明），《漕河圖志》，收入《中國水利古籍叢刊》，北京：水利電力出版社，1990。

3. 方尚祖（明），《淮安府志》，明天啓間刊清順治五年印本。

4. 不著撰者（明），《淮南水利考》，收入《續修四庫全書》，據南京圖書館藏明刻本影印，上海：上海古籍出版社，2002，史部，政書類，第 851 冊。

5. 不著撰者（明），《崇禎長編》，國立中央研究院歷史語言研究所民國五十一年刊本縮印，京都：京都出版社，1984。

6. 申時行（明），《大明會典》，收入《續修四庫全書》，據明萬曆內府刻本影印，上海：上海古籍出版社，2002，史部，政書類，第 789 冊。

7. 申嘉瑞（明），《隆慶儀眞縣志》，收入《天一閣藏明代方志選刊》，據寧波天一閣影印，上海：上海古籍書店，1981，第 15 冊。

8. 田文俊（清），《河南通志》，收入《文淵閣四庫全書》，據清抄本影印，國立故宮博物院藏本影印，臺北：臺灣商務印書館，1984，史部，地理類，第 535 冊。

9. 朱鋐（清），《河漕備考》，收入《北京圖書館古籍珍本叢刊》，北京：書目文獻出版社，1988，史部，政書類，第 57 冊。

10. 朱元豐（清），《清河縣志》，清乾隆十五年刊本。

11. 江武曹（清），《黃河考》，收入《中國水利志叢刊》，揚州：廣陵書社，2006。

12. 李長春（明），《明熹宗實錄》，國立中央研究院歷史語言研究所民國五十一年刊本縮印，京都：京都出版社，1984。

13. 李東陽（明），《明孝宗實錄》，國立中央研究院歷史語言研究所民國五十一年刊本縮印，京都：京都出版社，1984。

14. 李德溥（清），《宿遷縣志》，收入《中國方志叢書》，臺北：成文出版社，1974，江蘇省，第141號。

15. 沈朝陽（明），《皇明嘉隆兩朝聞見紀》，臺北：臺灣學生書局，1985。

16. 周永春（明），《絲綸錄》，收入《四庫禁毀書叢刊》，據明刻本影印，北京：北京出版社，2000，史部，第74冊。

17. 孟仲遴（明），《清河縣志》，明嘉靖辛亥刊本。

18. 吳道南（明），《吳文恪公文集》，收入《四庫禁毀書叢刊》，據明崇禎吳之京刻本影印，北京：北京出版社，2000，集部，第31冊。

19. 和珅（清），《大清一統志》，上海：上海古籍出版社，2008。

20. 金桂馨（清），《逍遙山萬壽宮志》，揚州：江蘇古籍出版社，2000。

21. 栗可仕（明），《汶上縣志》，明萬曆戊申刊本。

22. 胡瓚（明），《泉河史》，明萬曆刊本。

23. 高汝栻（明），《皇明法傳錄嘉隆紀》，收入《四庫禁毀書叢刊補編》，據明崇禎九年刻本影印，北京：北京出版社，2005，第10冊。

24. 姚應龍（明），《徐州志》，明萬曆年間刊本，臺北：漢學研究中心影印自日本尊經閣文庫。

25. 徐階（明），《經世堂集》，收入《四庫全書存目叢書》，據北京大學圖書館藏明萬曆徐氏刻本影印，臺南：莊嚴文化事業公司，1996，集部，別集類，第79冊。

26. 范惟恭（明），《隆慶高郵州志》，明隆慶六年刊本。

27. 夏燮（清），《新校明通鑑》，臺北：世界書局，1978。

28. 陳文（明），《明英宗實錄》，國立中央研究院歷史語言研究所民國五十一年刊本縮印，京都：京都出版社，1984。

29. 陳鶴（清），《明紀》，臺北：臺灣中華書局，1972。

30. 陳鶴（清），《練湖志》，據嘉慶十五年刊本影印，臺北：丹陽文獻社，1981。

31. 陳子龍（明），《皇明經世文編》，收入《四庫禁燬書叢刊》，據明崇禎雲間平露堂刻本影印，北京：北京出版社，2000，集部，第27、28冊。

32. 陳應芳（明），《敬止集》，收入《文淵閣四庫全書》，據國立故宮博物院藏本影印，臺北：臺灣商務印書館，1984，史部，地理類，第577冊。

33. 章潢（明），《圖書編》，收入《文淵閣四庫全書珍本五集》，據國立故宮博物院藏本影印，臺北：臺灣商務印書館，1973。

34. 陸君弼（明），《萬曆江都縣志》，收入《四庫全書存目叢書》，據北京圖書館藏明萬曆刻本影印，臺南：莊嚴文化事業公司，1996，史部，地理類，第 202 冊。

35. 崔維雅（清），《河防芻議》，收入《四庫全書存目叢書》，據中國科學院圖書館藏清鈔本影印，臺南：莊嚴文化事業公司，1996，史部，地理類，第 224 冊。

36. 康基田（清），《河渠紀聞》，收入《中國水利要籍叢編》，據民國 25 年嘉業堂藏初刻本影印，臺北：文海出版社，1970，第 2 集 17 冊。

37. 黃訓（明），《名臣經濟錄》，收入《文淵閣四庫全書》，據國立故宮博物院藏本影印，臺北：臺灣商務印書館，1984，第 444 冊。

38. 黃景昉（明），《國史唯疑》，收入《續修四庫全書》，據上海圖書館藏清康熙三十年徐釚刻本影印，上海：上海古籍出版社，2002，史部，雜史類，第 432 冊。

39. 黃宗羲（清），《明文海》，收入《文淵閣四庫全書》，據國立故宮博物院藏本影印，臺北：臺灣商務印書館，1984，集部，總集類，第 1453、1457 冊。

40. 張萱（明），《西園聞見錄》，收入《明人傳記叢刊》，臺北：明文書局，1991。

41. 張橋（明），《泉河志》，明嘉靖癸亥刊本。

42. 張居正（明），《明世宗實錄》，國立中央研究院歷史語言研究所民國五十一年刊本縮印，京都：京都出版社，1984，

43. 張居正（明），《明穆宗實錄》，國立中央研究院歷史語言研究所民國五十一年刊本縮印，京都：京都出版社，1984。

44. 張國維（明），《吳中水利全書》，收入《中國水利志叢刊》，揚州：廣陵書社，2006。

45. 張伯行（清），《居濟一得》，收入《中國水利志叢刊》，揚州：廣陵書社，2006。

46. 張廷玉（清），《明史》，新刊本，臺北：國防研究院明史編纂委員會，1963。

47. 章潢（明），《圖書編》，收入《文淵閣四庫全書》，據國立故宮博物院藏本影印，臺北：臺灣商務印書館，1984，子部，類書類，第 970 冊。

48. 溫純（明），《溫恭毅集》，收入《文淵閣四庫全書》，據國立故宮博物院藏本影印，臺北：臺灣商務印書館，1984，集部，別集類，第 1288 冊。

49. 溫體仁（明），《明神宗實錄》，國立中央研究院歷史語言研究所民國五十一年刊本縮印，京都：京都出版社，1984。

50. 葉方恒（清），《山東全河備考》，收入《中國水利志叢刊》，揚州：廣陵書社，2006。

51. 賀長齡（清），《皇朝經世文編》，臺北：國風出版社，1963。

52. 傅澤洪（清），《行水金鑑》，收入《國學基本叢書》，臺北：臺灣商務印書館，1968。

53. 梁維樞（清），《玉劍尊聞》，收入《四庫全書存目叢書》，據中國人民大學圖書館藏清順治賜鱗堂刻本影印，臺南：莊嚴文化事業公司，1996，子部，小說家類，第 244 冊。

54. 趙遵路（清），《榆巢雜識》，收入《筆記小說大觀》，臺北：新興書局，1978，第 21 編 9 冊。

55. 靳輔（清），《治河奏績書》，收入《文淵閣四庫全書》，據國立故宮博物院藏本影印，臺北：臺灣商務印書館，1984，史部，地理類，第 579 冊。

56. 萬恭（明），朱更翎整編，《治水筌蹄》，北京：水利電力出版社，1985。

57. 萬恭（明），《洞陽子集》，明萬曆間刊本，臺北：漢學研究中心影印自日本尊經閣文庫。

58. 萬恭（明），《洞陽子續集》，明萬曆間刊本，臺北：漢學研究中心影印自日本尊經閣文庫。

59. 萬恭（明），《洞陽子再續集》，明萬曆間刊本，臺北：漢學研究中心影印自日本尊經閣文庫。

60. 萬恭（明），《洞陽子箋》，明萬曆年間刊本，臺北：漢學研究中心影印自日本尊經閣文庫。

61. 費宏（明），《明武宗實錄》，國立中央研究院歷史語言研究所民國五十一年刊本縮印，京都：京都出版社，1984。

62. 龍文明（明），《萊州府志》，萬曆三十二年刊本。

63. 鄭曉（明），《今言》，收入《四庫全書存目叢書》，據山東省圖書館藏明嘉靖四十五年項篤壽刻本影印，臺南：莊嚴文化事業公司，1996，史部，雜史類，第 48 冊。

64. 談遷（明），《國榷》，北京：中華書局，2005。

65. 楊洵（明），《萬曆揚州府志》，收入《北京圖書館古籍珍本叢刊》，據明萬曆刊本影印，北京：書目文獻出版社，1988，史部，雜史類，第 25 冊。

66. 劉吉（明），《明憲宗實錄》，國立中央研究院歷史語言研究所民國五十一年刊本縮印，京都：京都出版社，1984。

67. 劉寶楠（清），《寶應縣圖經》，收入《中國方志叢書》，據清道光 28 年刊本影印，臺北：成文出版社，1970，江蘇省，第 30 號。

68. 潘季馴（明），《潘司空奏疏》，收入《文淵閣四庫全書》，據國立故宮博物院藏本影印，臺北：臺灣商務印書館，1984，史部，詔令奏議類，第 430 冊。

69. 潘季馴（明），《河防一覽》，收入《中國水利要籍叢編》，臺北縣：文海出版社，1971。

70. 歐陽修（宋），《新唐書》，收入《文淵閣四庫全書》，據國立故宮博物院藏本影印，臺北：臺灣商務印書館，1984，史部，正史類，第 274 冊。

71. 謝旻（清），《江西通志》，收入《文淵閣四庫全書》，據國立故宮博物院藏本影印，臺北：臺灣商務印書館，1984，史部，地理類，第 516 冊。

72. 謝肇淛（明），《北河紀》，收入《文淵閣四庫全書》，據國立故宮博物院藏本影印，臺北：臺灣商務印書館，1984，史部，地理類，第 576 冊。

73. 顧炎武（清），《天下郡國利病書》，臺北：廣文書局，1979。

74. 顧祖禹（清），《讀史方輿紀要》，臺北：洪氏出版社，1981。

75. 覺羅石麟（清），《山西通志》，收入《文淵閣四庫全書》，據國立故宮博物院藏本影印，臺北：臺灣商務印書館，1984，史部，地理類，第 548 冊。

76. 羅覺普爾泰（清），《乾隆兗州府志》，中國地方志集成，北京：北京圖書館，2004。

二、近人論著

1. 王授平，〈清代張鵬翮生平與治理黃、淮、運三河研究〉，國立彰化師範大學歷史學研究所碩士論文，2014。

2. 王檸，〈試論萬恭的治河思想〉，《防災科技學院學報》，12 卷 3 期，2010，頁 106～109。

3. 水利水電科學研究院，《中國水利史稿》下冊，北京：水利電力出版社，1989。

4. 水利部黃河水利委員會，《黃河水利史述要》，北京：水利電力出版社，1984。

5. 吳海燕，〈萬恭及其《治水筌蹄》初探〉，《河南師範大學學報（哲學社會科學版）》18 卷 4 期，1991，頁 62～65。

6. 李約瑟，《中國之科學與文明》第 10 冊，臺北：臺灣商務印書館，1980。

7. 岑仲勉，《黃河變遷史》，臺北：里仁書局，1982。

8. 武同舉，《淮系年表全編》，臺北：文海出版社，1970。

9. 周魁一，〈潘季馴治河思想歷史地位的再認識——從縷堤束水到守灘護堤〉，《漢學研究》15 卷 2 期，1997 年，頁 51～72。

10. 姚漢源，《中國水利史綱要》，北京：水利電力出版社，1987。

11. 彭雲鵬，《明清漕運史》，北京：首都師範大學出版社，1995。

12. 徐鳳岡，《明代朱衡整治黃河與漕河研究》，國立彰化師範大學歷史學研究所碩士論文，2010。

13. 唐則文，《明代陳瑄督理漕河與漕運研究》，國立彰化師範大學歷史學研究所碩士論文，2015。

14. 張含英，《明清治河概論》，北京：水利電力出版社，1986。

15. 陳橋驛，《中國運河開發史》，北京：中華書局，2008。

16. 陳憲弘，《從陳應芳「敬止集」論晚明淮南地區的水患與荒政》，國立彰化師範大學歷史學研究所碩士論文，2012。

17. 郭子琦，《清代靳輔治理黃、淮、運三河研究》，國立彰化師範大學歷史學研究所碩士論文，2009。

18. 賈征，《潘季馴評傳》，南京：南京大學出版社，1996。

19. 鄒逸麟，〈萬恭和《治水筌蹄》〉，《歷史地理》3 輯，1983，頁 229～235。

20. 鄒逸麟，〈淮河下游南北運口變遷和城鎮興衰〉，《歷史地理》6 輯，1988，頁 57～72。

21. 鄒逸麟，〈明代治理黃運思想的變遷及其背景——讀明代三部治河書體會，《陝西師範大學學報（哲學社會科學版)》，33 卷 5 期，2004，頁 21～26。

22. 蔡泰彬，《明代漕河的整治與管理》，臺北：臺灣商務印書館，1992。

23. 蔡泰彬，〈明代漕河四險及其守護神——金龍四大王〉，《明史研究專刊》10 期，1992，頁 83～148。

24. 蔡泰彬，《晚明黃河水患與潘季馴之治河》，臺北：樂學書局，1998。

25. 蔡泰彬，〈元明時期海運的海險與膠萊新河的開鑿〉，《東吳歷史學報》22 期，2009，頁 1～72。

26. 蔡泰彬，〈明代萬恭治理鎮江運河與瓜洲運河〉，《第五屆白沙歷史地理國際學術研討會》，彰化：彰化師範大學歷史學研究所，2014，頁 1～27。

27. 謝榮芳，《明代劉天和治黃理漕研究》，國立彰化師範大學歷史學研究所碩士論文，2008。

28. 谷光隆，〈明代漕運一齣——茶城附近の河防問題〉，《東洋史研究》39 卷 2 期，1980，頁 58～88。

29. 谷光隆，《明代河工史研究》，京都：同朋舍，1991。

30. 星斌夫，《明代漕運の研究》，東京：學術振興社，1963。

31. 森田明，《清代水利社會史の研究》，東京：圖書刊行會，1995。

附錄一：萬恭撰《治水筌蹄》自序

(原文取自朱更翎整編《治水筌蹄》，頁1～4。)

隆慶辛未秋，漕、河不利。明年，上召左司馬臣恭，綜水土之役，于濟之陽。余乃窺三門，睇七津，浮千里，達于秦溝；又檄治水使廿人者，循白河，出天津，逆衛河，達于臨清。

余又治臨清，逆柝諸南旺；又導南旺，順捷于茶城，與黃河會；又導茶城，歷徐、呂，底于淮之北；闓天妃，泛高、寶，遂闉瓜州（洲），踰京口，泝姑蘇，蕩太湖，順流而達于杭。

又從濟、漯，登泰山，望青、齊，并洸、汶，灘坎河，西繫汶、洸，全流駛南旺，以其七，北入天津之海，而以其三，南入淮、楊（揚）之海，餉始利。

蓋中國萬里之疆，皆有帆檣之影，轍馬之迹焉。未嘗不擊楫拊彎，歎餉道之便，王會之盛，之至于斯也。綜之為六漕：

自潞河，順天津，為白漕，不宜治。

自天津，逆臨清，為衛漕，不必治。

自臨清，逆南旺；又自南旺，順出茶城，為閘漕，宜少治。

自茶城，順流淮、楊（揚），為河漕，宜數治。

（自）淮、楊（揚），踰高、寶，連瓜、儀，為湖漕，宜亟治。

自瓜州（洲），渡長江，入京口，以入于杭，為浙漕，宜間治。

夫白漕，從密雲而南下，霽十日，則平沙彌河，雨溢則泛，運辛急則挽舟，又急則直易舟耳。其節短，不竝運，故其法，治之，以不宜治也。

衛漕，渠甚歛，而流甚深，渠歛則流專，流深則渠利，故其法，治之，以不必治也。

　　闡漕，強半籍汶，萬曆前，汶乘勢東而下于青海；即西注者微，西注微，則不能七灌北，三灌南；二百年春夏水竭，徃徃閘漕斬焉，弱不能續數里之流。萬曆以後，坎河既灘，乃驅汶全流，于春夏之交，閘道遂溢，直時啓閉耳，故其法，治之，以少治也。

　　河漕，有源之水也，崇堤約之，以專其流；隨流堤之，以若其性。運畢，則修以清漕；漕畢，則靜以待運，歲相循環也。故其法，治之，以數治也。

　　湖漕，無源之水也。夏秋多雨，則脹悶而決堤；冬春多旱，則涸竭而膠舟。脹之，既不可；涸之，又不可。夫養生者，虛其腹，則神耗而液乾；實其腹，則腸急而腹潰；虛其實，實其虛，此豈能一日忘備哉。故其法，治之，以瓯治也。

　　浙漕，治或在潤，或在常，或在姑蘇，或在崇德，直踰年一深通之耳。故其法，治之，以間治也。

　　若孟津而下，河、運之崑崙也，運所不經，若勿治，可也。然脩身者，能不修崑崙乎！法反宜急治。

　　襄、漢而下，江、運之頭顱也，運所必經，若急治，可也。然藥病者，能先藥頭顱乎！法反宜勿治。

　　夫理餉道者，其猶理氣血乎！閘漕、浙漕，患在血氣之不足，補之使贏；衛漕、河漕，患在血氣之有餘，宜瀉之使縮；白漕、湖漕，則有餘，不足無定形，故補瀉無定勢，贏縮無定衡。

　　余故取治水，見諸行事，存案牘者，括而紀諸筌蹄，非以燕說郢者也，殆郢書而郢說之也。庶馳餉道，佽王會者，知我明直，軼唐、虞而上之，三代以下，皆無取焉。

附錄二：萬恭撰《治水筌蹄》原文

（長洲張文奇重刊於南旺公署本，原文內容取自朱更翎整編
《治水筌蹄》，頁 1～57、1～65，加以標點、排序，及打字。）

一、卷之上

1、漢、唐以前，至春秋、戰國，大江由六和遡邗溝，取道于高郵、寶應諸湖之西，北達長淮。江南之漕，俱由邗溝，而苦淺阻。陳平江乃隄揚州，以及于淮，西遏諸湖之水，遂匯爲一，湖港相通，三百七十里，達于黃河，餉道大通，邗溝遂絕。今不必泥古，忘圖恢復，唯濬之洩淮，則可。

2、高郵諸湖，西受七十二河之水，歲苦溢。乃於東隄建減水閘數十，洩水東注，閘下爲支河，總匯于射陽湖、鹽城入海，歲久悉淤。弘治中，乃開儀眞閘，苦不得泄。治水者，歲高長隄，而湖水歲溢。隆慶初，水高於高、寶城中者數尺；每決隄，即高、寶、興化，悉成廣淵。隆慶六年、萬曆元年，建平水閘二十一於長隄；又加建瓜洲閘，併儀閘爲二十三，湖水大平，淮漲不能過寶應。又復淺船、淺夫，但許深湖，不許高隄，舊制。初，建瓜洲花園港通惠閘，得故今（金）焚韓世忠船板，改廣惠閘。又得故閘基椿石，椿大四圍，基因之，則花園港，故閘道也。而或恐二十三閘，洩高、寶八百里，七十二河之水，欲閉瓜、儀，蓄諸湖，利餉道，誤哉！

3、各湖水南注者，儀河窄而淺，瓜河廣而深，余懼瓜之奪儀也。乃於三汊河建洋子橋，橋口如閘制，以節束之，儀河不病淺矣。而瓜閘，江潮近六十里，則早至而遲落，更便於儀閘。鎮江截流官舫，徑趨江都，眞州省續食、徵夫之役，又利儀閘云。

4、高郵湖，弘治三年，白公以七十餘萬金，成康濟河，商誠便也。第不當東繞圍民田一萬八千畝。康濟與湖通，水如城，田若盂。不得已，於月河之底，沉三涵洞，穿月河而東洩，船行洞之上方。未七十年，松板洞窒，不復能穿月河，水匯田中，是老隄之東，又益一萬八千畝之田湖也。左哉！左哉！老隄如線，浸萬頃中，八面受敵，而大隄壞。中隄故卑薄，大湖擁田湖，風濤擊之，而中隄壞。二隄俱壞，則康濟東隄直弱，繪當萬石之弩耳，豈不危哉。今議：固老隄，塞金門，決康濟，涸湖田，乃循老隄之東，去十丈，爲之東隄，一護老隄，一成月河，歲加修築，則運與民、與商舶，萬世之利也。

5、寶應湖，隄長三十里，軍、民舶由湖中，西風大作，歲溺湖中，以數千人，運之險道也。今爲東護隄，如議高郵新月河之制；東隄成，則月河成，一舉兩得之計。了此不過十萬金耳，省中隄故也，視白公縮費六十萬金。歲加修築，可保數百年無事，謀國者，各有見乎！

6、天妃口，自陳平江開清江浦六十里，由此入黃河，官民便之。嘉靖中，黃水泛入，清江淤，河臣費十萬開新河，以北接于淮。其說以爲接清流，勿接濁流，可不淤。不知，黃河非安流之水也，伏秋水盛，則西擁淮流，併灌新開河。夫天妃口，一黃水之淤耳；若淮、黃會于新開口，是二淤也。乃歲役千夫，濬淮、黃交會之淺，而患愈博矣。余於天妃口建石閘，直出黃河，黃水盛，則閉閘，謝絕黃水，以杜淤；黃水落，又啓閘，以利官民。新開口，勿濬，可也，新河焉用哉。

7、高山大川，靈異攸鍾。每歲，春初運始，宜祈；夏末運畢，宜報。歲行，若例。

8、夏、秋，高、寶諸湖水溢，瓜、儀二閘，宜洞開之。

9、高、寶諸湖，今建平水閘，俱引支流，入射陽湖，注于海，正道也。而鹽城范公隄，有入海五道，今堙其四。下流不疏，此高、寶、興、鹽之多水患乎！

10、宿遷以下，去海漸近，水趨若奔；且河廣崖高，不必深治之。

11、黃河，自清河迄茶城五百四十里，全河經徐、邳，則二洪平，舟以不敗。是黃河決隄之害有限，而濟運之利無窮。今惡其害也，而欲去之河南；

是河南歲治黃河，徐、邳歲治運河，滋多事耳。今以五百四十里，治運河，即所以治黃河；治黃河，即所以治運河，知行合一，不亦便哉。

12、黃河，自宿遷以下，河博而流迅，治法宜縱之，必勿隄。宿遷而上，河窄而流舒，治法宜束之，亟隄可也。又徐、邳，水高而岸平，泛溢之患在上，宜築隄以制其上。河南，水平而岸高，衝刷之患在下，宜捲埽以制其下。不知者，河南以隄治，是滅趾崇頂者也；徐、邳以埽治，是摩頂擁踵者也，其失策，均也。

13、築隄，余以唐張仁愿搶築三受降之法，築邳、宿三百七十里。不用翻工舊制，即布五萬夫，聯絡於三百七十里之中，分為信地，編定字號，萬杵齊鳴，分之則為各段，合之則成長隄；火爨蓬居，不移而具，遲速勤惰，不令而嚴。始以十萬金計，終三萬成之，便法也。

14、河運約近萬艘，舊以幫次序行，一艘不移，萬艘皆滯。是惰者不能速，勇者又阻之，使不得速，故黃河越幫，閘河序幫，乃倍速矣。

15、築隄三夫，差役編設曰徭夫，庫銀召雇曰募夫，郡縣借派曰白夫。徭夫出於民，募夫出於官，有名也。白夫，額外之徵，不堪命矣，罷之。即有大役，募夫永不可變。寧損上，勿損下也。

16、漕河，十月徵稅，十一月兌軍，十二月開幫，次年二月過淮，三月、四月過徐州洪入閘，今之令，萬全之策也。黃河中河道，助夫輓運，以二旬而渡河，則粒米皆太倉有矣。

17、築隄有三禁：毋掘房基，毋挖古塚，毋剗膏腴。

18、河工委官，府佐日給銀一錢二分，州縣佐首領六分，省祭等官四分。屬有司者，給庫銀；屬雜委者，給河銀，舊例也。

19、償運之法，莫善於格單。舟入瓜、儀，每幫於瓜、儀主事給一紙，以千文編號，以月為綱，以日為目，每月之下，係以方寸三十格，填云：幾十里至某處灣泊，如屬阻風、剝淺，挨幫事故，則實註格內。舟過濟寧，按目稽查，一覽可見。回空，則從通惠河郎中改給，亦如之。皆總督河道預發南北二分司。此償運之上馴也。

20、防護糧運，分布官兵，若守邊，宜更番，宜節短。入清河，則徐州參將營，布兵至夏鎮；濟寧、曹濮二兵備，布兵至東昌；臨清兵備，布兵至滄州；天津兵備，布兵至白河；霸州兵備，布兵至張家灣，皆五里一伍，每伍五人，永無劫奪輕齎之患矣。

21、淮安，隆慶中，水；萬曆壬申，又水。或云：海口淤，宜濬之。郡有司，為探海口，則廣三十里，望之無際。冬，中洲渚微見，海中潮長，則烟霧波濤，極目耳。舟從何繫，人從何依，工從何施？且清河之流甚駛，海口即淤，清河當上行矣。古無濬海者，有由然哉！而怨淮水，罪海口者，謬矣。

22、淮水，昔不病淮安，今病淮、揚。蓋黃河正流，往經河南，或出潁川，或出壽春，匯淮入于海；其入小浮橋，經徐、邳，入海者，支流也，勢故卑且弱。河、淮合，則為一家，直湧而東奔，是淮以河利也，安能害淮安。今全河舍河南之故道，併流徐、邳，經清河，而淮水自西來會，是二家也，不相統一。故河落，則淮乘高而凌之，淮安以燥。秋水灌河，河恃勢而驕，亙淮安之東北，若大行焉。而淮水方挾潁川、壽春諸平陸之水勢，與強河鬭于清河；不能衝中堅，則氣喪，而潰散淮安之郊，暫為憩息。俟河之消銳，乃假道會弱河，始入海，淮安安得不病淮河哉。若導黃河，經河南，會淮水于潁川、壽春，勢既不能；若任淮水之灌淮安，勢又不可。唯朝廷定策，固高、寶諸湖之老隄，建諸平水閘，大落高、寶諸湖之巨浸，廣引支河，歸射陽湖，入海之洪流，乃引淮河上流一支，入高、寶諸湖。如黃河平，則淮水會清河故道，從淮城之北，同入于海。如黃河長，則淮水會高、寶湖新道，由射陽湖，從淮城之南，同入于海。則淮安全得平土而居之乎！然非朝廷定策，則首議者，不免為晃生以說耳。

23、夏鎮新河，馬家橋之左，呂孟、微山諸湖，夏水泛漲，外傷漕隄，內淹民田者；徐州七分，滕縣二分，嶧縣一分，公私未便也。余自比（北）隄，漸家壩至鐵河止，開水口，建石閘，宣洩湖水，以左出民田，右濟漕河，而夫役以履畝出之，二年乃成。

24、洳口河，從馬家橋，入微山諸湖，穿梁城、侯家灣，取道于利國監，經蟃、蛤、柳諸湖，出邳州直河，入黃河，有六難焉。微山諸湖，水中不

可隄，一也。梁城、侯家灣、葛墟嶺，皆數十里頑石，不可鑿，二也。磈石水中，隨撤隨合，金火不可施，三也。嶺南去徐、呂二洪，一舍耳，二洪高下相等，避徐、呂二洪險，葛墟洪險復生，四也。假令治迦河，即不治徐、邳河，尤可；萬一迦河成，歲治之，而徐、邳河，非無事之水也，而又治，是兩役也，勞不已甚乎！五也。計鑿梁城、侯家灣，非五百萬不可，視今治徐、邳河五百年之費也，況未必成，六也。治迦河策，宜永罷之。

25、河隄之法有二，有截水之隄，有縷水之隄。截水者，遏黃河之性，而亂流阻之者也，治水者忌之。縷水者，因河之勢，而順流束之者也，治水者便之。夫水之為性也，專則急，分則緩；而河之為勢也，急則通，緩則淤。若能順其勢之所趨，而隄以束之，河安得敗。唯河欲南，而截之使北；河欲合，而截之使分，以逆天地之氣化，而反天地之血脈，河始多事也已。

26、神禹，疏、瀹、排、決之法，今不講久矣。即朱晦翁亦云：瀹者，亦疏通之意。考之正字：疏者，水密為患，則綱舉以疏之；瀹者，水散為患，則合水以瀹之；排者，水侵為患，則拒堵以排之；決者，遲迴為患，則搜剔以決之。晦翁又云：汝、泗皆入淮，而淮自入海。夫淮之入海，此三代以後事也。禹治水，先審中國大勢，比（北）水之大，唯河；南水之大，唯江，而四瀆，特姑以淮、漢配耳，豈真可敵江、河哉。故導汝、泗入于淮，又導淮入于江，東北注海。邗溝，淮入江故道也，今失之，而淮自入海。蓋失禹決、排之法，而淮之南北，始多水患矣。

27、今之治河者，難於禹焉。夫三代以上，或都冀，或都秦、雍，或都陳，貢道皆遡黃河，水擊數千里，直達耳。而江南之貢賦，猶未入中國也。且王畿自以公田之入，足上供、祭祀、宴享、軍國之需，故餉道不經見。禹特治河之患，播大坯，析九河，至今天津入于海，事畢矣。彼一時也，河利于北，而不利于南徙。今則餉道，大半仰給江南，而江南之舟，泛長江，歷揚、淮而北，非河以濟之，則五百四十里，當陸運耳，京師若何？故治水者，必不可使北行，由禹之故道，必約之使由徐、邳，以救五百四十里餉道之缺。是不徒去河之害，而又欲資河之利者也，不亦難乎！若不為餉道計，而徒欲去河之害，以復禹故道，則從河南銅瓦廂一

決之，使東趨東海，則河南、徐、邳，永絕河患，是居高建瓴，水也，而可乎！故九河故道，必不可復者，爲餉道也，而非難復也。

28、徐、邳，順水之隄，其始役也，眾譁，以謂：黃河必不可隄，笑之；其中也，隄成，三百七十里。以謂河隄必不可守，疑之；其終也，隄舖星列，隄夫珠貫。歷隆慶六年、萬曆元年，運艘行漕中，若平地；河漲，則三百里之隄，內束河流，外捍民地；邳、睢之間，波濤之地，悉秋稼成雲，此隄之餘也。民大悅，眾乃翕然定矣。智者覩效於未然，眾人定議於覩效，諒哉。

29、舊說：徐、呂二洪，宜險，宜有聲，以是占河之善、敗，固哉！夫洪，水露石則險，激石則有聲。今全河假道，徐洪（之）水，丈餘；呂梁之水，幾二丈。漕舟日可度（渡）四、五百艘，視昔，險有聲者，十倍焉。洪力大紓，是漕之大利也。治餉道者，乃惡夷而欲險，忌無聲而幸有聲，是不欲與河、漕相安于無事，而鬭之以有事，得無爲河伯所笑乎！

30、徐州城北小浮橋之正河，復，可也；不復，亦可也。天（夫）上流從河南新集，或郭貫樓，經丁家道口、趙家圈、九里溝，以入于小浮橋，洵便矣。而今，北行，歷秦溝，趨呂梁，界蕭、碭縣治，于河之南，少迂道；且武家壩告急，膏腴爲河，役夫捲埽，自五月既望，以至于九月望，擾擾不得息，洵不便矣。然武家壩之患急，而郭貫樓以下之患紓；河北之膏腴爲黃河，而河南之黃河又爲膏腴，是利害固相當也。而又重以復河之役，又不能必河之趨而南，故小浮橋之復與不復，付之河伯，可也。

31、黃河由小浮橋會徐洪，自小浮橋之上，皆閘河也。故汶水出高家閘，與小浮橋大河會，是汶與河交會在高家閘。嘉靖末，水北徙，由秦溝，則自小浮橋以上，逆四十里，至茶城，悉爲大河；高閘沉河中，不復見，則汶與河交會在茶城矣。

32、黃河北徙，其北岸，西自曹縣，原有縷水隄一道，長四十里，蹜豐、碭界；歷徐州衛地界，亦有縷水隄；唯曹、單之交，缺八十八里餘。爲之聯隄，復聯隄碭山界東引之，延長二百餘里，若常山之蛇，以北護泰黃隄，南遏漫河，自是，河北絕水患，泰黃若崇墉矣。余刻石華山之巔，以紀之。

33、沿河夫役，出之農家，徹骨矣，猶冀商賈助之也。有司者，復迫之鋪行官價，市且散矣，濱河蕭條。奉旨：厲禁四省之苦鋪行者，追其牌冊而焚之。商賈乃安，關鎮漸復弘、正之風焉，而河夫始有裹糧、有寧宇矣。

34、糧運盛行，運舟過盡，次則貢舟、官舟次之，民舟又次之，閘乃肅。

35、河南屬河上源，地勢，南高北下；南岸多強，北岸多弱。夫水，趨其所下，而攻其所弱。近有倡南隄之議者，是偪河使北也；北不能勝，必攻河南之銅瓦廂，則徑決張秋；攻武家霸，則徑決魚臺，此覆轍也。若南攻，不過溺民田，一季耳。是偪之南決之禍小，而北決之患深。

36、治漕有八因：因河之未泛而北運，因河之未凍而南還，因風之南北爲運期，因河之順流爲運道，因河安則修隄以固本，因河危則塞決以治標，因冬春則沿隄以修，因夏秋則據隄以守。是謂八因。有三策：四月方終，舟悉入閘，夏秋之際，河復安流，上策也。運艘入閘，國計無虞，黃水齧隄，隨缺隨補，中策也。夏秋水發，運舸度河，漕既愆期，河無全算，斯無策矣。是謂三策。

37、今河，有三無患：徐、呂二洪，往患淤淺，今乃水二丈餘，二洪無患。南行一百八十里，隆慶末，悉爲平陸，今水由地中，水深二丈，岸高一丈，邳河無患。邳河下至清河，水深不得其底，且近海而流迅，宿、清之河無患。

38、嘉靖六年以前，黃河分爲六道，其兩道，由河南、鳳、泗入淮；其四道，由小浮橋、飛雲橋、大、小溜溝入河。時則開、歸、徐、沛利害相當。今開、歸、沛諸流俱堙，全河悉經徐州一道，則開、歸、沛之患紓，而徐、邳之患博。其不兩利，亦不能兩害者，勢也。

39、汶水微，而南旺析七分，北濟張秋、東昌、臨清；三分南注濟寧、南陽、夏鎮。是北濟者，道近，分數多；南濟者，道遠，分數少，則恃呂孟、昭陽等湖也。故運盛行，則濟寧而上，發蜀山湖；南陽而下，左發呂孟諸湖，右發昭陽湖，以濟黃家閘，勢不得不汲汲矣。

40、茶、黃交會之淺，蓋黃河水落之候，高下不相接，則相失而相傾，是以有茶城淺、魚脊梁淺、黃家閘淺、夾溝淺。舊有境山閘，沒泥淖中丈餘，而基故在。余累石足之，既可以留黃家閘外，二十里之上流；又可以接

茶城內，十里之下流；而又挾二十里之水勢，衝十里之挾（狹）流，蔑不勝矣。茶城可不治淤。

41、茶城口之淺，十年患之。蓋閘河之口，逆接河流，河漲，直灌入，召淤耳。而北崖悉洲沙。余為大南隄以偪之；南隄急，則北沙悉潰，水漸徙而北；茶城之口，以偪而益深，且順而東，與黃河夾流半里，而後會。既令茶城深，又不令逆接河流召淤，善之善者也。

42、有隄無夫，與無隄同；有夫無鋪，與無夫同。邳、徐之隄，為每里三鋪，每鋪三夫；南岸自徐州青田淺起至宿遷小河口而止，北岸自呂梁洪城起至邳州直河而止。為總管府佐者二，為分管信地，州縣佐者六。南鋪以千文編號，北鋪以百家姓編號；按信地，修補隄岸，澆灌樹株；遇水發，各守信地，遇水決，則管四鋪老人，振鑼而呼，左老以左夫帥而至，右老以右夫帥而至，築塞之。不勝，則二總管以遊夫五百馳而至，助之。此常山蛇勢之役也。

43、黃河之驟，急如風雨，智者失其謀，勇者失其力，唯有桑土之徹而已，故勢亟重也。語夫則以千計，語料則以萬計，乃有備無患，與防邊同；而防河又腹心，與防邊四肢之患異。今防邊，大司農歲發數百萬，而防河則否。故隄防稍緩者，一年備一年，可也。若河南陶家店、銅瓦廂、煉城口、乞泥河、榮花樹，山東武家壩，徐州曲頭集、房村口，則椿、草、緣、麻、柳梢，宜兩年之備，可也。

44、濱河之民，敝民也，而以官隄困之。今占用民地者，履畝與之價，稅糧通派州縣，名曰：隄米。為新河所占者，亦如之，名曰：河米。呂孟諸湖原屬膏腴，以運河水不得洩，匯而成者，改魚課焉，名曰：湖米。

45、夏鎮新河，屬民田而成，以沽頭、穀亭各舊河償之。昔河流，今膏腴；昔禾黍，今樓櫓矣。桑田滄海，豈自遠求哉。

46、黃河多穿漕渠，以殺水勢者，洩其自內出，治於已然者也。支開上流，不入黃河，助之為虐者，禁其自外入，治於未然者也。治於未然者，易為力；治於已然者，難為功。河以南，水之大者，莫如淮；河以北，水之大者，莫如衛。若使伊、洛、瀍、澗，自右助黃河者，導之悉南歸于淮，入安東之海；丹、汾、沁河，自左助黃河者，導之悉北歸于衛，入

天津之海。則黃河得全經由秦、晉，本來之面目，何患哉。然伊水，自禹開伊闕，北流；及洛、瀍、澗，北匯于河，而南道則多崇岡間之，入淮之道絕。唯丹、汾俱入沁，爲流頗巨，可抵黃河四分之一，若從木蘭店，開大樊口，直下衛河，乘高而趨去之，黃河去此大助，可以安流。顧衛輝甚下，宜自大樊口而下，闊衛河之身二百丈，經衛輝、德、滄，入天津，令沁不爲暴，可也。古有遷王都，避河患者，而況運道命脈，可以數州縣坐視。沁水助河爲虐，壞運道，而不之顧乎！故去河患者，以分沁爲本。

47、徃，治河者，以刻削工料爲能，以文移徃返爲事；不知惜小費者，妨大計；操散權者，無專功；涓涓不塞，遂成江河，壞也久矣。善治者，二言以蔽之，曰：毋惜費，毋掣肘。

48、夏鎮新河，萬世之計也。徃，閘由南陽、穀亭、沽頭、沛縣，出留城，地勢太卑；視南陽以上，高下相懸。各閘水峻，故多淺。又昭陽湖在其東，黃水每踰漕，趨昭陽，故閘河多淤。隆慶初，朱少保開南陽至留城一百四十里，地故聳，與南陽等；置新閘焉，舊閘多沉水中，漕水大平，不患諸淺。第三河口，受沙、薛二河之水，夏秋水發，流沙入漕爲梗。乃於二河上源，爲皇甫、東邵諸壩，遏二河，入微山諸湖，即沙入湖中，若石投水，新河無沙患矣。石隄累累如壩，柳陰依依若茨，樓船月夜，簫鼓中流，百里湖光，萬頃金碧，蓋不讓西湖蘇隄焉。

49、徐州參將營，屬總河，而總理督兩直隸、山東、河南四省軍務，皆始于隆慶四年；一爲護運，一爲聯絡中原也。先是四省多盜，一省擒之，則逃散三省；兵權不一，以故中原多盜，且劫掠運艘經（輕）齎；歲饑，則殺越而奪之糧，徃徃見告矣。乃以總河兼制之，盜發，則檄四省十二兵備會擒之。隆慶末、萬曆初，盜亡得脫者，自是衰息。而又以山東管河副使兼濟寧兵備，屬兵一千。徐州參將，正、二、三、四月，運盛行，則提徐州軍壯八百名，駐于徐，以護運，爲左哨。五、六、七、八月，提歸德卒一千，駐于商丘，以備高秝之匪盜者，爲右哨。九、十、十一、十二月，提宿州卒七百，駐于宿，以右控河南，左制江北，爲中軍。盜小發，則分營三擒之；大發，則合營總擒之。而十二兵備之兵，睢、潁翼于西，徐、揚振于南，濟、沂犄于東，濟、曹、臨、天、大名之兵角于北，數千里響應，蓋朝廷有深意矣。

50、總理經費，歲約六百餘金，併興皂、門快、金鼓、軍民，諸役餼食，舊偏累濟寧。萬曆元年，如各邊軍門例，派之四省，濟寧民力紓矣。

51、軍民賞格：捕官，獲強盜一名至五名，給花紅；六名以上者，加獎勵牌區；十名以上，併獲巨盜、窩主者，獎如前，仍紀錄超擢。捕役及民間強有力，擒眞盜一名者，賞銀四兩；陣上斬獲者，六兩；獲巨盜、窩主者，八兩，俱於盜贓入官數內支給。每招詳照出之後，計開：斬罪幾名，供明幾名，應獎賞官幾員，有功人役幾名，以風。餉道遂寧。

52、清查河道錢糧三事：侵欺，那借，拖欠。

53、運官降級，盡矣；運卒疾苦，至矣，法網至密也。北運，南還，搜括而奪之私貨，而軍日困，運日艱。敝舟、破舠，殆不可運。今令：北運者，帶酒米、竹木弗禁。入茶城，屬酒米者，自爲舠；屬竹木者，自爲筏，浮于舟末。南還，則令易商貨，半載之。除搜括之禁，罷入官之罰，是官軍以餉舟市也，舟善而卒騰，餉務倍利。

54、南旺分水河，每年汶水大發，則流沙。及新河，三河口，沙、薛二河水發，則流沙。舊制：三年二挑，俱正月興工，三月竣事；是治本年之河，爲本年之運者也，倉卒周張。今運期早，蓋二月有過南旺者矣，則挑期亦宜早。故隆慶六年，改期大挑，是治頭年九月之河，爲次年二月之運者也，餉道遂大利焉。故糧務，舊以冬兌，而夏開幫，兩年事也；今則冬兌，而冬開幫，合之而爲一。河務，舊以春挑，而夏行舟，一年事也；今則秋挑，而春行舟，分之而爲二。或合或分，百世不能易矣。

55、五行之性，金圓，木直，水曲，火銳，土方。水之不可使直，猶木之不可使曲也。黃河九折而入中國，每折千里，此西域之河耳，亦折之大者耳。若自三門、七津而下，由安東入海，僅僅二千里而強，不知幾百十折也；故能盤旋、停蓄而不洩，若人之腸胃。然丹田以上，多直遂；丹田以下，多盤曲；然後停蓄，而注于膀胱；否則徑洩氣射，斃也久矣。黃河之在西域，丹田而上者也，流入潼關，丹田而下者也。故入西域，折以千里計；入潼關，折以數十里計，是注膀胱之勢也。每折必掃（埽）灣，在河南，制之以埽；在徐、邳，制之以隄，吾謹備之耳。若惡其埽灣，必導之使直，是欲直腸胃，從管達膀胱也。豈徒人力不勝之，傾宕急瀉，是謂敝河。故大智能制河曲，不能制河直者，勢也。

56、張秋，固運道一大襟帶也。控汶上、陽穀、壽張，鼎足之中，而西為梁山，故宋江盜藪。闤闠萬家，富商大賈萬集，跨運河東西居之。正統中，河決張秋，五載弗績。役丁夫十八萬塞之，當決河為戊己山，蓋以土制水之義，若東坡徐州之黃樓；弘治中，劉東山之泰黃隄者云。眾流之所交也，貨財之所萃也，豈直中原一大縣，而不城，則胡以護運，亦胡以控群盜。余料之，此丁夫六千，匝二月之役耳。城中可籍也。

57、兩河大挑，有五不便，有五便：舊以正月興工，二月竣事，則新運踵至，停積河流，既慮風濤，復稽程限，一不便。夫役，年終徭役更換，舊役已滿，新役未來，二不便。春事方興，民無暇力，迫之工作，田野不安，三不便。未接青黃，室而懸罄，頭會箕歛，工食艱窘，四不便。堅冰初解，時尚嚴凝，驅之泥淖之中，責以疏鑿之力，五不便。若改期，九月興工，十月竣事，則回空已盡，築壩絕流，疏濬甫完，籍冰封閉，春融凍解，河即有待，是新運之便也。舊夫未更，桉（按）冊可集，正役者不勞於再籍，雇役者無事於更張，是徵夫之便也。秋事告成，農多暇日，既無私慮，自急公家，是民力之便也。新秋豐稔，民多蓋藏，閭閻利以供輸，夫役易於徵歛，是工食之便也。天霽秋高，氣候清爽，河鮮沮洳，鍬鍤易施，是用工之便也。

58、河事畢，八月，禋泰山，報成績也。秦碑之北，為泰山之巔，擅東魯諸山之尊。不知何許年，錮玉皇殿壓之，山澤不通氣矣。隆慶冬，余乃出石，頂篝三尺，厚十有四尺，博十有六尺，斯上界之絕顛，青帝之玄冠也。易玉皇殿為天宮，退居巔石之後方，秦碑擁正笏，前石如插群圭，而泰山始全其尊，返其真。後有刻燕詞，戕泰巔者，是辱岱宗也。明神殛之。每歲，黃河如帶，則泰巔若礪矣。

59、天津逆入白河，至張家灣；源出密雲山後，諸流。五、六月，水漲，則流沙。三、四月，行舟輒膠，非無水也，蓋頭年漲漫，沙平，河闊，則淺耳。余復夫老，如大挑故事，歲濬之，以待次年春夏之運。運畢，水溢流沙，復平。九月，復濬，以待。蓋歲工也。

60、三年兩挑，南旺，丁夫五萬；三河口，三千。

61、創瓜洲上、下二閘，及開花園港六里，買石雇夫，費河道銀萬金有奇，亦萬世之利也，焉論費。

62、行水之法：治有餘，先下流；治不足，先上源。

63、國家餉道，延長幾三千里。黃河之水，每患其太盈，有法以制其盈，令不溢。閘河之水，每患其太縮，有法以濟其縮，令不竭。蓋有玄運存焉，未可以言而盡也。

64、瓜洲，上曰：通惠閘，下曰：廣惠閘。青石市諸蘇州，麻石市諸上元，閘匠取諸夏鎮，丁夫募諸江北，經三月而後成。排萬口而始定，議百年而方興，難矣哉！

65、諺云：胸有全河，而後能治河。又云：以圖御者，不盡馬之情。夫圖，猶不盡矣，況無圖乎！余故令善圖者，乘傅（傳），一自孟津，二千里，達于瓜、儀，圖之，命曰：黃河圖。一自張家灣，二千八百里，達于瓜、儀，命曰漕河圖。皆州載而縣紀之，渠識而灣書之，且布沿革之故于上端，勒石于總河之四思堂。後來者按之，其以為全河乎！其以為圖御乎！

66、黃河，會計預備河患，皆以十月，至來年十月止。在山東，兗州、東昌，在河南，開封、歸德，在直隸，大名、鳳陽、徐州、邳州、泗州，俱係黃河先年，及即今經行正道，皆預料之。有八埽，曰靠山，曰箱邊，曰牛尾，曰魚鱗，曰龍口，曰土牛，曰截河，曰逼水。有四隄，曰遙，曰偪，曰曲，曰直。

67、歲報二：曰黃河，曰漕河。凡一歲中，修理閘座、隄岸、空缺、淤淺、泉源、物料、丁夫，並皆書之，疏以聞。

68、黃河，若河南銅瓦廂、陶家店、練城口、判官村、乞泥河、榮花樹、劉獸醫口；若山東武家壩、瓦堌口，皆要害也。以頭年下埽，為次年之防；一年積料，為兩年之用。則桑土早備，陰雨無虞矣。慎之哉。

69、山東、河南，夏秋稅糧，歲派皆定倉口，如密雲、京、通，道遠而費多；天津、德州，道近而費少。舊例：坐派之，吏書得而上下焉，不均甚矣。余檄有司，通融之，如糧一石：本色者，則派密雲幾斗，京、通幾斗，天津幾斗，德州幾斗；折色者，則派起運幾錢，存留幾錢。重則皆重，輕則皆輕，沿河之民，始無不均之歎矣。

70、濟寧城南，古墓一區，石室二間，皆方丈巨石爲之，中亡有也。傳云：任康王之墓。按：任在春秋、戰國，小國也，未稱王，屬兗境。終魯之世，魯亦未稱王；或者齊康王乎！又按：齊僭王時，無諡康者，或齊康公之墓乎！余未暇究詳。夫人之墓，人掩之，余以濬河土，爲之壩。

71、南旺大挑，舊制：壩南、北，而絕之流，舟楫弗通。余先爲之南壩，偪汶盡北流，而挑其南，北舟悉艤南旺而待。南挑畢，余又爲之北壩，偪汶盡南流，而挑其北。乃決南壩，舟順流而趨于黃河。此濬淺、行舟兩利之策也。

72、治漕河，以治生靈爲本；安生靈，以安死者爲先。閘河數百里，皆齊、魯、鄒、滕、任、邾故都。古人葬法甚備而固，大者石壙數室，小者一室，以大石長七尺，博四寸有奇，高二尺有咫，四具合之，首尾錮之方石，如內棺之制。華者爲花藻、雲氣、海馬之狀。河隍及民廬牆揩徧用之。嗟此非王侯公卿之掩乎！余蓋不忍視履之矣，而士民不是意也。余與東人約，曰：若發古人之墓，奪之石；後之人，又發若墓，奪若石，若且奈何哉！厲禁之。俄有寧陽習發古塚市石，棄男女二骸骨節七十四事者，此奸以鐵錐得之平土中，亦不知何代何許人。余令有司理其首足、肢體，棺葬之，而男女不可辨矣，然必夫妻焉，不辨可也。悲夫！亟以犯者抵死。約以禁之於先，刑以齊之於後。古王侯、公卿、士、庶人，或者保骨乎！河神當釋然，安矣。

73、植柳固隄，六柳之法，盡之矣。然必立春前所植，交春後，則生氣動，多蟲囓之患。舊制：不活者，罰銀錢。余念貧夫，安所得銀錢，第一株罰栽五株耳，而柳益眾。自張家灣以及于瓜、儀，循河二千餘里，萬曆初，植至七十餘萬株。後來者，踵行之，則柳巷二千里，捲埽者有餘材，輓運者有餘蔭矣。

74、曾子墓，在嘉祥縣，去漕河七十里，荒落不治，風水亦大不佳，然先賢之遺體在焉，中未必有也。博士欲徙置善藏，余止之，第令有司葺墓，而禁人之牧樵及踐履者。

75、余讀元史，至竭民事河。又嘗歷高平驛，室堂殊異今制，則賈魯故宅也。壁刻元人詩，云：賈魯治黃河，功多怨亦多，萬年千載後，功在怨消磨。

余未嘗不悲之。夫魯爲元，竭民事河，元人不悟，紀爲萬年之勳。河未成，而石人之患作，民竭，河亦竭，魯族而元亡，是國與家俱竭矣。哀哉！余治河，必先治民；寧敝河，不忍敝民。山東民力，半竭於河矣。余爲之差役，條鞭之法，七章：其一，以通州之人丁，供通州之傜役，官自雇募，民出總銀，官免歲編之勞，民亡月擾之累，一定規則，則十年循行。其二，以一縣之均傜、里甲、食鹽、俵馬四差總徵之，糧外唯差，差外唯糧，不復爲多，名色之紛紛也。其三，約九則之丁而定擬之，某也上，某也下，某也多科，某也鮮科，十年一成，而不可變，耳目專定，吏不得歲緣爲奸。其三（刪除），革去大戶轉解。若催征，里長則督糧，見年、里長則督差，自相屬也。轉解，則縣佐解諸州，州佐解諸府，府佐解諸藩司，藩司類委所屬職官。解諸京師、州、府、司、部，與民不相見也。其四，夫役分爲二，河夫終歲赴工者曰長夫，有司、驛遞、迎送者曰短夫。長夫工食以歲計，短夫以日計。短夫，用則臨期，厚給之值，不用則否。愚民，利日給厚值，若趨市耳，焉用歲支，而官府亦大省矣。其五，鄉宦、舉人、監生、生員、吏，承優免丁差，悉如欽例。其六，貧民不能全納者，季輸之，踰季者罪民。官於力役，亦季給之，踰季者亦罪官，聽全納，不聽全給。其七，官有閏俸，夫奈何無閏饈乎！三年帶徵之，乃均。夫以七章令百姓安，百姓安，河孰與不安。

76、山東濱東海，水盡東注海者，勢也。逆水而之西，以濟會通河，始于元。然其時，主海運，海運爲寇所扼，則治賈魯河，而元因以亡，是元人不得會通河之利也。宋少保禮，于永樂九年，因元舊，始開會通河五百里，然非述者，蓋作者也。夫元人引山東之泉，悉入汶河；又以汶河雜洸，洸併泗，不能勝，東注，則爲堽城壩，截汶會洸、泗，西南流，以會于濟寧州之天井閘而分水焉。蓋以濟寧以南，捷諸淮安入海；濟寧以北，捷諸天津入海云耳。不知陽穀、壽張之交，地勢聳于濟寧數丈，而可倒使北注，如尉遲敬德，武德七年之訛事乎！夫建德爲盧龍節度使，一鎮之餉耳，嘗試爲之也。而元以全運餉上都，而又可襲訛嘗試乎！宋康惠弗之是也，乃壩戴村，遏汶西南流，入于南旺；據陽穀之脊而分水，得之矣。然併諸泉而歸諸汶，是也。汶水盛發，勢不能攻戴村壩，則從戴村之東，龍山之西，攻開，名曰坎河口，注鹽河，以復歸于青州故道。而山東水，復東傾，蓋九分東注，特一分拆入，南之安東，北之天津餉

道，頻年奈何不乏絕。隆慶六年，余以主事張克文言：循南旺百里而上，歷戴村壩，壩故堅，汶不可破也；又東數里，爲坎河口，東北注若駛。余顧張水部曰：何縱汶；曰：歲隄坎河口，歲敗，亡益也。余顧東，龍山彼有亂石，盍取石，灘坎河之口里許，若天成平水焉。汶溢，則縱之，令還東注面目。汶平，則留之，令全汶，西南注，以其七北灌，入天津之海；又以其三南灌，入淮安之海。是因勢而鼎足分之者，以坎河灘故也，遂灘坎河口。萬曆元年，漕大利。嗟後之人，使會通河可廢，則坎河口請勿灘；如不可廢，治水者，尚愼旃哉！尚愼旃哉！

77、宋少保禮，河南永寧人。永樂初，治會通河。先是，國朝都金陵，餉道悉仰給于南，江右、湖廣之粟，江而至；兩浙、吳會之粟，浙河而至；鳳、泗之粟，淮而至；河南、山東之粟，黃河而至；而金陵據舟楫之會，而灌輸焉，置餉道弗講。永樂中，治北京，上供、百官、六軍，悉待哺于江南之稻粱。永樂初，治海運。運艘，兩浙自浙入于海，吳會自三江入于海，湖廣、江西自洋子江入于海，淮北、河南自河、淮入于海，山東各以濱海州縣入于海，皆會直沽達于天津。而懷慶、衛輝，以其舟順衛河入天津來會，俱遡白河，逆于張家灣，輸上都，而舟溺亡算。計臣曰：海道險，不可運。乃令江南之運，皆入高、寶諸湖，渡淮，達黃河，陸運百七十里，入衛河，指天津，輸上都，而車費亡算。計臣曰：陸道費，不可運。少保乃請治會通故道。顧元末鼎沸，不暇治餉事，故道廢，自汶上至臨清五百里，悉爲平沙。公乃究尉遲公之舊迹，及元人之遺則，自汶之上流，唐、元爲堙城壩，過汶入洸河，會泗水，東南注濟寧。濟寧今天井閘，尉遲建也。以天井之南，注淮安；以天井之北，注天津；而南旺地特聳，濟寧水上行，終元之世，第舟載上供數十石耳，海運若故。少保公患之，適有戴村老人白英者，獻策曰：南旺地聳，盍分水焉；第勿令汶南注洸河，北傾坎河，導使趨南旺，南，九十里，流于天井；北，百八十里，流于張秋，樓船可濟也。少保乃造梁，窒汶之入洸者；大壩戴村，遏汶之入坎河者；開新渠百十有餘里，抵南旺，而分注之。九年，道大通，淺船約萬艘，載約四百石，糧約四百萬石，浮閘，從徐州至臨清，幾九百里，直涉虛然，爲罷海運。河成，會北京建宮殿，五勅公採大木，六十四卒于蜀。乃以餉道，統屬平江公。平江居河上，三十年，功多在淮南；而會通河則仍少保之舊。平江以帝姻，且久河工，

昭景鑠。而少保自蜀葬于永寧，曾學士棨表墓，又不著河工；子孫皆微
為庶人，又不克揚先人之烈。弘治中，僅僅廟食公南旺足矣。白英，尤
泯不聞，悲夫。隆慶末，余治水，歷戴村，遂灘坎河口，披楚茨，涉流
沙，謁白老人之廟，則棟撓、像頹，冠平定巾老人已爾。返謁宋公祠，
則淒涼古舍中，工部尚書已爾，亡有贈諡蔭敘。余以聞，廟堂悲之，乃
贈公太子少保，諡康惠，蔭一孫入監讀書；而英，亦給冠服，英之後世，
冠帶老人。而國家所以報開河元勳者，備矣。無已，則必如平江例，乃
同勳同賞乎！而況少保有明堂之功，亡獻舟之過也。

78、閘之啟閉，宜以水為則，不宜以日為則。水盈板而不啟，則溢；不及板
而啟之，則洩，視水而疏數焉，可也。

79、兗州府，有泗水穿城而過之，西注于報功祠，自濟寧左而會；汶水由長溝
東注于報功祠，自濟寧右而會；則任城固一都會也，故建國最久。泗水故
道多堙，水溢，則經兗府，東潰金口堰，而南出魯橋；豈徒少濟六十里之
運，且導洩兗城之氣，而絕任城之青龍水，又不利于商舶之泛兗府者。萬
曆春，余築金口，導泗流，一貫城，一遶城北濠，而皆會于天井焉。

80、閘有三：叢石為之，有龍門，有鴈翅，有龍骨，有燕尾，曰：石閘。漕
（槽）長，恐水之洩也，則木板為之，視漕（槽）之廣狹而多寡焉；中
留龍門，十有八尺，遇淺則施，深則否，可導而上下者也，曰：活閘。
閘水出口，與河上下相懸，為之壩，以留水與河接也，龍門如制，曰：
土閘。皆濟石閘之不及也。

81、閘漕與河接，若河下而易傾，則萃漕船塞閘河之口數重，閘水為船所扼，
不得急奔，則停迴即深，留一口牽而上，遞相為塞，障而擁水也，命曰：
船隄。是以船治船者也。

82、閘漕下流，通河者，必留一淺，長數丈，戒勿濬，以蓄上流，以一淺省
多淺。若去之，與啟閘等，而上流諸淺見矣。此以淺治淺也。

83、閘漕一里，籍令舟滿漕（槽），可容九十艘。舊制：魚貫三十艘而過之。
余令之九十艘，盈漕（槽）焉。漕（槽）盈則水溢，且上閘之水，不得
直遂也，而善停蓄，水可逆灌上閘矣。每啟，踰九十艘，閘人夫駮。此
以漕治漕者也。

84、白河，天津至通州，凡五十九淺，有淺夫以濬淺，有隄夫以築隄。百八十年，隄夫猶故也；而以淺夫爲引舟夫者，誤。余爲之復舊制云。

二、卷之下

85、國朝黃河入運。洪武元年，河決曹州，從雙河口入魚臺。大將軍徐達開塌場口，入于泗，以通運；時戴村未壩，汶由坎河注海；運阻，故引河入塌場以濟之。二十四年，河決陽武，東南由陳、潁入淮，而故元會通河悉淤。永樂九年，以濟寧州同知潘叔正言，命尚書宋禮役丁夫一十六萬五千，濬會通河；乃開新河，自汶上縣袁家口，左徙二十里，至壽張之沙灣，接舊河，九閱月而成績。侍郎金純，從汴城金龍口，下達塌場口，經二洪，南入淮，漕事定，爲罷海運。正統十三年，河決滎陽，衝張秋。尚書石璞、侍郎王永和、都御史王文相繼塞之，弗績。景泰四年，都御史徐有貞役丁夫五萬八千，作九堰、八閘以制水勢，塞之，凡十有八月而成。弘治三年，河決原武，支流爲三：一、決封丘金龍口，漫祥符，下曹、濮，衝張秋長隄；一、出中牟，下尉氏；一、氾濫儀封、考城、歸德，入于宿。以布政使徐恪言，命侍郎白昂役丁夫二十五萬，塞之。弘治五年，復決金龍口，潰黃陵岡，再犯張秋。侍郎陳政治之，弗績。六年，訛言沸騰，有云：河不可治，宜復海運；有云：陸運雖費，餉事亦辦。朝議弗之是也。乃命都御史劉大夏、平江伯陳銳，役丁夫十二萬有奇，一、濬孫家渡口，開新河，導水南行，由中牟，至潁川，東入于淮；一、濬四府營淤河，由陳留，至歸德，分爲二派：一由宿遷小河口入淮，一由亳州，渦河入淮。分土命工，始塞張秋，二年告成，自是，河南歲計河工矣。正德四年，河東決曹縣楊家口，趨沛縣之飛雲橋入運，患之。工部侍郎崔巖役丁夫四萬二千有奇，塞垂成，暴漲，潰之，巖以憂去。侍郎李鏜代之，四月弗績，盜起而罷。七年，都御史劉愷築大堤，自魏家灣起至雙堌集，亘八十餘里；都御史趙璜又堤三十里續之。嘉靖六年，河決曹、單、城武——楊家口、梁靖口、吳士舉莊，衝雞鳴臺。七年，淤廟道口三十里，都御史盛應期開趙皮寨，白河諸支流，殺水勢，役丁夫五萬八千，三月而成；乃議開夏村新河，役夫九萬八千，四閱月，朝議不一，罷之。八年，飛雲橋之水，北徙魚臺谷亭，舟行閘面。九年，由單縣侯家林，決塌場口，衝谷亭。十一年、十二年，水竟

不耗。十三年，廟道口淤，都御史劉天和役丁夫一十四萬三千九百九十四，濬之，四月始成；而忽由趙皮寨，向亳、泗，俄驟溢，而東向梁靖口，漸奔岔河口，東出谷亭之流，遂絕，運河淤，二洪阻涸。秋冬，忽自河南夏邑縣太丘、四村諸集，攻開數口，轉向東北流，經蕭縣城之南，仍出徐州小浮橋，下濟二洪，趙皮寨俄塞。十九年，決野雞岡，由渦河，經亳州，入淮，二洪大涸。兵部侍郎王以旂開李景高支河一道，引水出徐，濟洪，役丁夫七萬有奇，八月而成。尋淤。二十六年，決曹縣，衝谷亭，運河不淤。三十二年，決房村，約淤三十里。都御史曾鈞役丁夫五萬六千有奇，濬之，二月而成。三十七年，新集淤。七月，忽向東北，衝成大河，而新集河，由曹縣，循夏邑，丁家道、司家道，出蕭縣薊門，由小浮橋入洪；七月，淤凡二百五十餘里，趨東北段家口，析爲六股，曰：大溜溝、小溜溝、秦溝、濁河、胭脂溝、飛雲橋，俱由運河至徐洪；又分一股，由碭山堅城集，下郭貫樓，又析五小股，爲：龍溝、母河、梁樓溝、楊氏溝、胡店溝，亦由小浮橋，會徐洪。河分爲十一流，遂不淤，然分多則水力弱，水力弱則併淤之幾也。四十四年七月，河果大淤，郭貫樓淤平，全河逆行，自沙河至徐州，俱入北股，至曹縣崇朴集而下，北向分二股，內南之一，遶沛縣戚山、徐州楊家集，入秦溝，至徐州；北一，遶豐縣華山，北又分二股，南之一，自華山東馬村集，漫入秦溝，接大、小溜溝，泛濫入運河，達徐；北一大股，自華山，向東北，由三教堂，出飛雲橋，而又分十三股，或橫截，或逆流，入漕河，至胡陵城口，漫散湖坡，達徐。從沙河至二洪，浩渺無際，而河變極矣。八月，少保尙書朱衡乃請開盛應期新河，濬留城舊河；同都御史潘季馴開新河，自南陽達留城，一百四十一里有奇，濬舊河，自留城達境山，五十三里有奇，役丁夫九萬一千，八閱月而成。七月，河復決沛縣，衝運河，而運河亦由胡陵城口入湖坡。九月，馬家橋堤成，水始南趨秦溝，冬，沛流遂斷。隆慶元年正月，河南衝濁河、雞爪溝入洪。二年，專由秦溝入洪，而河南北諸支河，悉併流秦溝。三年、四年，河大漲，徐州上下，悉爲巨浸，舟行梁山之麓。而茶城至呂梁，兩崖爲山所束，不得下，又不得決。五年，乃自雙溝而下，北決油房口、曹家口、青羊口，南決關家口、曲頭集口、馬家淺口、閻家口、張擺渡口、王家口、房家口、白浪淺口，凡十一口，枝流既散，幹流遂微，乃淤自匙頭灣八十里，而河

變又極矣。議者，欲棄幹河，而行舟于曲頭集大枝間。冬初，水落，則幹已平沙，而枝復阻淺，損漕舟千有奇。則又議，棄黃河運，而膠河、洳河、海運，紛沓焉，莫可歸一。都御史潘季馴乃役丁夫五萬，開匙頭灣，僅僅一溝，遂塞十一口，併衝溝，溝大疏導，而八十里之故道漸復。明年，議大堤兩崖，北堤起磨臍溝，迄邳州之直河；南堤起離（梨）林鋪，迄宿遷之小河口。六年二月，少保尚書朱衡、兵部侍郎萬恭至，悉罷膠、洳之議，而一意事徐、邳河，役丁夫五萬有奇，分工畫地，而築之。夏四月，兩堤成，各延長三百七十里，始列鋪，布夫，議修守，如河南、山東，黃河例。河乃安，運通。萬曆元年，運又大通，議始定。夫黃河有幹有枝，嘉靖四十四年以前，析十一枝，上流，而復歸於徐州之幹河，故幹通而枝淤。隆慶五年以前，析十一枝，上決，而不歸於邳州之幹河，故枝通而幹淤。若植木焉，枝榮則幹瘁，幹榮則枝瘁；與其瘁幹，孰若瘁枝。治河者，與其枝通，孰若幹通。故黃河合流，防守為難，然運之利也。國家全藉河運，往事鏡之，何嘗一年廢修守哉！或者欲分河，以苟免修守之勞，而不欲事堤，以永圖餉道之利，又不虞河分之易淤，隄廢之易決。其未達祖宗之所以事河，與河之所以利運者。余故備著于篇，大智者，採擇焉。

86、高、寶湖隄間，民盜制涵洞，旱則啟之溉田；然夏、秋水溢，則決隄者多以涵洞也。湖水東注，悉為巨浸，是涵洞之利民也少，而害民也多，且敗隄、傷運，禁之。願改平水小閘者，聽。

87、瓜、儀未建閘之時，商舶悉盤壩出入，民甚苦之。今恣之出入，如織也，民利甚矣；而稅舟，以資河道，修濬之用，官亦有所利焉。或欲禁之，以利壩民，是防川也。

88、花園港，自廣惠閘以至通惠閘。隆慶六年冬，開新河，凡六里有奇，盡民膏腴也。余令售民值，而以兩崖歸諸官，列店而征之；民不願值也，自為之店，而收之利。

89、河道夫役，以類從焉：一曰：隄夫，若高、寶、邳、徐閘崖，從事笆鑯、修築者是也。二曰：淺夫，若高、寶湖之用船籃；閘漕之用五齒爬、杏葉杓、木刮板者是也。三曰：閘夫，若諸閘之啟閉、支篙、執靠、打火者是也。四曰：溜夫，若河、洪之拽溜、牽洪；諸閘之絞關、執纜者是

也。五曰：壩夫，若奔牛之勒舟，淮安之絞壩者是也。而今白河以淺夫改爲引夫，高、寶以淺夫併爲堤夫，失制久矣。今悉改正之。

90、淮南建閘，舊取石江南，綱運殊爲勞費不貲。萬曆元年，高、寶諸閘，余令石工鑿徐州山，第給匠氏之饟耳，而令回空糧船，順載之；每歲約回空八千餘艘，每艘載石者三，則每歲當得石二萬四千，可建二十閘矣。勿勞舟費，勿擾商舶，便計也，而何苦江南之官民爲。

91、國家造黃冊之法，苦奇零，不可窮詰，且滋弊藪也。爲之法，曰：逢三丟，逢七收。蓋如以分計者，如遇三釐（氂），則損之，爲一分；如遇七釐（氂），則益之，亦爲一分，善數也。今乃推之，以至于不可盡之數，吏緣爲奸。余令估河工，隄，如百丈者，止于尺；千丈者，止于丈；萬丈者，止于十丈。銀，如百兩者，止于錢；千兩者，止于兩；萬兩者止于十兩。糧，如百石者，止于斗；千石者，止于石；萬石者，止于十石。糁、灰，如百斤者，止于兩；千斤者，止于斤；萬斤者，止于十斤。假令不盡奇零，則三丟而七收之，分數明，吏弊絕。

92、瓜、儀、天妃各閘，啓閉不定期限，惟以江、河消長爲候。如江、河消，則啓板以通舟，悉令由閘，使商者，省盤剝之艱。如江、河長，則閉板以障流，悉令由壩，使居者，得挑盤之利。若水長，閘閉，願候水落，由閘者，不強之使由壩。水消，閘啓，自願過壩者，亦不強之使由閘。則閘、壩俱安，商、民兼利。

93、黃河四堤，今治水者，多重遙、直，而輕偪、曲。不知：遙者，利于守隄，而不利于深河。偪者，利于深河，而不利于守隄。曲者，多費，而束河則便。直者，省費，而束河則不便。故太遙，則水漫流，而河身必墊；太直，則水溢洲，而河身必淤。四者之用，有權存焉，變而通之，存乎人也。

94、三代之下，力役之征，莫善於雇役。黃河千里，若帶；隄鋪千里，若星。力役者，守，非便也。令近隄之民，各居鋪，而代之守；遠隄之民，各輸直，而續之食。役者，廬其廬，食其食，長子孫焉；雞犬相聞，彼非守隄也，自守其居也。役者，永利其利；征者，永樂其樂，其益百世。今邊人，世於軍焉以守；內人，世於輸焉以供。孰謂雇役也，而不善乎！

95、河民之不安也，其起於征藝之無算，名額之滋繁乎！夫民可使由之，不可使知之。差、稅之名，科、派之則，至有蕭、曹之所不能計，容、鬼之所不能推，民何可得知也。猾胥輪指而算之，愚民仰面而視之，若陸人之語海，粵人之談燕。胥左之多則多，左之鮮則鮮，亡誰何者。余為之條鞭之法，糧，則總本、折之數，而輸之官，官析焉，本幾何，折幾何，而民不知也，命曰：糧條鞭。差，則總徭役之銀，而輸之官，官析焉，某給某，某雇某，而民不知也，命曰：差條鞭。市井，則總門攤之出，而輸之官，官析焉，某所供億，某所器皿，而民不知也，命曰：市井條鞭。蓋民知其一，不知其九；官析其九，復歸于一，易簡而民定矣。

96、閘河水櫃，凡八。一曰：馬場湖，隸濟寧，周四十里有奇，俱水占，可櫃，不可田。二曰：南旺湖，隸汶上，周七十九里有奇，可田者，三百七十四頃六十畝；可櫃者，一千六百七頃八十畝。三曰：蜀山湖，隸汶上，周長五十九里有奇，可田者，一百七十二頃；可櫃者，一千五百三十九頃五十畝。四曰：馬踏湖，隸汶上，隆慶元年，均地踏丈，陞科者，為官占；不經陞科者，為民占。可櫃者，無幾。方稽核，而未報也。五曰：大昭陽湖，隸沛縣，原額五百頃，可田者，三百九十七頃；可櫃者，一百三頃。六曰：小昭陽湖，隸沛縣，原額二百一十八頃有奇，可田者，一百八頃；可櫃者，一百一十頃。七曰：安山湖，不可櫃。八曰：沙灣河，可櫃。夫可櫃者，湖高於河；不可櫃者，河高於湖，故也。然而，昭陽，可櫃，不能大濟，蓋洪溝之出，涓涓耳，無足恃也。若獨山、赤山、微山、呂孟，原非櫃也，新河障田成湖，而馬家橋諸口決之，大濟運，無櫃之名，有櫃之實；盍捐田稅，毋病民，而櫃焉，以益運乎！余蓋嘗請之，不報。

97、運河之存也，以隄；隄之固也，以民。自張家灣，南迄瓜、儀，延長二千四百餘里，河臣鄙，懼民居之毀堤也，而逐之。余大召民之居隄者，與約法三章耳。商賈輻輳者，為上隄，歲輸地租如例。民集，而商賈不停者，為中隄，三載，量征之。若野曠，民稀者，為下隄，直令世業也，永勿征。蓋半稔而來者，三千廬焉。循是行之，則二千四百里間，童叟往來，木樹掩映，舟行兩隄之中，亦天下之至安、至適也已。是全隄也，焉用逐。

98、管河道，不兼兵備，有司者，路人視之耳，法令安得行。故徐州、淮揚，以兵備兼管河；而山東、河南，宜以管河兼兵備。山東已鑄印云，河南亟循此，庶令行禁止，餉道可恃也。

99、通州至天津，爲淺鋪者，九十五；鋪設淺夫十名，小甲老人一名。每歲水溢、沙平，則濬之，是歲工也。百七十年，河臣以淺夫爲引夫，有司革淺役爲民役，白河之不治，也久矣。萬曆元年，復之。

100、國朝，操軍之制，其寬嚴得中乎！每年二、三、四月，爲春操；八、九、十月，爲秋操。而又爲操三歇五之法，以年計之，每年止得六月，是爲年空；以操三計之，每月止得十日，是爲月空；以寅入操，辰散操計之，仍放開半日，是爲日空。通計實操占役一年，止當三十日耳，是恩法並行，而不悖矣。

101、儀眞至淮安，河不濬，也久矣。止務高隄，不務深河，勢擁諸湖，安所紀極。萬曆元年，治之，乃測江都縣三汉河起，至楊（揚）子橋止，計半里，舊水深四尺；測寶應縣大潭起，至三官殿嘴止，湖心舊水深四尺五寸；測白馬湖口起，至錢家直止，河心舊水深四尺二寸；測山陽縣化骨亭起，至趙家莊止，一里，舊水深四尺二寸。是三百七十里運道中，淺者止此耳，總之，不踰五里。餘皆五尺至一丈；極深，有至一丈八尺而止。淺夫、淺船治之，月計之工也。凡四尺者，可濬至七尺而止，則以運舟用水三尺乘之，高、寶諸湖，從平水二十餘閘中，尚可洩去四尺。夫水落四尺，則湖岸視舊，可高四尺，一以固堤，一以利田，此祖宗，但令深湖，不令高隄之微意也。余故痛復之，百餘年來，乃不爲濬淺之易，而爲高隄之難，未之思也夫。

102、治水之器，十有三：曰鐵籤箕，曰五齒爬，曰杏葉杓，曰攪江龍，曰方船，曰水車，曰戽斗，曰泥榪，曰泥筐，曰鐵鍬，曰竹簍，皆舊制也。曰活閘，曰刮板，余新制也。然皆可深閘河耳，而深黃河之法，可以器勝之乎！鐵籤箕，重艱不可用。五齒爬，可搜泥根。杏葉杓，可撈淤泥。攪江龍，急水可偶一爲之，多弗效。方船，利於載石、撈泥。水車，大利於乾漕，北人不能用。戽斗，利於挹水，南人不能用。泥榪，以布爲之，二人共舁（舁），煩難可厭。泥筐，以擔貫之，一人獨舉，用人少，而盛土多，利器也，恨北人不習。鐵鍬，利器也，南北通習之。竹簍，

水中夾泥，唯高、寶湖中，能用之。活閘，以板爲之，遇閘河淺，則施，有石閘之用，可移而置也；刮板，施於淤沙之淺，一刮，可去沙數斗，二器，大利閘漕云。

103、治閘漕之淤，有二法：遇泥淤之淺，利用爬、杓，不利於刮板；遇沙淤之淺，利用刮板，不利於爬、杓。

104、治黃河之淺者，舊制：列方舟數百如牆，而以五齒爬、杏葉杓，疏底淤，乘急流衝去之，效莫覩也。上疏則下積，此深則彼淤，奈何以人力勝黃河哉！虞城生員獻策，爲余言：以人治河，不若以河治河也。夫河性急，借其性，而役其力，則可淺可深，治在吾掌耳。法曰：如欲深北，則南其隄，而北自深；如欲深南，則北其隄，而南自深；如欲深中，則南北隄兩束之，衝中堅焉，而中自深。此借其性，而役其力也，功當萬之於人。又，其始也，假隄以使河之深；其終也，河深而任隄之毀。余曰：此深河之法也。欲淺河以爲洲，法若何？曰：反用之耳。其法：爲之固堤，令漲，可得而踰也；漲衝之不去，而又踰其頂。漲落，則隄復障急流，使之別出，而堤外水皆緩，固隄之外，悉淤爲洲矣。余試之，爲茶城之洲，爲徐、邳之河，無弗效者。故曰：以人治人，以事處事，以將選將，以兵練兵。

105、瓜、儀濱江，閘外春運，江潮未盛，潮至則通，潮落則滯。司河者，爲濬渠焉，愈深愈滯，蓋潮帶漕水同落，故也。余止濬渠，獨令閘外與江相接之所，置壩焉，以留舊潮，而接新潮，且令渠之不直洩也，而又免濬渠之勞費，漕舟乃利。

106、山東、河南，黃河之北，大堤若阜，起修武，迄沛縣之窰（窯）子頭，綿亘五百餘里，曰：泰黃隄，河人呼曰：南老隄。夫隄迄黃河北十餘里，不呼北隄，而呼南隄，蓋先年，河行泰黃隄之北，始皇隄之南，則泰黃固南堤也。今河循銅瓦廂、武家壩，則又籍泰黃爲障矣。隆慶末，復循曹、單、豐、沛，跨戚山、華山，爲之縷水堤二百里，是泰黃以縷水爲膚，縷水以泰黃爲骨，南北相峙，掎角之勢也。而又續窰子頭之大堤，培戚、華山之縷水，則魚、沛可安枕，而南陽至黃家閘，永無黃河侵陵之患矣。

107、始皇堤二，屹壽張、范縣之中，南北相距數里，厚可三十丈，崇可五、六丈，始皇築，以象天之二河。東人言：起咸陽，迄登、萊，一以障河之南徙；一以為馳道，從咸陽，至東海，求神倦（僊），輦馳南隄，屬車馳北隄。子路問津河，亦埋之為隄焉。余視之，皆粉土所成，東人呼始皇堤，又云：萬里堤，蓋萬古雄隄也。傳曰：為馳道之盛，至於如此，後世子孫，曾不得蓬纍而托足焉。今黃河乃穿隄南行，三百里，豈徒子孫不得托足，蓋河伯亦不得託身也已。

108、境山閘者，閘漕之外戶也。年遠變遷，沉泥中，丈有咫。棄焉不治，是外戶不閉者也。境山上下，多淺，固宜。萬曆初，錐之，不得，乃更為之，而黃家閘，始有重關矣；外阻黃流，內束漕流，兩利之策也。

109、坎河口者，其運漕之橐籥乎！旱則止汶以濟漕，潦則洩汶以全漕。石灘，天壤，俱弊可也。後來者，時為橐，時為籥，有權存焉，酌而用之，存乎人耳。

110、茶城善淤，漕盛行，河臣置夫四百，助牽淤。余去之，而令運舟為之隊；隊百艘，艘括軍四人，百艘即得四百人。而牽一舟，一舟行，四人者隨以去。隊尾復益一舟，軍如之，而四百人者，終日故在也。往過而來續之，循環無端，是以舟牽舟，以運濟運者也。安所得河夫為舟夫用之乎！

111、閘河，水平，率數十里而置一閘；水峻，則一里，或數里，一閘焉。舊制：漕（槽）淺即濬。夫數十里濬深一尺，勞費，則何！益一板焉，則數十里水深尺，半餉（晌）耳。故救急，莫如加板。

112、理閘如理財，惜水如惜金。糧艘入水，深不踰三尺五寸。濬至四尺，則水從下過；廣不踰一丈五尺，濬至四丈，則水從旁過，皆非惜水之道也。故法曰：凡濬法，深不得過四尺，博不得過四丈，務令舟底，僅餘浮舟之水，船旁絕無閑曠之渠。所謂以少淺治多淺，以下水束上水，非觀其深者，孰能知之。

113、啟閉諸閘法，若潮信焉。如啟上閘，即閉下閘；啟下閘，即閉上閘，節縮之道也，不然，將恐竭。又啟板時，上下水，舟俱泊五十步之外，每啟一板，輒停半餉（晌），命曰：晾板，則水勢殺，舟乃不敗。若通閘，若頂閘，是竭河毀舟之道也，漕大忌之。

114、花園港新閘二，上曰：廣惠，下曰：通惠；爲公廳，爲龍王祠；古通江水道，規制特甲諸閘云。

115、沂、泗之水，經兗府，自北而南，由金口壩，南出魯橋，其流頗順，故古建金口壩，以遏南奔。特分一派，由黑風口西流，穿兗城，出天井閘，其流頗細。余濬黑風，由兗城，至濟寧，深廣可舟，而固金口；西趨者盛，則南奔者微。多濟運道，商舶直達兗府，兩崖膏腴，無湮沒之患，一舉三利之也。

116、閘河，北至臨清，南至境山，綿長七百餘里，祇恃泉流接濟，故曰：閘河無源。入春水竭，若以走派糧船，往來交錯於閘口，一丈、八尺之中，既欲放空，又欲打重，限定板數，則嗑損、稽遲可虞。通閘而行，則天旱，泉流有限，而河漕困矣。宜頭年，坐派糧船，俱以本處之船，兌本處之糧，如糧多船少，或船多糧少，方以附近，若省、若州、若縣補之，法一成而不變。春間，閘漕盛運，悉皆重船，自南而北，不令一空舟，雜擾于其間，則船無相抵，漕若魚貫焉，完計也。故兌舟莫善於坐派，莫不善於走派。

117、閘板，長二丈有奇。西木下龍門，丈斷之，不及數也。市之，甚艱。令於儀眞，市南松，省費十之五，卒不可辦；則柳、榆、樫，皆可代之。若以舊板續新木，鐵裏而用之，亦救急之策也。

118、運道，廢閘甚多。至如前朝，沉水底，匿泥中者，往往而有，錐而取之，不可勝窮焉。余復境山閘，則錐謝溝；創天妃閘，則卸移風。古石大且整，蓋勝於今閘云。濟寧、濮州、壽張、魚臺、徐、沛間，多有之。

119、火夫、燈夫，蓋夜役也，官故給半值。今官府晝役，而值倍之，民與夫兩困矣。

120、沿河市民之不安也，由於借辦，如按臨、駐箚、宴享，則卮盂、屏几、帳幔、盤杓，高之爲金、爲銀，次之爲錫、銅，卑之爲瓦、爲木。一物不具，捕地方，若星火焉，彼固匪民也。安所得措辦而用之，則質諸巨室，巨室持之，往往器之費，十倍於供，官勿問也。余爲之官制，諸金、銀、錫、銅、瓦、木，無不畢具。官自取諸宮中而用之，民亦勿問也。河市大安。

121、南陽石隄，亘河、湖之中，三十里，累石而成，厚二丈，高八尺有奇，絕無灰泥，塞其罅隙，諸湖水溢，則水通貫石隄間，既不蔽水，又不腐中，隄得不潰。蓋隄之變制云。

122、河臣水行乘舟，顧河道周迴五百餘里。宜各省悉具一舟，隨所徏而用之。舊制：一舟敝，則檄有司造一舟，顧無所取直，官民弗便也。余檄一舟敝，輒縱水手一年，官收之工饌，歲可得百四十金，造一舟，裕如矣。舟得常繼，且不煩官民，循環無端，斯百年之業也。

123、山東水，惟汶最大，伏秋暴漲，出南旺，南奔濟寧者；勢盛，則衡遏沂、泗之水，天井閘咽不得下，而濟寧東偏，數萬頃膏腴，悉為廣川。溢南陽，則斷諸隄，且左偪獨山諸湖，不得疏洩；右奔入昭陽二湖，魚、沛、滕，成淵；東南射茶城，則黃河得汶，十之一，助為虐也。萬曆元年，謹備南旺。七月，淫雨連旬，汶暴發丈餘。余亟閉柳林、寺前二閘，斷南流，而令全汶上源，多北歸鹽河，入青州之海；下悉北歸張秋，入天津之海。其流于濟寧、南陽，出茶城者，特沂、泗二水耳，流細而力薄，通天井閘，咽之裕如也。東全膏腴數萬頃。南陽諸隄，其若常山之蛇焉。獨山諸湖，徐徐入新河；而新河特涓涓者，入昭陽。魚、滕、沛，疇昔之為湖者，今皆膏腴，秋大稔矣。而射茶城，入黃河者，一衣帶之多，黃河亦少失所助乎！其樞在南旺，其機在柳林、寺前二閘。蓋南旺地聳，制之，固形便勢利也。汶平，則柳林、寺前，復開；汶發，復閉。不言所利，大矣哉。

124、南陽新河隄，三空減水閘，湖水盛，則從空中，衝對岸之隄，隄多毀。河水盛，則從空中，奔沿隄之湖，運舟吸入空中，多敗。余益之小閘，十數，口僅僅六尺許。夫閘多，則水勢大殺；口狹，則水力大弱，亡吸舟、決隄之患矣。

125、閘河八百里，大湖之中，多產蘆葦；長隄之間，多長草蒿，棄於地也。余令九月刈之，蘆葦可以代柳稍，蒿草可以代谷藁，捲埽之資，誠取之無禁，用之不竭者矣。省令夫之徵本色者，改折色，貯庫，以備不虞，不亦公私兩利乎！

126、閘河無源，非真無源也。蓋合徂徠諸山，二百八十泉者，尺疏而丈導之，合則流，散則否，有似於無源耳。故閘河之水，以深三尺為制。

127、祖宗法：運舟，載不得過四百石，入水深不得過六篸；六篸者，三尺也。
故船力勝米力，水力勝船力。若不務足船，而徒搭運，以省船，河力安
能運船，而漕大困矣。歸罪無源之河，何益哉！

128、制閘三法：一曰：塡漕，凡開閘，糧船預滿閘漕（槽），以免水勢，從
旁奔洩，如甘蔗置酒杯中，半杯可成滿杯；下漕水，可使逆流入上漕。
二曰：乘水，打閘時，船皆銜尾，其間不能以尺，如前船拽過上閘口七
分，即付運軍為牽之，溜夫急回，拽後船，循前船水漕而上，使後船毋
與水頭鬭；閘夫省路一半，過船快利一倍。三曰：審淺，凡下活閘蓄水，
如係上水淺，則於船頭將臨淺處，安閘；如係下水淺，則於淺尾下流，
水深之處，安閘。故活閘必從深淺相交之界，則淺者自深。若騎淺安之，
則一半淺者深，一半淺者愈淺矣。

129、茶、黃交會之間，黃水逆灌，每患淤淺。余為之東大隄半里許，一則順
河之性，偪阻濁流，徑直南下，不致倒擁。一則緊束清水，猛力衝出，
刷開東岸，且敵黃流。久之，則東岸，河漸衝漸深，是以河而開河；西
岸隄漸淤漸厚，是以隄而擁隄。茶、黃並驅南行，淤淺不治而自治矣。

130、南旺，脊水也。閉諸北閘，則南流；閉諸南閘，則北流。水如人意者，
莫如汶，故命之左，則左灌濟寧；命之右，則右灌臨清。萬曆元年，臨
清稍滯運，余以尾幫，入南旺，閉之南閘，令全汶趨（趨）臨清，一日
而出板閘者，七百；十日，而出運艘六千有奇。此所謂役水者也。

131、河防十四要：其一、河南原武縣胡村舖、崔家莊，封丘縣于家店，祥符
縣劉獸醫口、陶家店、馬家口，蘭陽縣銅瓦廂，儀封縣艺泥河、煉城口、
榮花樹，考城縣芝蔴莊、李秀敏，滎澤縣小院村賈魯河隄，俱屬要害；
而陶家店、銅瓦廂，更為喫緊；開、歸府佐總管，而州縣管河官分治之。
其二，山東曹縣武家壩，曹、單北岸縷水隄，俱要害；而武家壩，尤為
喫緊；兗州府佐總管，而二縣管河官分治之。其三，汶河，新創坎河石
灘，夏秋之發，任其灘上漫流，以殺其勢；或損，或增，抽添諸石；汶
上管河官兼管，白老人分理之。其四，南直隸、徐、邳之間新堤，曲頭
集、梨林舖、房村、雙溝、閆家口、王家口、白浪淺，俱要害；而曲頭
集，埽灣直射，內有舊決河身，尤喫緊焉。司河者，宜役全神于此。其
五，南岸，天字舖起，列字止；北岸，趙字舖起，鄭字止；徐州判官分

守，委官協之。其六，南岸，張字舖起，成字止；北岸，王字舖起，沈字止；靈璧主簿分守，委官協之。其七，南岸，歲字舖起，金字止；北岸韓字舖起，嚴字止；睢寧主簿分守，委官協之。其八，南岸，生字舖起，果字止；北岸，華字舖起，寶字止；邳州同知分守，委官協之。其九，南岸，珍字舖起，火字止，宿遷主簿分守；然離河稍遠，且北岸無堤，原不當衝，水發之候，宜令總巡。直河以上，至境山，屬淮安同知總管；直河以下，通判總管。然直河以下，河寬水平，防守為易；直河以上，河勢陡峻，防守為難，水發之候，宜令協而守之。其十，境山赤龍潭大壩、茶城大壩，併縷水隄，徐州管河官掌之。其十一，豐、沛、碭，黃河北岸，地勢卑下，新縷水隄屬要害，三縣典史，平時，則分而理；有警，則共守之。其十二，豐、沛、蕭、碭，黃河南岸，地形高仰，水發出岸，無憂，不必堵遏，蓋上流少漫，須臾則暴怒之性，漸消；東注之勢，漸緩，徐、邳下流，可無虞也。須權利害、重輕、急緩，圖之。其十三，淮安通濟閘外，淮、黃交會，易淤。萬曆元年，建天妃閘，春運五日，而過四千艘，出河之捷徑也。新河及通濟閘，可勿用之矣。其十四，高、寶諸湖，山陽黃浦、平河間，伏秋浩渺，無從宣洩，官隄、民廬苦之。司河者，有二十三平水閘以待，而又以瓜、儀二閘，通漕入于江。夫洩之者多，則蓄之者薄，湖水不能使之災矣。

132、諸閘漕，以汶為主，而以諸湖輔之，若蜀山、馬踏、南旺、安山、沙灣諸湖，皆輔汶，北流者也。獨山、微山、昭陽、呂孟諸湖，皆輔汶，南流者也。顧汶水，微于春夏之交，而灌輸方盛；湖水溢于夏秋之交，而運事已竣。要在節宣諸湖，秋終，則悉閉之，以待運；春終，則漸發之，以濟運，則得之矣。

133、黃河上源，支河一道，自歸德飲馬池，歷虞城、夏邑、永城、宿州、靈璧、睢寧，出宿州小河口。弘治中，侍郎白昂濬之，一殺河勢，一利商船，今淤。若河趨，則因勢利道之，而豐、沛、蕭、碭、徐、邳之患，紓矣。

134、閘河，身博不踰六丈，故水束而深；唯自留城以下，往年，為黃水所盪，漕（槽）博至有數十丈者。夫以半汶南流，而舖數十丈，淺固宜然。今立小河之法，於秋盡水落之候，因勢創築縷水小隄，以小漕（槽）身。

如平淺，則兩旁夾縷之；如偏淺，則於一旁淺處，偏縷之，延長以淺爲度。大都漕（槽）博止六丈，隄高止五尺，根四尺，頂二尺，攔以小樁、草；夏秋水漲，則任其敗，水落復修。每千夫，日可小二、三里；漕立小，則水立深。浮舟俄頃耳。此歲工也。

135、黃河盛發，照飛報邊情，擺設塘馬，上自潼關，下至宿遷，每三十里，爲一節，一日夜，馳五百里，其行速於水汛。凡患害急緩，隄防善敗，聲息消長，總督者，必先知之，而後血脈通貫，可從而理也。

136、凡黃水消長，必有先幾，如水先泡，則方盛；泡先水，則將衰。及占初候，而知一年之長消。觀始勢，而知全河之高下。舊曰：識水高手者，唯黃河之濱，有之。

137、江南運道，自萬曆元年，始屬總理；自杭州以達于鎮江，凡八百餘里。遡杭及常之七墅堰，大勢，地卑且多湖蕩，即崇德、吳江、長洲之間，淺不甚也。唯自常之白家橋，以至鎮之京口，地勢漸聳，河止一經，更無支流可引。每旱乾，秋、冬水涸，輒淺滯，不可舟；而洋子江復下丈許，此京口，所以多築，春開。今建瓜洲二閘，大挑常、鎮諸河，遂使臘月初旬，京口可開，千艘並入，誠二百年僅見，江南百年之利也。顧自白家橋，抵京口，僅三百里，濬之，以漸而下，引七墅堰以南之水，注之北流，如南旺北河故事，則京口，永無患矣。常州以北，三十里，爲犇牛閘；又二十里，爲呂城閘，官夫故在，唯作新而用之，此事半功倍者也。每歲，犇牛築壩，兩浙回空，皆由江陰，下江口，歷青陽，出無錫之高橋，抵蘇、杭，此其捷徑也。但青陽一帶，河身狹淺阻塞，商賈不通。今濬之，不惟江陰運舟，徑可抵城，而每京口大挑，此其間道也。經略江南三策：一曰：處工費，以備修濬。江南河道，宜兩年大挑，如北河故事，爲費甚鉅，取之屬邑，是以杯水救車火也，則病官。取之丁田，是以公家累私室也，則病民。取之導河銀，是漕渠，廢水利也，則病農。取之商賈，是以水累陸也，則病商。取之協濟，是欲舍己田，耘人田也，則病鄰。今查蘇、松、常、鎮、杭、嘉、湖，漕糧二百萬石，每石雇船，抵瓜壩，腳米七升。瓜洲閘成，淺船悉抵江南水次交兌，而悉蠲雇船米，余請於七升之內，免去六升，以利民；量徵一升，以利河，名曰：運河銀，分貯各府。鎮江河工獨多，貯亦宜多，常次之，蘇次之，

嘉又次之，杭又次之，大挑雇役、辦料諸費，悉資于此，一切亡累也。
夫民免六升，省二百年額內之舊派；修河一升，亡八百里額外之偏累，
以瓜閘所省江南之費，爲江南運道通融之用，便計也。二曰：設江渚，
以避風濤。七郡運，五千餘艘，俱出京口渡江，以入瓜洲閘河，風濤不
利，則艤于大江之濱，後舟鱗集，欲進不得，欲退不能，至危事也。則
於京閘之外，藏風處，濬而深之，可容五、六百艘，固椿築隄，若湖蕩
焉！而以一口，通出入，南北渡江者，乃即安矣。三曰：改閘座，以免
阻塞。犇牛、呂城二閘，底石頗高，而運河深七尺，以平江水，則閘底
限之。故深河，宜深閘底，乃利涉爾。

138、夏春，運盛之時，正汶水微弱之候，南北分流之，則不足；併流之，則
有餘。特爲番休之法：如運舸淺于濟寧之間，則閉南旺北閘，令汶盡南
流，灌茶城；逆舟屯于汶之上源，以待北決。如運舸淺于東昌之間，則
閉南旺南閘，令汶盡北流，灌臨清。此役汶全力者也。萬曆元年，始用
此法，漕大利。

139、徒役，在在有之，而用，各不同。如：在京，則役運灰、炒鐵；在邊，
則役開塹、築城；在腹裏，則役拽船、擡扛。罪固一也，而莫苦於腹裏，
驛遞魚爛，多敝縲絏，死者什玖，役者十一，諺云：徒重戍輕者，此也。
萬曆元年，乃以沿河無力徒役，悉改河工，工之限，如其徒之限，若能
鳩工併限者，即准日月併論。是役，一有罪者以徒，可免一無罪者以夫，
全活甚眾，三利之策也。

140、防河，請以戰喻。夫虜以秋高跋扈，出沒無常，防之不嚴，則內地荼毒。
河以伏秋迅烈，消長叵測，守之不固，則堤岸橫衝。然暴猛，雖有其時，
而衰弱亦有其候。防河者，伏秋戰守數合，以防其銳，逮至秋深氣降，
河勢自倦，不戰而屈之矣。故防虜者，喫緊止在八、九、十月，餘月，
零賊，不足慮也。防河者，喫緊止在五、六、七月，餘月，小漲，不足
慮也。而三月之中，又止戰守數合，來者屬兵躍馬，去則解甲息兵，是
在我者，執常勝之樞；在彼者，無必勝之勢。夫黃河，非持久之水也，
與江水異。每年，發不過五、六次，每次，發不過三、四日。故五、六
月，是其一鼓作氣之時也；七月，則再鼓而盛；八月，則三鼓而竭且衰
矣。萬一，河勢虛驕，銳不可當，我且避其銳氣，固守要害，如：河南

之銅瓦廂，山東之武家壩，徐州之曲頭集，布陣嚴整，二字（守）、四防以待，而姑以不要害之隄，委而嘗之，以分弱其勢，以全吾要害。持至水勢漸落，却將所委之隄，隨缺而隨補之，刻期高厚，勿令後水再由，漸成河身，致墊舊河。如此，則河之攻我，也有限；我之守河，也無窮；以無窮，防有限，蔑不勝矣。校之而索其情，河事畢矣。余徃殺俺答於鴈門關外，無他長也，不過，審盛衰之機，委之，持之，而已矣。故善委，則敵易疲；善持，則敵易竭。是我常爲主，彼常爲客。復有不可守之河，不可破之虜哉。故善戰者，莫妙於持，莫尤妙於委。

141、四防中，風防尤宜愼之。房村決，風濤鼓擊不已，黃（防）呂梁以巨舟數十，障于決口，風濤遽淨，亦奇事。然河隄千里，舟不及也。古有黃河風防之法，如遇水漲，濤擊下風隄岸，則以秫秸、粟藁，及樹枝、草蒿之類，束成綑把，徧浮下風之岸，而繫以繩，隨風高下，巨浪止能排擊綑把，且以柔物，堅濤遇之，足殺其勢。隄且晏然於內，排擊弗及，丁夫却於隄外幫工，此風防之要訣也。綑把仍可貯爲捲埽之需，蓋有所備，而無所費云。

142、守邊之法，駐信地者，曰：正兵，糸將、守備掌之。戰守無定，隨賊向徃者，曰：進兵，遊擊、將軍掌之。余守河，於徐、邳之間，亦按其法。正夫信地之外，各設遊夫一枝，五百名，五十名爲一伍，有伍長；五百名，爲一隊，有隊長；而總管貳府佐，各督其隊。無事，則駐定如山，協正夫以修，有警，則巡邏如風，糾正夫以守。每歲五月十五日，上隄；九月十五日，下隄；以募力充之。著爲例。

143、河，決口之患二，如上有所決，下無所洩者，曰：隑決；不必鬭水搶築，俟漲落水出，直塞之耳。若上決而下洩者，曰：通決；此不可少需，搶築可也，否則流衝勢洩，恐成河身，則正河流緩而淤矣。余於房村，以搶築法施之，正河即安。

144、呂梁上至徐州，兩岸，山接岡連，水無他洩；直河下至清河，兩岸，崖高河闊，水鮮旁趨；此兩段，縱被衝決，未爲大害。惟黃鍾集、下房村、雙溝、曲頭、新安、王家、曹家等口，青洋、白浪等淺，八、九十里之間，兩岸皆低。北隄決，則水出沂、武、直河；南隄決，則水出小河口。故比（北）岸：嘉靖末，決房村，由鯉魚山，出直河，則辛安四十里，

盡淤。南岸：隆慶末，決曲頭，下睢寧，出小河，則匙頭灣，八十里，皆墊。旁流既急而盛，則正河必緩而微。微則停，盛則溢，勢使然也。故決下有所洩，能分正河之勢，其害大；下無所洩，水落，復由本決歸正河者，其害小。而築法之緩、急，因之。往，治河者，不審利害，倡言：留口，洩水、通舟，坐待水消，塞決。不知水未洩而橫流，舟竟不可通；河未消而墊淤，決竟不可塞，此其失策者，一也。又言：正隄單薄，宜築月隄掎之。近日，房村正隄一決，月隄如穿縞葤。蓋二隄，各力則薄，而分禦之力微。若以築月隄之工，而幫正隄，則厚，而合禦之力大。古云：散指之輪彈，不如合拳之一擊。竟爾承訛，此其失策者，二也。余故於房村，寧搶築，勿候築；於要害，寧幫正隄，勿創月隄。而患頓息。

145、搶築法，先以椿草，固裹兩頭，以保其已有。却捲三丈，圍大埽，丁頭而下之，則一埽，可塞深一丈，廣一丈，以復其未有，易易耳。若施順埽制之，則滾，是以珠投盤者也。若運土，下之，則化，是以鹽，落水者也。彼塞瓠子，塞張秋，動以歲，年弗續者，其未知此法乎！

146、築決，如水落者，急畫信地，擺工為之。水平，合口，切戒逐段高厚，恐口未合，而後水復至，是留口待水，併前功棄之矣。如老土難得，則先於濱河半隄，實老土；急取常土，培其內之半。蓋常土，得老土以為皮膚；老土得常土，以為腠理，二者，救急之法也。

147、自潼關以下，南北分散旁流，不使助河為虐，有二便焉！夫以河南、北之細流，分洩于河南、北之郡縣，既免巨浸之患，又得通舟之利，則郡縣便。南、北之水，自歸南、北，黃河之水，自為黃河；在郡縣不以河為壑，在黃房不引賊入室，則黃河便。視古人多穿漕渠，遣水病民，及工費、勞力，利害、輕重、難易，何如也。

148、黃河為中國患，久矣。神禹以來，或言于三代，或言于漢、唐、宋，時固不同；或言于秦、晉，或言於宋、鄭、徐、淮，地固不同。今治河者，動泥古說，則以三代治河之法，用之漢、唐、宋，可乎！又以秦、晉，治河之法，用之宋、鄭、徐、淮，可乎！特以數事，拘儒牢不可破者，列于左：

一、多穿漕渠，以殺水勢，此漢人之言也。特可言之秦、晉，峽中之河耳。若入河南，水匯土疏，大穿，則全河由渠，而舊河淤；小穿，則水性不趨，水過即平陸耳。夫水專則急，分則緩；河急則通，緩則淤。治正河，可使分而緩之，道之使淤哉？今治河者，第幸其合，勢急如奔馬，吾從而順其勢，隄防之，約束之，範我馳驅，以入于海。淤安可得停，淤不得停，則河深，河深則永不溢。亦不舍其下，而趂（趨）其高，河乃不決。故曰：黃河合流，國家之福也。

一、我朝之運，不賴黃河，此先臣之言也。蓋欲黃河，由禹故道，而以為山東汶水三分，流入徐、呂二洪，為可以濟運，遂倡為不賴黃河之說耳。夫徐、呂，至清河，入淮，五百四十里。嘉靖中，河身直趨河南孫家渡、趙皮寨，或南會于淮，或出小河口，而二洪幾斷，漕事大困，則以失黃河之助也。今欲不賴之，而欲由禹故道，則弱汶三分之水，曾不足以濕徐、呂二洪之沙，是覆杯水于積灰之上者也，焉能盪舟。二洪而下，經徐、邳，歷宿、桃，河身皆廣百餘丈，皆深二丈有奇，汶河勻水，能流若是之遠乎！能濟運否乎！故曰：我朝之運，半賴黃河也。

一、黃河北徙，國家之利，此先臣之言，堪輿家者流之說也。不知三代以上，都冀州，黃河若張弓。然其時，大江以南，多未貢賦，故山東之運，東而至；西秦之運，西而至，原不藉南運也。若河，南徙，則東運既不便，而黃河之水，從太行而望之，勢若反而挑（跳），王氣乃微。方今貢賦，全給于江南，而又都燕，據上游，以臨南服。黃河南徙，則萬艘度（渡）長江，穿淮、揚，入黃河，而直達于閘河，浮衛，貫白河，抵于京。且王會萬國，其便若是。苟北徙，則徐、邳，五百里之運道絕矣。故曰：黃河南徙，國家之福也。

一、黃河不能復禹故道，必使復河南故道，此近臣之議也。蓋懲徐、邳，連歲河患，激而云然耳。不知徐、邳之患，由邳河之淤。邳河之淤，又由先年，河行房村口，近年，曲頭集口，旁流既急而盛，正流必緩而淤，而徐、邳之水患，博矣。然河患，不在徐、邳，必在河南；不在河南，必在徐、邳。嘉靖以前，河經河南，河南大患，九重肫膺，百工蹙額，思與河南，圖一旦之命，策力畢舉，竟莫支吾。而河南，適有天幸，河併行徐、邳，而後河南，息二百年之大患。居平土者，僅二十餘年。今

若復河南之故道，豈惟人力不勝，即勝之，是又移徐、邳之患於河南，而又生二洪，乾涸阻運之患也。第隄徐、邳三百里有奇，河不泛濫，而徐、邳之患消。故河，由徐、邳，則民稍患，而運利；由河南，則民與運兩患之。姑毋論王土、王民，鄰國爲壑之大義也。又況隄固水深，即碭、徐之患直河，秋一季耳，利害豈不章章明甚。故曰：河南故道，不必復也。

一、黃河清，聖人生，此史臣之言也。彼蓋謂五百年，王者興說也，非河渠說也。夫王者興，非臣所當言，而今拘儒，每以黃河清，爲上瑞，誤哉！夫黃河，濁者常也，清者變也。欲其常濁，而不清；彼濁者，盡沙泥。水急，則滾沙泥，晝夜不得停息，而入于海；而後黃河常深、常通，而不決。清則水澄，水泥不復行，不能入海；徒積墊河身，與岸平耳。夫身與岸平，河乃益弱，欲衝泥沙，則勢不得去；欲入于海，則積滯不得疏；飽悶偪迫，然後擇下地，一決以快其勢。此豈待上智，而後知哉。夫河決矣，餉道敗矣，猶賀曰：上瑞，非迂則愚。故河清，則治河者，當披髮纓冠而救之，不爾，憂方大耳。故曰：黃河清，變也，非常也；災也，非瑞也。

附錄三：蔡泰彬整編《治水筌蹄》原文

　　《治水筌蹄》上下卷，計收錄 148 條資料，這些資料係萬恭整治黃、漕二河時，對於各項治水工程的議論，隨手札記而成，因此各條資料之間，沒有按照同一主題來編排，相當雜亂，缺乏體系。茲按總論與六漕等七個段落，先將各條資料，加以歸納；再依其內容，標註其主題，予以歸類，如此更能清楚呈現萬恭對各段運道及各項河工的整治意見與方法，也方便讀者運用這些資料，以從事研究。若原文內的文字有誤植，則將正確的文字訂正於其後的括符內。整編後的條目順序，係按前後順序編號；為利於對照、查證原文，請詳見附錄四：《治水筌蹄》整編順序與原文順序對照表。

整編目次

壹、總論

一、漕河沿革

1

漢、唐以前，至春秋、戰國，大江由六和遡邗溝，取道于高郵、寶應諸湖之西，北達長淮。

江南之漕，俱由邗溝，而苦淺阻。陳平江乃隄揚州，以及于淮，西遏諸湖之水，遂匯爲一，湖港相通，三百七十里，達于黃河，餉道大通，邗溝遂絕。

今不必泥古，忘圖恢復，唯濬之洩淮，則可。

二、運道整治

2

神禹，疏、瀹、排、決之法，今不講久矣。即朱晦翁亦云：瀹者，亦疏通之意。考之正字：疏者，水密爲患，則綱舉以疏之；瀹者，水散爲患，則合水以瀹之；排者，水侵爲患，則拒堵以排之；決者，遲迴爲患，則搜剔以決之。

晦翁又云：汝、泗皆入淮，而淮自入海。夫淮之入海，此三代以後事也。禹治水，先審中國大勢，比（北）水之大，唯河；南水之大，唯江，而四瀆，特姑以淮、漢配耳，豈眞可敵江、河哉。故導汝、泗入于淮，又導淮入于江，東北注海。

邗溝，淮入江故道也，今失之，而淮自入海。蓋失禹決、排之法，而淮之南北，始多水患矣。

3

國家餉道，延長幾三千里。黃河之水，每患其太盈，有法以制其盈，令不溢。閘河之水，每患其太縮，有法以濟其縮，令不竭。蓋有玄運存焉，未可以言而盡也。

4

運河之存也，以隄；隄之固也，以民。自張家灣，南迄瓜、儀，延長二千四百餘里，河臣鄙，懼民居之毀堤也，而逐之。

余大召民之居隄者，與約法三章耳。商賈輻輳者，爲上隄，歲輸地租如例。民集，而商賈不停者，爲中隄，三載，量征之。若野曠，民稀者，爲下隄，直令世業也，永勿征。蓋牛稔而來者，三千廬焉。循是行之，則二千四百里間，童叟往來，木樹掩映，舟行兩隄之中，亦天下之至安、至適也已。是全隄也，焉用逐。

5

植柳固隄，六柳之法，盡之矣。然必立春前所植，交春後，則生氣動，多蟲嚙之患。

舊制：不活者，罰銀錢。余念貧夫，安所得銀錢，第一株罰栽五株耳，而柳益眾。自張家灣以及于瓜、儀，循河二千餘里，萬曆初，植至七十餘萬株。後來者，踵行之，則柳巷二千里，捲埽者有餘材，輓運者有餘蔭矣。

6

歲報二：曰黃河，曰漕河。凡一歲中，修理閘座、隄岸、空缺、淤淺、泉源、物料、丁夫，並皆書之，疏以聞。

7

治水之器，十有三：曰鐵簸箕，曰五齒爬，曰杏葉杓，曰攪江龍，曰方船，曰水車，曰戽斗，曰泥柺，曰泥筐，曰鐵鍬，曰竹籃，皆舊制也。曰活閘，曰刮板，余新制也。然皆可深閘河耳，而深黃河之法，可以器勝之乎！

鐵簸箕，重艱不可用。五齒爬，可搜泥根。杏葉杓，可撈淤泥。攪江龍，急水可偶一爲之，多弗效。方船，利於載石、撈泥。水車，大利於乾漕，北人不能用。戽斗，利於挹水，南人不能用。泥柺，以布爲之，二人共舁（舁），煩難可厭。泥筐，以擔貫之，一人獨舉，用人少，而盛土多，利器也，恨北人不習。鐵鍬，利器也，南北通習之。竹籃，水中夾泥，唯高、寶湖中，能用之。活閘，以板爲之，遇閘河淺，則施，有石閘之用，可移而置也；刮板，施於淤沙之淺，一刮，可去沙數斗，二器，大利閘漕云。

8

閘板，長二丈有奇。西木下龍門，丈斷之，不及數也。市之，甚艱。

令於儀眞，市南松，省費十之五，卒不可辦；則柳、榆、椏，皆可代之。

若以舊板續新木，鐵裹而用之，亦救急之策也。

三、漕河夫役

9

　　沿河夫役，出之農家，徹骨矣，猶冀商賈助之也。有司者，復迫之鋪行官價，市且散矣，濱河蕭條。奉旨：屬禁四省之苦鋪行者，追其牌冊而焚之。商賈乃安，關鎮漸復弘、正之風焉，而河夫始有裹糧、有寧宇矣。

10

　　河民之不安也，其起於征斂之無算，名額之滋繁乎！夫民可使由之，不可使知之。差、稅之名，科、派之則，至有蕭、曹之所不能計，容、鬼之所不能推，民何可得知也。猾胥輪指而算之，愚民仰面而視之，若陸人之語海，粵人之談燕。胥左之多則多，左之鮮則鮮，亡誰何者。

　　余為之條鞭之法，糧，則總本、折之數，而輸之官，官析焉，本幾何，折幾何，而民不知也，命曰：糧條鞭。差，則總徭役之銀，而輸之官，官析焉，某給某，某雇某，而民不知也，命曰：差條鞭。市井，則總門攤之出，而輸之官，官析焉，某所供億，某所器皿，而民不知也，命曰：市井條鞭。蓋民知其一，不知其九；官析其九，復歸于一，易簡而民定矣。

11

　　徒役，在在有之，而用，各不同。如：在京，則役運灰、炒鐵；在邊，則役開塹、築城；在腹裏，則役拽船、擡扛。罪固一也，而莫苦於腹裏，驛遞魚爛，多敝繰絏，死者什玖，役者十一，諺云：徒重戍輕者，此也。

　　萬曆元年，乃以沿河無力徒役，悉改河工，工之限，如其徒之限，若能鳩工併限者，即准日月併論。是役，一有罪者以徒，可免一無罪者以夫，全活甚眾，三利之策也。

四、漕運管理

12

　　高山大川，靈異攸鍾。每歲，春初運始，宜祈；夏末運畢，宜報。歲行，若例。

13

　　祖宗法：運舟，載不得過四百石，入水深不得過六挐；六挐者，三尺也。故船力勝米力，水力勝船力。若不務足船，而徒搭運，以省船，河力安能運船，而漕大困矣。歸罪無源之河，何益哉！

14

糧運盛行，運舟過盡，次則貢舟、官舟次之，民舟又次之，閘乃蕭。

15

償運之法，莫善於格單。舟入瓜、儀，每幫於瓜、儀主事給一紙，以千文編號，以月為綱，以日為目，每月之下，係以方寸三十格，填云：幾十里至某處灣泊，如屬阻風、剝淺，挨幫事故，則實註格內。舟過濟寧，按目稽查，一覽可見。回空，則從通惠河郎中改給，亦如之。皆總督河道預發南北二分司。此償運之上馹也。

16

治漕有八因：

因河之未泛而北運，因河之未凍而南還，因風之南北為運期，因河之順流為運道，因河安則修隄以固本，因河危則塞決以治標，因冬春則沿隄以修，因夏秋則據隄以守。是謂八因。

有三策：

四月方終，舟悉入閘，夏秋之際，河復安流，上策也。運艘入閘，國計無虞，黃水齧隄，隨缺隨補，中策也。夏秋水發，運舸度河，漕既愆期，河無全算，斯無策矣。是謂三策。

17

運官降級，盡矣；運卒疾苦，至矣，法網至密也。北運，南還，搜括而奪之私貨，而軍日困，運日艱。敝舟、破舼，殆不可運。

今令：北運者，帶酒米、竹木弗禁。入茶城，屬酒米者，自為剝；屬竹木者，自為筏，浮于舟末。南還，則令易商貨，半載之。除搜括之禁，罷入官之罰，是官軍以餉舟市也，舟善而卒騰，餉務倍利。

18

山東、河南，夏秋稅糧，歲派皆定倉口，如密雲、京、通，道遠而費多；天津、德州，道近而費少。舊例：坐派之，吏書得而上下焉，不均甚矣。

余檄有司，通融之，如糧一石：本色者，則派密雲幾斗，京、通幾斗，天津幾斗，德州幾斗；折色者，則派起運幾錢，存留幾錢。重則皆重，輕則皆輕，沿河之民，始無不均之歎矣。

19

河臣水行乘舟，顧河道周迴五百餘里。宜各省悉具一舟，隨所往而用之。

舊制：一舟敝，則檄有司造一舟，顧無所取直，官民弗便也。

余檄一舟敝，輒縱水手一年，官收之工饌，歲可得百四十金，造一舟，裕如矣。舟得常繼，且不煩官民，循環無端，斯百年之業也。

五、漕運經費

20

總理經費，歲約六百餘金，併輿皂、門快、金鼓、軍民，諸役饌食，舊偏累濟寧。萬曆元年，如各邊軍門例，派之四省，濟寧民力紓矣。

21

清查河道錢糧三事：侵欺，那借，拖欠。

22

沿河市民之不安也，由於借辦，如按臨、駐箚、宴享，則卮盂、屏几、帳幔、盤杓，高之為金、為銀，次之為錫、銅，卑之為瓦、為木。一物不具，捕地方，若星火焉，彼固匱民也。安所得措辦而用之，則質諸巨室，巨室持之，徃徃器之費，十倍於供，官勿問也。

余為之官制，諸金、銀、錫、銅、瓦、木，無不畢具。官自取諸宮中而用之，民亦勿問也。河市大安。

六、運道防護

23

防護糧運，分布官兵，若守邊，宜更番，宜節短。入清河，則徐州參將營，布兵至夏鎮；濟寧、曹濮二兵備，布兵至東昌；臨清兵備，布兵至滄州；天津兵備，布兵至白河；霸州兵備，布兵至張家灣，皆五里一伍，每伍五人，永無劫奪輕齎之患矣。

24

徐州參將營，屬總河，而總理督兩直隸、山東、河南四省軍務，皆始于隆慶四年；一為護運，一為聯絡中原也。

先是四省多盜，一省擒之，則逃散三省；兵權不一，以故中原多盜，且劫掠運艘經（輕）齎；歲饑，則殺越而奪之糧，往往見告矣。乃以總河兼制之，盜發，則檄四省十二兵備會擒之。隆慶末、萬曆初，盜亡得脫者，自是衰息。

而又以山東管河副使兼濟寧兵備，屬兵一千。徐州參將，正、二、三、四月，運盛行，則提徐州軍壯八百名，駐于徐，以護運，為左哨。五、六、七、八月，提歸德卒一千，駐于商丘，以備高秋之匪盜者，為右哨。九、十、十一、十二月，提宿州卒七百，駐于宿，以右控河南，左制江北，為中軍。盜小發，則分營三擒之；大發，則合營總擒之。而十二兵備之兵，睢、潁翼于西，徐、揚振于南，濟、沂犄于東，濟、曹、臨、天、大名之兵角于北，數千里響應，蓋朝廷有深意矣。

25

管河道，不兼兵備，有司者，路人視之耳，法令安得行。故徐州、淮揚，以兵備兼管河；而山東、河南，宜以管河兼兵備。山東已鑄印云，河南亟循此，庶令行禁止，餉道可恃也。

26

軍民賞格：捕官，獲強盜一名至五名，給花紅；六名以上者，加獎勵牌匾；十名以上，併獲巨盜、窩主者，獎如前，仍紀錄超擢。捕役及民間強有力，擒真盜一名者，賞銀四兩；陣上斬獲者，六兩；獲巨盜、窩主者，八兩，俱於盜贓入官數內支給。每招詳照出之後，計開：斬罪幾名，供明幾名，應獎賞官幾員，有功人役幾名，以風。餉道遂寧。

27

國朝，操軍之制，其寬嚴得中乎！每年二、三、四月，為春操；八、九、十月，為秋操。而又為操三歇五之法，以年計之，每年止得六月，是為年空；以操三計之，每月止得十日，是為月空；以寅入操，辰散操計之，仍放開半日，是為日空。通計實操占役一年，止當三十日耳，是恩法並行，而不悖矣。

七、河工計算

28

國家造黃冊之法，苦奇零，不可窮詰，且滋弊藪也。為之法，曰：逢

三丟，逢七收。蓋如以分計者，如遇三釐（釐），則損之，爲一分；如遇七釐（釐），則益之，亦爲一分，善數也。今乃推之，以至于不可盡之數，吏緣爲奸。

余令估河工，隄，如百丈者，止于尺；千丈者，止于丈；萬丈者，止于十丈。銀，如百兩者，止于錢；千兩者，止于兩；萬兩者止于十兩。糧，如百石者，止于斗；千石者，止于石；萬石者，止于十石。糝、灰，如百斤者，止于兩；千斤者，止于斤；萬斤者，止于十斤。假令不盡奇零，則三丟而七收之，分數明，吏弊絕。

八、黃漕地圖

29

諺云：胸有全河，而後能治河。又云：以圖御者，不盡馬之情。夫圖，猶不盡矣，況無圖乎！

余故令善圖者，乘傳（傳），一自孟津，二千里，達于瓜、儀，圖之，命曰：黃河圖。一自張家灣，二千八百里，達于瓜、儀，命曰漕河圖。皆州載而縣紀之，渠識而灣書之，且布沿革之故于上端，勒石于總河之四思堂。

後來者按之，其以爲全河乎！其以爲圖御乎！

貳、白漕

一、挑濬運道

30

天津逆入白河，至張家灣；源出密雲山後，諸流。五、六月，水漲，則流沙。三、四月，行舟輒膠，非無水也，蓋頭年漲漫，沙平，河闊，則淺耳。

余復夫老，如大挑故事，歲濬之，以待次年春夏之運。運畢，水溢流沙，復平。九月，復濬，以待。蓋歲工也。

31

白河，天津至通州，凡五十九淺，有淺夫以濬淺，有隄夫以築隄。百八十年，隄夫猶故也；而以淺夫爲引舟夫者，誤。余爲之復舊制云。

32

通州至天津，爲淺鋪者，九十五；鋪設淺夫十名，小甲老人一名。每歲水溢、沙平，則濬之，是歲工也。

百七十年，河臣以淺夫爲引夫，有司革淺役爲民役，白河之不治，也久矣。萬曆元年，復之。

參、衛漕

（以不必治也）

肆、閘漕

一、宋禮整治會通河

33

宋少保禮，河南永寧人。永樂初，治會通河。

先是，國朝都金陵，餉道悉仰給于南，江右、湖廣之粟，江而至；兩浙、吳會之粟，浙河而至；鳳、泗之粟，淮而至；河南、山東之粟，黃河而至；而金陵據舟楫之會，而灌輸焉，置餉道弗講。

永樂中，治北京，上供、百官、六軍，悉待哺于江南之稻粱。

永樂初，治海運。運艘，兩浙自浙入于海，吳會自三江入于海，湖廣、江西自洋子江入于海，淮北、河南自河、淮入于海，山東各以濱海州縣入于海，皆會直沽達于天津。而懷慶、衛輝，以其舟順衛河入天津來會，俱遡白河，逆于張家灣，輸上都，而舟溺亡算。計臣曰：海道險，不可運。

乃令江南之運，皆入高、寶諸湖，渡淮，達黃河，陸運百七十里，入衛河，指天津，輸上都，而車費亡算。計臣曰：陸道費，不可運。

少保乃請治會通故道。顧元末鼎沸，不暇治餉事，故道廢，自汶上至臨清五百里，悉爲平沙。公乃究尉遲公之舊迹，及元人之遺則，自汶之上流，唐、元爲堙城壩，遏汶入洸河，會泗水，東南注濟寧。濟寧今天井閘，尉遲建也。以天井之南，注淮安；以天井之北，注天津；而南旺地特聳，濟寧水上行，終元之世，第舟載上供數十石耳，海運若故。

少保公患之，適有戴村老人白英者，獻策曰：南旺地脊，盍分水焉；第勿令汶南注洸河，北傾坎河，導使趨南旺，南，九十里，流于天井；北，百八十里，流于張秋，樓船可濟也。

少保乃造梁，窒汶之入洸者；大壩戴村，遏汶之入坎河者；開新渠百十有餘里，抵南旺，而分注之。九年，道大通，淺船約萬艘，載約四百石，糧約四百萬石，浮閘，從徐州至臨清，幾九百里，直涉盧然，為罷海運。

河成，會北京建宮殿，五敕公採大木，六十四卒于蜀。乃以餉道，統屬平江公。平江居河上，三十年，功多在淮南；而會通河則仍少保之舊。平江以帝姻，且久河工，昭景鑠。而少保自蜀葬于永寧，曾學士棨表墓，又不著河工；子孫皆微為庶人，又不克揚先人之烈。弘治中，僅僅廟食公南旺足矣。白英，尤泯不聞，悲夫。

隆慶末，余治水，歷戴村，遂灘坎河口，披楚茨，涉流沙，謁白老人之廟，則棟撓、像頹，冠平定巾老人已爾。返謁宋公祠，則淒涼古舍中，工部尚書已爾，亡有贈諡蔭敘。余以聞，廟堂悲之，乃贈公太子少保，諡康惠，蔭一孫入監讀書；而英，亦給冠服，英之後世，冠帶老人。而國家所以報開河元勳者，備矣。無已，則必如平江例，乃同勳同賞乎！而況少保有明堂之功，亡獻舟之過也。

二、戴村壩與坎河口

34

山東濱東海，水盡東注海者，勢也。逆水而之西，以濟會通河，始于元。然其時，主海運，海運為寇所扼，則治賈魯河，而元因以亡，是元人不得會通河之利也。

宋少保禮，于永樂九年，因元舊，始開會通河五百里，然非述者，蓋作者也。

夫元人引山東之泉，悉入汶河；又以汶河雜洸，洸併泗，不能勝，東注，則為堽城壩，截汶會洸、泗，西南流，以會于濟寧州之天井閘而分水焉。蓋以濟寧以南，捷諸淮安入海；濟寧以北，捷諸天津入海云耳。

不知陽穀、壽張之交，地勢聳于濟寧數丈，而可倒使北注，如尉遲敬德，武德七年之訛事乎！夫建德為盧龍節度使，一鎮之餉耳，嘗試為之也。而元以全運餉上都，而又可襲訛嘗試乎！

宋康惠弗之是也，乃壩戴村，過汶西南流，入于南旺；據陽穀之脊而分水，得之矣。

然併諸泉而歸諸汶，是也。汶水盛發，勢不能攻戴村壩，則從戴村之東，龍山之西，攻開，名曰坎河口，注鹽河，以復歸于青州故道。而山東水，復東傾，蓋九分東注，特一分拆入，南之安東，北之天津餉道，頻年奈何不乏絕。

隆慶六年，余以主事張克文言：循南旺百里而上，歷戴村壩，壩故堅，汶不可破也；又東數里，為坎河口，東北注若駛。余顧張水部曰：何縱汶；曰：歲隄坎河口，歲敗，亡益也。余顧東，龍山彼有亂石，盍取石，灘坎河之口里許，若天成平水焉。汶溢，則縱之，令還東注面目。汶平，則留之，令全汶，西南注，以其七北灌，入天津之海；又以其三南灌，入淮安之海。是因勢而鼎足分之者，以坎河灘故也，遂灘坎河口。萬曆元年，漕大利。

嗟後之人，使會通河可廢，則坎河口請勿灘；如不可廢，治水者，尚慎旃哉！尚慎旃哉！

35

坎河口者，其運漕之橐籥乎！旱則止汶以濟漕，潦則洩汶以全漕。石灘，天壤，俱弊可也。後來者，時為橐，時為籥，有權存焉，酌而用之，存乎人耳。

三、南旺分水口

36

南旺分水河，每年汶水大發，則流沙。及新河，三河口，沙、薛二河水發，則流沙。

舊制：三年二挑，俱正月興工，三月竣事；是治本年之河，為本年之運者也，倉卒周張。

今運期早，蓋二月有過南旺者矣，則挑期亦宜早。故隆慶六年，改期大挑，是治頭年九月之河，為次年二月之運者也，餉道遂大利焉。

故糧務，舊以冬兌，而夏開幫，兩年事也；今則冬兌，而冬開幫，合之而為一。河務，舊以春挑，而夏行舟，一年事也；今則秋挑，而春行舟，分之而為二。或合或分，百世不能易矣。

37

三年兩挑，南旺，丁夫五萬；三河口，三千。

38

兩河大挑，有五不便，有五便：

舊以正月興工，二月竣事，則新運踵至，停積河流，既慮風濤，復稽程限，一不便。

夫役，年終徭役更換，舊役已滿，新役未來，二不便。

春事方興，民無暇力，迫之工作，田野不安，三不便。

未接青黃，室而懸磬，頭會箕斂，工食艱窘，四不便。

堅冰初解，時尙嚴凝，驅之泥淖之中，責以疏鑿之力，五不便。

若改期，九月興工，十月竣事，則回空已盡，築壩絕流，疏濬甫完，籍冰封閉，春融凍解，河即有待，是新運之便也。

舊夫未更，桉（按）冊可集，正役者不勞於再籍，雇役者無事於更張，是徵夫之便也。

秋事告成，農多暇日，既無私慮，自急公家，是民力之便也。

新秋豐稔，民多蓋藏，閭閻利以供輸，夫役易於徵斂，是工食之便也。

天霽秋高，氣候清爽，河鮮沮洳，鐝鍤易施，是用工之便也。

39

南旺大挑，舊制：壩南、北，而絕之流，舟楫弗通。

余先爲之南壩，偪汶盡北流，而挑其南，北舟悉艤南旺而待。南挑畢，余又爲之北壩，偪汶盡南流，而挑其北。乃決南壩，舟順流而趨于黃河。此濬淺、行舟兩利之策也。

40

南旺，脊水也。閉諸北閘，則南流；閉諸南閘，則北流。水如人意者，莫如汶，故命之左，則左灌濟寧；命之右，則右灌臨清。

萬曆元年，臨清稍滯運，余以尾幫，入南旺，閉之南閘，令全汶趙（趨）臨清，一日而出板閘者，七百；十日，而出運艘六千有奇。此所謂役水者也。

41

夏春，運盛之時，正汶水微弱之候，南北分流之，則不足；併流之，則有餘。特爲番休之法：如運舸淺于濟寧之間，則閉南旺北閘，令汶盡南流，

灌茶城；逆舟屯于汶之上源，以待北決。如運舸淺于東昌之間，則閉南旺南閘，令汶盡北流，灌臨清。此役汶全力者也。萬曆元年，始用此法，漕大利。

四、水櫃蓄水濟運

42

閘河水櫃，凡八：

一曰：馬場湖，隸濟寧，周四十里有奇，俱水占，可櫃，不可田。

二曰：南旺湖，隸汶上，周七十九里有奇，可田者，三百七十四頃六十畝；可櫃者，一千六百七頃八十畝。

三曰：蜀山湖，隸汶上，周長五十九里有奇，可田者，一百七十二頃；可櫃者，一千五百三十九頃五十畝。

四曰：馬踏湖，隸汶上，隆慶元年，均地踏丈，陞科者，為官占；不經陞科者，為民占。可櫃者，無幾。方稽核，而未報也。

五曰：大昭陽湖，隸沛縣，原額五百頃，可田者，三百九十七頃；可櫃者，一百三頃。

六曰：小昭陽湖，隸沛縣，原額二百一十八頃有奇，可田者，一百八頃；可櫃者，一百一十頃。

七曰：安山湖，不可櫃。

八曰：沙灣河，可櫃。

夫可櫃者，湖高於河；不可櫃者，河高於湖，故也。然而，昭陽，可櫃，不能大濟，蓋洪溝之出，涓涓耳，無足恃也。若獨山、赤山、微山、呂孟，原非櫃也，新河障田成湖，而馬家橋諸口決之，大濟運，無櫃之名，有櫃之實；盍捐田稅，毋病民，而櫃焉，以益運乎！余蓋嘗請之，不報。

43

汶水微，而南旺析七分，北濟張秋、東昌、臨清；三分南注濟寧、南陽、夏鎮。是北濟者，道近，分數多；南濟者，道遠，分數少，則恃呂孟、昭陽等湖也。

故運盛行，則濟寧而上，發蜀山湖；南陽而下，左發呂孟諸湖，右發昭陽湖，以濟黃家閘，勢不得不汲汲矣。

44

諸閘漕，以汶為主，而以諸湖輔之，若蜀山、馬踏、南旺、安山、沙灣諸湖，皆輔汶，北流者也。獨山、微山、昭陽、呂孟諸湖，皆輔汶，南流者也。

顧汶水，微于春夏之交，而灌輸方盛；湖水溢于夏秋之交，而運事已竣。要在節宣諸湖，秋終，則悉閉之，以待運；春終，則漸發之，以濟運，則得之矣。

五、金口閘壩

45

兗州府，有泗水穿城而過之，西注于報功祠，自濟寧左而會；汶水由長溝東注于報功祠，自濟寧右而會；則任城固一都會也，故建國最久。

泗水故道多堙，水溢，則經兗府，東潰金口堰，而南出魯橋；豈徒少濟六十里之運，且導洩兗城之氣，而絕任城之青龍水，又不利于商舶之泛兗府者。

萬曆春，余築金口，導泗流，一貫城，一遶城北濠，而皆會于天井焉。

46

沂、泗之水，經兗府，自北而南，由金口壩，南出魯橋，其流頗順，故古建金口壩，以遏南奔。特分一派，由黑風口西流，穿兗城，出天井閘，其流頗細。

余濬黑風，由兗城，至濟寧，深廣可舟，而固金口；西趨者盛，則南奔者微。多濟運道，商舶直達兗府，兩崖膏腴，無潺沒之患，一舉三利之也。

六、挑濬泉源

47

閘河，北至臨清，南至境山，綿長七百餘里，祇恃泉流接濟，故曰：閘河無源。

入春水竭，若以走派糧船，徃來交錯於閘口，一丈、八尺之中，既欲放空，又欲打重，限定板數，則嗑損、稽遲可虞。通閘而行，則天旱，泉流有限，而河漕困矣。

宜頭年，坐派糧船，俱以本處之船，兌本處之糧，如糧多船少，或船多

糧少，方以附近，若省、若州、若縣補之，法一成而不變。春間，閘漕盛運，悉皆重船，自南而北，不令一空舟，雜擾于其間，則船無相抵，漕若魚貫焉，完計也。故兌舟莫善於坐派，莫不善於走派。

48

閘河無源，非眞無源也。蓋合徂徠諸山，二百八十泉者，尺疏而丈導之，合則流，散則否，有似於無源耳。故閘河之水，以深三尺爲制。

七、駕御運河水

（一）以船閘控水

49

閘有三：

叢石爲之，有龍門，有鴈翅，有龍骨，有燕尾，曰：石閘。

漕（槽）長，恐水之洩也，則木板爲之，視漕（槽）之廣狹而多寡焉；中留龍門，十有八尺，遇淺則施，深則否，可導而上下者也，曰：活閘。

閘水出口，與河上下相懸，爲之壩，以留水與河接也，龍門如制，曰：土閘。皆濟石閘之不及也。

50

閘之啓閉，宜以水爲則，不宜以日爲則。水盈板而不啓，則溢；不及板而啓之，則洩，視水而疏數焉，可也。

51

閘河，水平，率數十里而置一閘；水峻，則一里，或數里，一閘焉。

舊制：漕（槽）淺即濬。夫數十里濬深一尺，勞費，則何！益一板焉，則數十里水深尺，半餉（晌）耳。故救急，莫如加板。

52

閘漕一里，籍令舟滿漕（槽），可容九十艘。舊制：魚貫三十艘而過之。余令之九十艘，盈漕（槽）焉。漕（槽）盈則水溢，且上閘之水，不得直遂也，而善停蓄，水可逆灌上閘矣。每啓，蹄九十艘，閘人夫駭。此以漕治漕者也。

53

　　啓閉諸閘法，若潮信焉。如啓上閘，即閉下閘；啓下閘，即閉上閘，節縮之道也，不然，將恐竭。又啓板時，上下水，舟俱泊五十步之外，每啓一板，輒停半餉（晌），命曰：晾板，則水勢殺，舟乃不敗。

　　若通閘，若頂閘，是竭河毀舟之道也，漕大忌之。

54

　　制閘三法：

　　一曰：塡漕，凡開閘，糧船預滿閘漕（槽），以免水勢，從旁奔洩，如甘蔗置酒杯中，半杯可成滿杯；下漕水，可使逆流入上漕。

　　二曰：乘水，打閘時，船皆銜尾，其間不能以尺，如前船拽過上閘口七分，即付運軍爲牽之，溜夫急回，拽後船，循前船水漕而上，使後船毋與水頭鬭；閘夫省路一半，過船快利一倍。

　　三曰：審淺，凡下活閘蓄水，如係上水淺，則於船頭將臨淺處，安閘；如係下水淺，則於淺尾下流，水深之處，安閘。故活閘必從深淺相交之界，則淺者自深。若騎淺安之，則一半淺者深，一半淺者愈淺矣。

55

　　山東水，惟汶最大，伏秋暴漲，出南旺，南奔濟寧者；勢盛，則衡遏沂、泗之水，天井閘咽不得下，而濟寧東偏，數萬頃膏腴，悉爲廣川。溢南陽，則斷諸隄，且左偪獨山諸湖，不得疏洩；右奔入昭陽二湖，魚、沛、滕，成淵；東南射茶城，則黃河得汶，十之一，助爲虐也。

　　萬曆元年，謹備南旺。七月，淫雨連旬，汶暴發丈餘。余亟閉柳林、寺前二閘，斷南流，而令全汶上源，多北歸鹽河，入青州之海；下悉北歸張秋，入天津之海。其流于濟寧、南陽，出茶城者，特沂、泗二水耳，流細而力薄，通天井閘，咽之裕如也。東全膏腴數萬頃。南陽諸隄，其若常山之蛇焉。獨山諸湖，徐徐入新河；而新河特涓涓者，入昭陽。魚、滕、沛，疇昔之爲湖者，今皆膏腴，秋大稔矣。而射茶城，入黃河者，一衣帶之多，黃河亦少失所助乎！

　　其樞在南旺，其機在柳林、寺前二閘。蓋南旺地聳，制之，固形便勢利也。汶平，則柳林、寺前，復開；汶發，復閉。不言所利，大矣哉。

（二）以船治船蓄水

56

　　閘漕與河接，若河下而易傾，則萃漕船塞閘河之口數重，閘水爲船所扼，不得急奔，則停迴即深，留一口牽而上，遞相爲塞，障而擁水也，命曰：船隄。是以船治船者也。

（三）以淺治淺蓄水

57

　　閘漕下流，通河者，必留一淺，長數丈，戒勿濬，以蓄上流，以一淺省多淺。若去之，與啓閘等，而上流諸淺見矣。此以淺治淺也。

58

　　理閘如理財，惜水如惜金。糧艘入水，深不踰三尺五寸。濬至四尺，則水從下過；廣不踰一丈五尺，濬至四丈，則水從旁過，皆非惜水之道也。

　　故法曰：凡濬法，深不得過四尺，博不得過四丈，務令舟底，僅餘浮舟之水，船旁絕無閑曠之渠。所謂以少淺治多淺，以下水束上水，非觀其深者，孰能知之。

八、夏鎭新河

59

　　夏鎭新河，萬世之計也。徃，閘由南陽、穀亭、沽頭、沛縣，出留城，地勢太卑；視南陽以上，高下相懸。各閘水峻，故多淺。又昭陽湖在其東，黃水每踰漕，趨昭陽，故閘河多淤。

　　隆慶初，朱少保開南陽至留城一百四十里，地故聳，與南陽等；置新閘焉，舊閘多沉水中，漕水大平，不患諸淺。

　　第三河口，受沙、薛二河之水，夏秋水發，流沙入漕爲梗。乃於二河上源，爲皇甫、東邵諸壩，遏二河，入微山諸湖，即沙入湖中，若石投水，新河無沙患矣。

　　石隄累累如墉，柳陰依依若茨，樓船月夜，簫鼓中流，百里湖光，萬頃金碧，蓋不讓西湖蘇隄焉。

60

夏鎮新河，屬民田而成，以沽頭、穀亭各舊河償之。昔河流，今膏腴；昔禾黍，今樓櫓矣。桑田滄海，豈自遠求哉。

61

濱河之民，敝民也，而以官隄困之。

今占用民地者，履畝與之價，稅糧通派州縣，名曰：隄米。

為新河所占者，亦如之，名曰：河米。

呂孟諸湖原屬膏腴，以運河水不得洩，匯而成者，改魚課焉，名曰：湖米。

62

夏鎮新河，馬家橋之左，呂孟、微山諸湖，夏水泛漲，外傷漕隄，內淹民田者；徐州七分，滕縣二分，嶧縣一分，公私未便也。

余自比（北）隄，漸家壩至鐵河止，開水口，建石閘，宣洩湖水，以左出民田，右濟漕河，而夫役以履畝出之，二年乃成。

63

南陽石隄，亙河、湖之中，三十里，累石而成，厚二丈，高八尺有奇，絕無灰泥，塞其罅隙，諸湖水溢，則水通貫石隄間，既不蔽水，又不腐中，隄得不潰。蓋隄之變制云。

64

南陽新河隄，三空減水閘，湖水盛，則從空中，衝對岸之隄，隄多毀。河水盛，則從空中，奔沿隄之湖，運舟吸入空中，多敗。

余益之小閘，十數，口僅僅六尺許。夫閘多，則水勢大殺；口狹，則水力大弱，亡吸舟、決隄之患矣。

九、泇河

65

泇口河，從馬家橋，入微山諸湖，穿梁城、侯家灣，取道于利國監，經鰻、蛤、柳諸湖，出邳州直河，入黃河，有六難焉。

微山諸湖，水中不可隄，一也。梁城、侯家灣、葛墟嶺，皆數十里頑石，不可鑿，二也。礓石水中，隨撤隨合，金火不可施，三也。嶺南去徐、呂二洪，一舍耳，二洪高下相等，避徐、呂二洪險，葛墟洪險復生，四也。假令

治泇河，即不治徐、邳河，尤可；萬一泇河成，歲治之，而徐、邳河，非無事之水也，而又治，是兩役也，勞不已甚乎！五也。計鑿梁城、侯家灣，非五百萬不可，視今治徐、邳河五百年之費也，況未必成，六也。

治泇河策，宜永罷之。

十、茶城口一帶

66

茶城口之淺，十年患之。蓋閘河之口，逆接河流，河漲，直灌入，召淤耳。而北崖悉洲沙。

余為大南隄以偪之；南隄急，則北沙悉潰，水漸徙而北；茶城之口，以偪而益深，且順而東，與黃河夾流半里，而後會。既令茶城深，又不令逆接河流召淤，善之善者也。

67

黃河由小浮橋會徐洪，自小浮橋之上，皆閘河也。故汶水出高家閘，與小浮橋大河會，是汶與河交會在高家閘。

嘉靖末，水北徙，由秦溝，則自小浮橋以上，逆四十里，至茶城，悉為大河；高閘沉河中，不復見，則汶與河交會在茶城矣。

68

茶、黃交會之淺，蓋黃河水落之候，高下不相接，則相失而相傾，是以有茶城淺、魚脊梁淺、黃家閘淺、夾溝淺。

舊有境山閘，沒泥淖中丈餘，而基故在。余累石足之，既可以留黃家閘外，二十里之上流；又可以接茶城內，十里之下流；而又挾二十里之水勢，衝十里之挾（狹）流，蔑不勝矣。茶城可不治淤。

69

茶城善淤，漕盛行，河臣置夫四百，助牽淤。余去之，而令運舟為之隊；隊百艘，艘括軍四人，百艘即得四百人。而牽一舟，一舟行，四人者隨以去。隊尾復益一舟，軍如之，而四百人者，終日故在也。徃過而來續之，循環無端，是以舟牽舟，以運濟運者也。安所得河夫為舟夫用之乎！

70

茶、黃交會之間，黃水逆灌，每患淤淺。余為之東大隄半里許，一則順

河之性，偪阻濁流，徑直南下，不致倒擁。一則緊束清水，猛力衝出，刷開東岸，且敵黃流。久之，則東岸，河漸衝漸深，是以河而開河；西岸隄漸淤漸厚，是以隄而擁隄。荼、黃並驅南行，淤淺不治而自治矣。

71

閘河，身博不踰六丈，故水束而深；唯自留城以下，往年，爲黃水所盪，漕（槽）博至有數十丈者。夫以半汶南流，而舖數十丈，淺固宜然。

今立小河之法，於秋盡水落之候，因勢創築縷水小隄，以小漕（槽）身。如平淺，則兩旁夾縷之；如偏淺，則於一旁淺處，偏縷之，延長以淺爲度。大都漕（槽）博止六丈，隄高止五尺，根四尺，頂二尺，攔以小樁、草；夏秋水漲，則任其敗，水落復修。每千夫，日可小二、三里；漕立小，則水立深。浮舟俄頃耳。此歲工也。

72

境山閘者，閘漕之外戶也。年遠變遷，沉泥中，丈有咫。棄焉不治，是外戶不閉者也。境山上下，多淺，固宜。

萬曆初，錐之，不得，乃更爲之，而黃家閘，始有重關矣；外阻黃流，內束漕流，兩利之策也。

73

運道，廢閘甚多。至如前朝，沉水底，匿泥中者，徃徃而有，錐而取之，不可勝窮焉。

余復境山閘，則錐謝溝；創天妃閘，則卸移風。古石大且整，蓋勝於今閘云。濟寧、濮州、壽張、魚臺、徐、沛間，多有之。

十一、挑濬河道

（一）河工夫役

74

余讀元史，至竭民事河。又嘗歷高平驛，室堂殊異今制，則賈魯故宅也。壁刻元人詩，云：賈魯治黃河，功多怨亦多，萬年千載後，功在怨消磨。余未嘗不悲之。

夫魯爲元，竭民事河，元人不悟，紀爲萬年之勳。河未成，而石人之患作，民竭，河亦竭，魯族而元亡，是國與家俱竭矣。哀哉！

余治河，必先治民；寧敝河，不忍敝民。山東民力，半竭於河矣。余為之差役，條鞭之法，七章：

其一，以通州之人丁，供通州之傜役，官自雇募，民出總銀，官免歲編之勞，民亡月擾之累，一定規則，則十年循行。

其二，以一縣之均傜、里甲、食鹽、俵馬四差總徵之，糧外唯差，差外唯糧，不復為多，名色之紛紛也。

其三，約九則之丁而定擬之，某也上，某也下，某也多科，某也鮮科，十年一成，而不可變，耳目專定，吏不得歲緣為奸。

其三（刪除），革去大戶轉解。若催征，里長則督糧，見年、里長則督差，自相屬也。轉解，則縣佐解諸州，州佐解諸府，府佐解諸藩司，藩司類委所屬職官。解諸京師、州、府、司、部，與民不相見也。

其四，夫役分為二，河夫終歲赴工者曰長夫，有司、驛遞、迎送者曰短夫。長夫工食以歲計，短夫以日計。短夫，用則臨期，厚給之值，不用則否。愚民，利日給厚值，若趨市耳，焉用歲支，而官府亦大省矣。

其五，鄉宦、舉人、監生、生員、吏，承優免丁差，悉如欽例。

其六，貧民不能全納者，季輸之，踰季者罪民。官於力役，亦季給之，踰季者亦罪官，聽全納，不聽全給。

其七，官有閏俸，夫奈何無閏饌乎！三年帶徵之，乃均。

夫以七章令百姓安，百姓安，河孰與不安。

（二）挑濬工具

75

治閘漕之淤，有二法：遇泥淤之淺，利用爬、杓，不利於刮板；遇沙淤之淺，利用刮板，不利於爬、杓。

十二、築堤物料

76

閘河八百里，大湖之中，多產蘆葦；長隄之間，多長草蒿，棄於地也。

余令九月刈之，蘆葦可以代柳稍，蒿草可以代穀藁，捲埽之資，誠取之無禁，用之不竭者矣。

省令夫之徵本色者，改折色，貯庫，以備不虞，不亦公私兩利乎！

十三、新興城鎮

77

　　張秋，固運道一大襟帶也。控汶上、陽穀、壽張，鼎足之中，而西爲梁山，故宋江盜藪。闠闠萬家，富商大賈萬集，跨運河東西居之。

　　正統中，河決張秋，五載弗績。役丁夫十八萬塞之，當決河爲戊己山，蓋以土制水之義，若東坡徐州之黃樓；弘治中，劉東山之泰黃陵者云。

　　眾流之所交也，貨財之所萃也，豈直中原一大縣，而不城，則胡以護運，亦胡以控群盜。余料之，此丁夫六千，匝二月之役耳。城中可籍也。

十四、祭祀

78

　　河事畢，八月，禋泰山，報成績也。

　　秦碑之北，爲泰山之巔，擅東魯諸山之尊。不知何許年，錮玉皇殿壓之，山澤不通氣矣。

　　隆慶多，余乃出石，頂聳三尺，厚十有四尺，博十有六尺，斯上界之絕巔，青帝之玄冠也。易玉皇殿爲天宮，退居巔石之後方，秦碑擁正笏，前石如插群圭，而泰山始全其尊，返其眞。後有刻蕪詞，戕泰巔者，是辱岱宗也。明神殛之。每歲，黃河如帶，則泰巔若礪矣。

十五、古墓

79

　　濟寧城南，古墓一區，石室二間，皆方丈巨石爲之，中亡有也。傳云：任康王之墓。按：任在春秋、戰國，小國也，未稱王，屬兗境。終魯之世，魯亦未稱王；或者齊康王乎！又按：齊僭王時，無謚康者，或齊康公之墓乎！余未暇究詳。夫人之墓，人掩之，余以濬河土，爲之壙。

80

　　治漕河，以治生靈爲本；安生靈，以安死者爲先。闡河數百里，皆齊、魯、鄒、滕、任、邾故都。古人葬法甚備而固，大者石壙數室，小者一室，以大石長七尺，博四寸有奇，高二尺有咫，四具合之，首尾錮之方石，如內棺之制。華者爲花藻、雲氣、海馬之狀。河隄及民廬牆皆徧用之。嗟此非王侯公卿之掩乎！余蓋不忍視履之矣，而士民不是意也。

余與東人約，曰：若發古人之墓，奪之石；後之人，又發若墓，奪若石，若且奈何哉！屬禁之。

俄有寧陽習發古塚市石，棄男女二骸骨節七十四事者，此奸以鐵錐得之平土中，亦不知何代何許人。余令有司理其首足、肢體，棺葬之，而男女不可辨矣，然必夫妻焉，不辨可也。悲夫：亟以犯者抵死。約以禁之於先，刑以齊之於後。古王侯、公卿、士、庶人，或者保骨乎！河神當釋然，安矣。

81

曾子墓，在嘉祥縣，去漕河七十里，荒落不治，風水亦大不佳，然先賢之遺體在焉，中未必有也。博士欲徙置善藏，余止之，第令有司葺墓，而禁人之牧樵及踐履者。

伍、河漕

一、黃河河道變遷

（一）明代歷朝治理黃河

82

國朝黃河入運。洪武元年，河決曹州，從雙河口入魚臺。大將軍徐達開塌場口，入于泗，以通運；時戴村未壩，汶由坎河注海；運阻，故引河入塌場以濟之。

二十四年，河決陽武，東南由陳、穎入淮，而故元會通河悉淤。

永樂九年，以濟寧州同知潘叔正言，命尚書宋禮役丁夫一十六萬五千，濬會通河；乃開新河，自汶上縣袁家口，左徙二十里，至壽張之沙灣，接舊河，九閱月而成績。侍郎金純，從汴城金龍口，下達塌場口，經二洪，南入淮，漕事定，為罷海運。

正統十三年，河決滎陽，衝張秋。尚書石璞、侍郎王永和、都御史王文相繼塞之，弗績。

景泰四年，都御史徐有貞役丁夫五萬八千，作九堰、八閘以制水勢，塞之，凡十有八月而成。

弘治三年，河決原武，支流為三：一、決封丘金龍口，漫祥符，下曹、

濮，衝張秋長隄；一、出中牟，下尉氏；一、氾濫儀封、考城、歸德，入于宿。以布政使徐恪言，命侍郎白昂役丁夫二十五萬，塞之。

弘治五年，復決金龍口，潰黃陵岡，再犯張秋。侍郎陳政治之，弗績。

六年，訛言沸騰，有云：河不可治，宜復海運；有云：陸運雖費，餉事亦辦。朝議弗之是也。乃命都御史劉大夏、平江伯陳銳，役丁夫十二萬有奇，一、濬孫家渡口，開新河，導水南行，由中牟，至潁川，東入于淮；一、濬四府營淤河，由陳留，至歸德，分爲二派：一由宿遷小河口入淮，一由亳州，渦河入淮。分土命工，始塞張秋，二年告成，自是，河南歲計河工矣。

正德四年，河東決曹縣楊家口，趨沛縣之飛雲橋入運，患之。工部侍郎崔巖役丁夫四萬二千有奇，塞垂成，暴漲，潰之，巖以憂去。侍郎李鐩代之，四月弗績，盜起而罷。

七年，都御史劉愷築大堤，自魏家灣起至雙堌集，亘八十餘里；都御史趙璜又堤三十里續之。

嘉靖六年，河決曹、單、城武——楊家口、梁靖口、吳士舉莊，衝雞鳴臺。

七年，淤廟道口三十里，都御史盛應期開趙皮寨，白河諸支流，殺水勢，役丁夫五萬八千，三月而成；乃議開夏村新河，役夫九萬八千，四閱月，朝議不一，罷之。

八年，飛雲橋之水，北徙魚臺谷亭，舟行閘面。

九年，由單縣侯家林，決塌場口，衝谷亭。

十一年、十二年，水竟不耗。

十三年，廟道口淤，都御史劉天和役丁夫一十四萬三千九百九十四，濬之，四月始成；而忽由趙皮寨，向亳、泗，俄驟溢，而東向梁靖口，漸奔岔河口，東出谷亭之流，遂絕，運河淤，二洪阻涸。秋冬，忽自河南夏邑縣太丘、四村諸集，攻開數口，轉向東北流，經蕭縣城之南，仍出徐州小浮橋，下濟二洪，趙皮寨俄塞。

十九年，決野雞岡，由渦河，經亳州，入淮，二洪大涸。兵部侍郎王以旂開李景高支河一道，引水出徐，濟洪，役丁夫七萬有奇，八月而成。尋淤。

二十六年，決曹縣，衝谷亭，運河不淤。

三十二年，決房村，約淤三十里。都御史曾鈞役丁夫五萬六千有奇，濬之，二月而成。

三十七年，新集淤。七月，忽向東北，衝成大河，而新集河，由曹縣，循夏邑，丁家道、司家道，出蕭縣蘄門，由小浮橋入洪；七月，淤凡二百五十餘里，趨東北段家口，析爲六股，曰：大溜溝、小溜溝、秦溝、濁河、胭脂溝、飛雲橋，俱由運河至徐洪；又分一股，由碭山堅城集，下郭貫樓，又析五小股，爲：龍溝、母河、梁樓溝、楊氏溝、胡店溝，亦由小浮橋，會徐洪。河分爲十一流，遂不淤，然分多則水力弱，水力弱則併淤之幾也。

四十四年七月，河果大淤，郭貫樓淤平，全河逆行，自沙河至徐州，俱入北股，至曹縣崇朴集而下，北向分二股，內南之一，遶沛縣戚山、徐州楊家集，入秦溝，至徐州；北一，遶豐縣華山，北又分二股，南之一，自華山東馬村集，漫入秦溝，接大、小溜溝，泛濫入運河，達徐；北一大股，自華山，向東北，由三教堂，出飛雲橋，而又分十三股，或橫截，或逆流，入漕河，至胡陵城口，漫散湖坡，達徐。從沙河至二洪，浩渺無際，而河變極矣。八月，少保尚書朱衡乃請開盛應期新河，濬留城舊河；同都御史潘季馴開新河，自南陽達留城，一百四十一里有奇，濬舊河，自留城達境山，五十三里有奇，役丁夫九萬一千，八閱月而成。七月，河復決沛縣，衝運河，而運河亦由胡陵城口入湖坡。九月，馬家橋堤成，水始南趨秦溝，冬，沛流遂斷。

隆慶元年正月，河南衝濁河、雞爪溝入洪。

二年，專由秦溝入洪，而河南北諸支河，悉併流秦溝。

三年、四年，河大漲，徐州上下，悉爲巨浸，舟行梁山之麓。而茶城至呂梁，兩崖爲山所束，不得下，又不得決。

五年，乃自雙溝而下，北決油房口、曹家口、青羊口，南決關家口、曲頭集口、馬家淺口、閻家口、張擺渡口、王家口、房家口、白浪淺口，凡十一口，枝流既散，幹流遂微，乃淤自匙頭灣八十里，而河變又極矣。議者，欲棄幹河，而行舟于曲頭集大枝間。冬初，水落，則幹已平沙，而枝復阻淺，損漕舟千有奇。則又議，棄黃河運，而膠河、伽河、海運，紛沓焉，莫可歸一。都御史潘季馴乃役丁夫五萬，開匙頭灣，僅僅一溝，遂塞十一口，併衝溝，溝大疏導，而八十里之故道漸復。明年，議大堤兩崖，北堤起磨臍溝，迄邳州之直河；南堤起離（梨）林鋪，迄宿遷之小河口。

六年二月，少保尚書朱衡、兵部侍郎萬恭至，悉罷膠、伽之議，而一意事徐、邳河，役丁夫五萬有奇，分工畫地，而築之。夏四月，兩堤成，各延長三百七十里，始列鋪，布夫，議修守，如河南、山東，黃河例。河乃安，運通。

萬曆元年，運又大通，議始定。

夫黃河有幹有枝，嘉靖四十四年以前，析十一枝，上流，而復歸於徐州之幹河，故幹通而枝淤。隆慶五年以前，析十一枝，上決，而不歸於邳州之幹河，故枝通而幹淤。若植木焉，枝榮則幹瘁，幹榮則枝瘁；與其瘁幹，孰若瘁枝。治河者，與其枝通，孰若幹通。故黃河合流，防守爲難，然運之利也。國家全藉河運，徃事鏡之，何嘗一年廢修守哉！或者欲分河，以苟免修守之勞，而不欲事堤，以永圖餉道之利，又不虞河分之易淤，隄廢之易決。其未達祖宗之所以事河，與河之所以利運者。余故備著于篇，大智者，採擇焉。

（二）黃河下游導向東流

83

黃河，自清河迄茶城五百四十里，全河經徐、邳，則二洪平，舟以不敗。是黃河決隄之害有限，而濟運之利無窮。

今惡其害也，而欲去之河南；是河南歲治黃河，徐、邳歲治運河，滋多事耳。

今以五百四十里，治運河，即所以治黃河；治黃河，即所以治運河，知行合一，不亦便哉。

84

淮水，昔不病淮安，今病淮、揚。

蓋黃河正流，徃經河南，或出潁川，或出壽春，匯淮入于海；其入小浮橋，經徐、邳，入海者，支流也，勢故卑且弱。河、淮合，則爲一家，直湧而東奔，是淮以河利也，安能害淮安。

今全河舍河南之故道，併流徐、邳，經清河，而淮水自西來會，是二家也，不相統一。故河落，則淮乘高而凌之，淮安以燥。秋水灌河，河恃勢而驕，亘淮安之東北，若大行焉。而淮水方挾潁川、壽春諸平陸之水勢，與強河鬭于清河；不能衝中堅，則氣喪，而潰散淮安之郊，暫爲憩息。俟河之消銳，乃假道會弱河，始入海，淮安安得不病淮河哉。

若導黃河，經河南，會淮水于潁川、壽春，勢既不能；若任淮水之灌淮安，勢又不可。唯朝廷定策，固高、寶諸湖之老隄，建諸平水閘，大落高、寶諸湖之巨浸，廣引支河，歸射陽湖，入海之洪流，乃引淮河上流一支，入

高、寶諸湖。如黃河平，則淮水會清河故道，從淮城之北，同入于海。如黃河長，則淮水會高、寶湖新道，由射陽湖，從淮城之南，同入于海。則淮安全得平土而居之乎！然非朝廷定策，則首議者，不免爲晁生以說耳。

85

今之治河者，難於禹焉。

夫三代以上，或都冀，或都秦、雍，或都陳，貢道皆遡黃河，水擊數千里，直達耳。而江南之貢賦，猶未入中國也。且王畿自以公田之入，足上供、祭祀、宴享、軍國之需，故餉道不經見。禹特治河之患，播大坯，析九河，至今天津入于海，事畢矣。彼一時也，河利于北，而不利于南徙。

今則餉道，大半仰給江南，而江南之舟，泛長江，歷揚、淮而北，非河以濟之，則五百四十里，當陸運耳，京師若何？故治水者，必不可使北行，由禹之故道，必約之使由徐、邳，以救五百四十里餉道之缺。是不徒去河之害，而又欲資河之利者也，不亦難乎！

若不爲餉道計，而徒欲去河之害，以復禹故道，則從河南銅瓦廂一決之，使東趨東海，則河南、徐、邳，永絕河患，是居高建瓴，水也，而可乎！故九河故道，必不可復者，爲餉道也，而非難復也。

86

黃河爲中國患，久矣。神禹以來，或言于三代，或言于漢、唐、宋，時固不同；或言于秦、晉，或言於宋、鄭、徐、淮，地固不同。今治河者，動泥古說，則以三代治河之法，用之漢、唐、宋，可乎！又以秦、晉，治河之法，用之宋、鄭、徐、淮，可乎！特以數事，拘儒牢不可破者，列于左：

一、多穿漕渠，以殺水勢，此漢人之言也。特可言之秦、晉，峽中之河耳。若入河南，水匯土疎，大穿，則全河由渠，而舊河淤；小穿，則水性不趨，水過即平陸耳。夫水專則急，分則緩；河急則通，緩則淤。治正河，可使分而緩之，道之使淤哉？今治河者，第幸其合，勢急如奔馬，吾從而順其勢，隄防之，約束之，範我馳驅，以入于海。淤安可得停，淤不得停，則河深，河深則永不溢。亦不舍其下，而趨（趨）其高，河乃不決。故曰：黃河合流，國家之福也。

一、我朝之運，不賴黃河，此先臣之言也。蓋欲黃河，由禹故道，而以爲山東汶水三分，流入徐、呂二洪，爲可以濟運，遂倡爲不賴黃河之說耳。

夫徐、呂，至清河，入淮，五百四十里。嘉靖中，河身直趨河南孫家渡、趙皮寨，或南會于淮，或出小河口，而二洪幾斷，漕事大困，則以失黃河之助也。今欲不賴之，而欲由禹故道，則弱汶三分之水，曾不足以濕徐、呂二洪之沙，是覆杯水于積灰之上者也，焉能盪舟。二洪而下，經徐、邳，歷宿、桃，河身皆廣百餘丈，皆深二丈有奇，汶河勺水，能流若是之遠乎！能濟運否乎！故曰：我朝之運，半賴黃河也。

一、黃河北徙，國家之利，此先臣之言，堪輿家者流之說也。不知三代以上，都冀州，黃河若張弓。然其時，大江以南，多未貢賦，故山東之運，東而至；西秦之運，西而至，原不藉南運也。若河，南徙，則東運既不便，而黃河之水，從太行而望之，勢若反而挑（跳），王氣乃微。方今貢賦，全給于江南，而又都燕，據上游，以臨南服。黃河南徙，則萬艘度（渡）長江，穿淮、揚，入黃河，而直達于閘河，浮衛，貫白河，抵于京。且王會萬國，其便若是。苟北徙，則徐、邳，五百里之運道絕矣。故曰：黃河南徙，國家之福也。

一、黃河不能復禹故道，必使復河南故道，此近臣之議也。蓋懲徐、邳，連歲河患，激而云然耳。不知徐、邳之患，由邳河之淤。邳河之淤，又由先年，河行房村口，近年，曲頭集口，旁流既急而盛，正流必緩而淤，而徐、邳之水患，博矣。然河患，不在徐、邳，必在河南；不在河南，必在徐、邳。嘉靖以前，河經河南，河南大患，九重捄膺，百工蹙額，思與河南，圖一旦之命，策力畢舉，竟莫支吾。而河南，適有天幸，河併行徐、邳，而後河南，息二百年之大患。居平土者，僅二十餘年。今若復河南之故道，豈惟人力不勝，即勝之，是又移徐、邳之患於河南，而又生二洪，乾涸阻運之患也。第隄徐、邳三百里有奇，河不泛濫，而徐、邳之患消。故河，由徐、邳，則民稍患，而運利；由河南，則民與運兩患之。姑毋論王土、王民，鄰國為壑之大義也。又況隄固水深，即碭、徐之患直河，秋一季耳，利害豈不章章明甚。故曰：河南故道，不必復也。

一、黃河清，聖人生，此史臣之言也。彼蓋謂五百年，王者興說也，非河渠說也。夫王者興，非臣所當言，而今拘儒，每以黃河清，為上瑞，誤哉！夫黃河，濁者常也，清者變也。欲其常濁，而不清；彼濁者，盡沙泥。水急，則滾沙泥，晝夜不得停息，而入于海；而後黃河常深、常通，而不決。清則水澄，水泥不復行，不能入海；徒積墊河身，與岸平耳。夫身與岸平，河乃

益弱，欲衝泥沙，則勢不得去；欲入于海，則積滯不得疏；飽悶偪迫，然後擇下地，一決以快其勢。此豈待上智，而後知哉。夫河決矣，餉道敗矣，猶賀曰：上瑞，非迂則愚。故河清，則治河者，當披髮纓冠而救之，不爾，憂方大耳。故曰：黃河清，變也，非常也；災也，非瑞也。

（三）黃河中游河道變遷

87

徐州城北小浮橋之正河，復，可也；不復，亦可也。

天（夫）上流從河南新集，或郭貫樓，經丁家道口、趙家圈、九里溝，以入于小浮橋，洵便矣。

而今，北行，歷泰溝，趨呂梁，界蕭、碭縣治，于河之南，少迂道；且武家壩告急，膏腴為河，役夫捲埽，自五月既望，以至于九月望，擾擾不得息，洵不便矣。

然武家壩之患急，而郭貫樓以下之患紓；河北之膏腴為黃河，而河南之黃河又為膏腴，是利害固相當也。而又重以復河之役，又不能必河之趨而南，故小浮橋之復與不復，付之河伯，可也。

88

嘉靖六年以前，黃河分為六道，其兩道，由河南、鳳、泗入淮；其四道，由小浮橋、飛雲橋、大、小溜溝入河。時則開、歸、徐、沛利害相當。

今開、歸、沛諸流俱堙，全河悉經徐州一道，則開、歸、沛之患紓，而徐、邳之患博。其不兩利，亦不能兩害者，勢也。

（四）減少黃河水量

89

黃河多穿漕渠，以殺水勢者，洩其自內出，治於已然者也。支開上流，不入黃河，助之為虐者，禁其自外入，治於未然者也。治於未然者，易為力；治於已然者，難為功。

河以南，水之大者，莫如淮；河以北，水之大者，莫如衛。若使伊、洛、瀍、澗，自右助黃河者，導之悉南歸于淮，入安東之海；丹、汾、沁河，自左助黃河者，導之悉北歸于衛，入天津之海。則黃河得全經由秦、晉，本來之面目，何患哉。

然伊水，自禹開伊闕，北流；及洛、瀍、澗，北匯于河，而南道則多崇岡間之，入淮之道絕。唯丹、汾俱入沁，為流頗巨，可抵黃河四分之一，若從木蘭店，開大樊口，直下衛河，乘高而趨去之，黃河去此大助，可以安流。顧衛輝甚下，宜自大樊口而下，闢衛河之身二百丈，經衛輝、德、滄，入天津，令沁不為暴，可也。

古有遷王都，避河患者，而況運道命脈，可以數州縣坐視。沁水助河為虐，壞運道，而不之顧乎！故去河患者，以分沁為本。

90

黃河上源，支河一道，自歸德飲馬池，歷虞城、夏邑、永城、宿州、靈璧、睢寧，出宿州小河口。

弘治中，侍郎白昂濬之，一殺河勢，一利商船，今淤。若河趨，則因勢利道之，而豐、沛、蕭、碭、徐、邳之患，紓矣。

91

自潼關以下，南北分散旁流，不使助河為虐，有二便焉！

夫以河南、北之細流，分洩于河南、北之郡縣，既免巨浸之患，又得通舟之利，則郡縣便。

南、北之水，自歸南、北，黃河之水，自為黃河；在郡縣不以河為塹，在黃房不引賊入室，則黃河便。

視古人多穿漕渠，遣水病民，及工費、勞力，利害、輕重、難易，何如也。

二、黃河下游河道形勢

92

宿遷以下，去海漸近，水趨若奔；且河廣崖高，不必深治之。

93

今河，有三無患：

徐、呂二洪，徃患淤淺，今乃水二丈餘，二洪無患。

南行一百八十里，隆慶末，悉為平陸，今水由地中，水深二丈，岸高一丈，邳河無患。

邳河下至清河，水深不得其底，且近海而流迅，宿、清之河無患。

三、預防河患方法

94

　　凡黃水消長，必有先幾，如水先泡，則方盛；泡先水，則將衰。及占初候，而知一年之長消。觀始勢，而知全河之高下。舊曰：識水高手者，唯黃河之濱，有之。

95

　　黃河盛發，照飛報邊情，擺設塘馬，上自潼關，下至宿遷，每三十里，為一節，一日夜，馳五百里，其行速於水汛。凡患害急緩，隄防善敗，聲息消長，總督者，必先知之，而後血脈通貫，可從而理也。

96

　　行水之法：治有餘，先下流；治不足，先上源。

97

　　河防十四要：

　　其一、河南原武縣胡村舖、崔家莊，封丘縣于家店，祥符縣劉獸醫口、陶家店、馬家口，蘭陽縣銅瓦廂，儀封縣圮泥河、煉城口、榮花樹，考城縣芝蔴莊、李秀敏，滎澤縣小院村賈魯河隄，俱屬要害；而陶家店、銅瓦廂，更為喫緊；開、歸府佐總管，而州縣管河官分治之。

　　其二，山東曹縣武家壩，曹、單北岸縷水隄，俱要害；而武家壩，尤為喫緊；兗州府佐總管，而二縣管河官分治之。

　　其三，汶河，新創坎河石灘，夏秋之發，任其灘上漫流，以殺其勢；或損，或增，抽添諸石；汶上管河官兼管，白老人分理之。

　　其四，南直隸、徐、邳之間新堤，曲頭集、梨林舖、房村、雙溝、閏家口、王家口、白浪淺，俱要害；而曲頭集，埽灣直射，內有舊決河身，尤喫緊焉。司河者，宜役全神于此。

　　其五，南岸，天字舖起，列字止；北岸，趙字舖起，鄭字止；徐州判官分守，委官協之。

　　其六，南岸，張字舖起，成字止；北岸，王字舖起，沈字止；靈璧主簿分守，委官協之。

　　其七，南岸，歲字舖起，金字止；北岸韓字舖起，嚴字止；睢寧主簿分守，委官協之。

其八，南岸，生字舖起，果字止；北岸，華字舖起，寶字止；邳州同知分守，委官協之。

其九，南岸，珍字舖起，火字止，宿遷主簿分守；然離河稍遠，且北岸無堤，原不當衝，水發之候，宜令總巡。直河以上，至境山，屬淮安同知總管；直河以下，通判總管。然直河以下，河寬水平，防守爲易；直河以上，河勢陡峻，防守爲難，水發之候，宜令協而守之。

其十，境山赤龍潭大壩、茶城大壩，併縷水隄，徐州管河官掌之。

其十一，豐、沛、碭，黃河北岸，地勢卑下，新縷水隄屬要害，三縣典史，平時，則分而理；有警，則共守之。

其十二，豐、沛、蕭、碭，黃河南岸，地形高仰，水發出岸，無憂，不必堵遏，蓋上流少漫，須臾則暴怒之性，漸消；東注之勢，漸緩，徐、邳下流，可無虞也。須權利害、重輕、急緩，圖之。

其十三，淮安通濟閘外，淮、黃交會，易淤。萬曆元年，建天妃閘，春運五日，而過四千艘，出河之捷徑也。新河及通濟閘，可勿用之矣。

其十四，高、寶諸湖，山陽黃浦、平河間，伏秋浩渺，無從宣洩，官隄、民廬苦之。司河者，有二十三平水閘以待，而又以瓜、儀二閘，通漕入于江。夫洩之者多，則蓄之者薄，湖水不能使之災矣。

98

四防中，風防尤宜慎之。房村決，風濤鼓擊不已，黃（防）呂梁以巨舟數十，障于決口，風濤遽淨，亦奇事。然河隄千里，舟不及也。

古有黃河風防之法，如遇水漲，濤擊下風隄岸，則以秫秸、粟藁，及樹枝、草藁之類，束成綑把，徧浮下風之岸，而繫以繩，隨風高下，巨浪止能排擊綑把，且以柔物，堅濤遇之，足殺其勢。隄且晏然於內，排擊弗及，丁夫却於隄外幫工，此風防之要訣也。綑把仍可貯爲捲埽之需，蓋有所備，而無所費云。

99

防河，請以戰喻。夫虜以秋高跋扈，出沒無常，防之不嚴，則內地荼毒。河以伏秋迅烈，消長叵測，守之不固，則堤岸橫衝。

然暴猛，雖有其時，而衰弱亦有其候。防河者，伏秋戰守數合，以防其銳，逮至秋深氣降，河勢自倦，不戰而屈之矣。故防虜者，喫緊止在八、九、

十月，餘月，零賊，不足慮也。防河者，喫緊止在五、六、七月，餘月，小漲，不足慮也。而三月之中，又止戰守數合，來者厲兵躍馬，去則解甲息兵，是在我者，執常勝之樞；在彼者，無必勝之勢。

夫黃河，非持久之水也，與江水異。每年，發不過五、六次，每次，發不過三、四日。故五、六月，是其一鼓作氣之時也；七月，則再鼓而盛；八月，則三鼓而竭且衰矣。萬一，河勢虛驕，銳不可當，我且避其銳氣，固守要害，如：河南之銅瓦廂，山東之武家壩，徐州之曲頭集，布陣嚴整，二字（守）、四防以待，而姑以不要害之隄，委而嘗之，以分弱其勢，以全吾要害。持至水勢漸落，却將所委之隄，隨缺而隨補之，刻期高厚，勿令後水再由，漸成河身，致墊舊河。如此，則河之攻我，也有限；我之守河，也無窮；以無窮，防有限，蔑不勝矣。校之而索其情，河事畢矣。

余徃殺俺答於鴈門關外，無他長也，不過，審盛衰之機，委之，持之，而已矣。故善委，則敵易疲；善持，則敵易竭。是我常為主，彼常為客。復有不可守之河，不可破之虜哉。故善戰者，莫妙於持，莫尤妙於委。

100

守邊之法，駐信地者，曰：正兵，糸將、守備掌之。戰守無定，隨賊向徃者，曰：進兵，遊擊、將軍掌之。

余守河，於徐、邳之間，亦按其法。正夫信地之外，各設遊夫一枝，五百名，五十名為一伍，有伍長；五百名，為一隊，有隊長；而總管貳府佐，各督其隊。無事，則駐定如山，協正夫以修，有警，則巡邏如風，糾正夫以守。每歲五月十五日，上隄；九月十五日，下隄；以募力充之。著為例。

四、徐、呂二洪

101

舊說：徐、呂二洪，宜險，宜有聲，以是占河之善、敗，固哉！

夫洪，水露石則險，激石則有聲。今全河假道，徐洪（之）水，丈餘；呂梁之水，幾二丈。漕舟日可度（渡）四、五百艘，視昔，險有聲者，十倍焉。洪力大紓，是漕之大利也。

治餉道者，乃惡夷而欲險，忌無聲而幸有聲，是不欲與河、漕相安于無事，而鬪之以有事，得無為河伯所笑乎！

五、海口整治

102

淮安，隆慶中，水；萬曆壬申，又水。或云：海口淤，宜濬之。

郡有司，爲探海口，則廣三十里，望之無際。冬，中洲渚微見，海中潮長，則烟霧波濤，極目耳。舟從何繫，人從何依，工從何施？且清河之流甚駛，海口即淤，清河當上行矣。古無濬海者，有由然哉！而怨淮水，罪海口者，謬矣。

六、修築黃河堤防

（一）黃河中下游堤防

103

築隄有三禁：毋掘房基，毋乞古塚，毋剗膏腴。

104

五行之性，金圓，木直，水曲，火銳，土方。水之不可使直，猶木之不可使曲也。

黃河九折而入中國，每折千里，此西域之河耳，亦折之大者耳。若自三門、七津而下，由安東入海，僅僅二千里而強，不知幾百十折也；故能盤旋、停蓄而不洩，若人之腸胃。然丹田以上，多直遂；丹田以下，多盤曲；然後停蓄，而注于膀胱；否則徑洩氣射，斃也久矣。

黃河之在西域，丹田而上者也，流入潼關，丹田而下者也。故入西域，折以千里計；入潼關，折以數十里計，是注膀胱之勢也。每折必掃（埽）灣，在河南，制之以埽；在徐、邳，制之以隄，吾謹備之耳。若惡其埽灣，必導之使直，是欲直腸胃，從管達膀胱也。豈徒人力不勝之，傾宕急瀉，是謂敝河。故大智能制河曲，不能制河直者，勢也。

105

黃河，會計預備河患，皆以十月，至來年十月止。在山東，兗州、東昌，在河南，開封、歸德，在直隸，大名、鳳陽、徐州、邳州、泗州，俱係黃河先年，及即今經行正道，皆預料之。

有八埽，曰靠山，曰箱邊，曰牛尾，曰魚鱗，曰龍口，曰土牛，曰截河，曰逼水。

有四隄，曰遙，曰偪，曰曲，曰直。

106

河，決口之患二，如上有所決，下無所洩者，曰：隘決；不必鬬水搶築，俟漲落水出，直塞之耳。若上決而下洩者，曰：通決；此不可少需，搶築可也，否則流衝勢洩，恐成河身，則正河流緩而淤矣。余於房村，以搶築法施之，正河即安。

107

搶築法，先以椿草，固裹兩頭，以保其已有。却捲三丈，圍大埽，丁頭而下之，則一埽，可塞深一丈，廣一丈，以復其未有，易易耳。

若施順埽制之，則滾，是以珠投盤者也。若運土，下之，則化，是以鹽，落水者也。

彼塞瓠子，塞張秋，動以歲，年弗績者，其未知此法乎！

108

築決，如水落者，急畫信地，擺工爲之。水平，合口，切戒逐叚高厚，恐口未合，而後水復至，是留口待水，併前功棄之矣。如老土難得，則先於濱河半隄，實老土；急取常土，培其內之半。蓋常土，得老土以爲皮膚；老土得常土，以爲腠理，二者，救急之法也。

109

三代之下，力役之征，莫善於雇役。

黃河千里，若帶；隄鋪千里，若星。力役者，守，非便也。令近隄之民，各居鋪，而代之守；遠隄之民，各輸直，而續之食。役者，廬其廬，食其食，長子孫焉；雞犬相聞，彼非守隄也，自守其居也。役者，永利其利；征者，永樂其樂，其益百世。

今邊人，世於軍焉以守；內人，世於輸焉以供。孰謂雇役也，而不善乎！

（二）黃河中游堤防

110

河南屬河上源，地勢，南高北下；南岸多強，北岸多弱。夫水，趨其所下，而攻其所弱。近有倡南隄之議者，是偪河使北也；北不能勝，必攻河南之銅瓦廂，則徑決張秋；攻武家霸，則徑決魚臺，此覆轍也。若南攻，不過溺民田，一季耳。是偪之南決之禍小，而北決之患深。

111

黃河北徙，其北岸，西自曹縣，原有纚水隄一道，長四十里，踰豐、碭界；歷徐州衛地界，亦有纚水隄；唯曹、單之交，缺八十八里餘。爲之聯隄，復聯隄碭山界東引之，延長二百餘里，若常山之蛇，以北護泰黃隄，南遏漫河，自是，河北絕水患，泰黃若崇墉矣。余刻石華山之巔，以紀之。

112

山東、河南，黃河之北，大堤若阜，起修武，迄沛縣之窑（窰）子頭，綿亘五百餘里，曰：泰黃隄，河人呼曰：南老隄。

夫隄迄黃河北十餘里，不呼北隄，而呼南隄，蓋先年，河行泰黃隄之北，始皇隄之南，則泰黃固南堤也。今河循銅瓦廂、武家壩，則又籍泰黃爲障矣。

隆慶末，復循曹、單、豐、沛，跨戚山、華山，爲之纚水堤二百里，是泰黃以纚水爲膚，纚水以泰黃爲骨，南北相峙，掎角之勢也。而又續窑子頭之大堤，培戚、華山之纚水，則魚、沛可安枕，而南陽至黃家閘，永無黃河侵陵之患矣。

113

始皇堤二，屹壽張、范縣之中，南北相距數里，厚可三十丈，崇可五、六丈，始皇築，以象天之二河。

東人言：起咸陽，迄登、萊，一以障河之南徙；一以爲馳道，從咸陽，至東海，求神僊（儒），輦馳南隄，屬車馳北隄。子路問津河，亦堙之爲隄焉。

余視之，皆粉土所成，東人呼始皇堤，又云：萬里堤，蓋萬古雄隄也。傳曰：爲馳道之盛，至於如此，後世子孫，曾不得蓬虆而托足焉。

今黃河乃穿隄南行，三百里，豈徒子孫不得托足，蓋河伯亦不得託身也已。

114

黃河之驟，急如風雨，智者失其謀，勇者失其力，唯有桑土之徹而已，故勢亟重也。語夫則以千計，語料則以萬計，乃有備無患，與防邊同；而防河又腹心，與防邊四肢之患異。

今防邊，大司農歲發數百萬，而防河則否。故隄防稍緩者，一年備一年，可也。

若河南陶家店、銅瓦廂、煉城口、乞泥河、榮花樹，山東武家壩，徐州曲頭集、房村口，則椿、草、糵、麻、柳梢，宜兩年之備，可也。

115

黃河，若河南銅瓦廂、陶家店、練城口、判官村、乞泥河、榮花樹、劉獸醫口；若山東武家壩、瓦堌口，皆要害也。以頭年下埽，為次年之防；一年積料，為兩年之用。則桑土早備，陰雨無虞矣。慎之哉。

（三）黃河下游堤防

116

黃河，自宿遷以下，河博而流迅，治法宜縱之，必勿隄。宿遷而上，河窄而流舒，治法宜束之，亟隄可也。

又徐、邳，水高而岸平，泛溢之患在上，宜築隄以制其上。河南，水平而岸高，衝刷之患在下，宜捲埽以制其下。

不知者，河南以隄治，是滅趾崇頂者也；徐、邳以埽治，是摩頂擁踵者也，其失策，均也。

117

徐、邳，順水之隄，其始役也，眾譁，以謂：黃河必不可隄，笑之；其中也，隄成，三百七十里。以謂河隄必不可守，疑之；其終也，隄舖星列，隄夫珠貫。歷隆慶六年、萬曆元年，運艘行漕中，若平地；河漲，則三百里之隄，內束河流，外捍民地；邳、睢之間，波濤之地，悉秋稼成雲，此隄之餘也。民大悅，眾乃翕然定矣。智者覩效於未然，眾人定議於覩效，諒哉。

118

呂梁上至徐州，兩岸，山接岡連，水無他洩；直河下至清河，兩岸，崖高河闊，水鮮旁趨；此兩段，縱被衝決，未為大害。

惟黃鍾集、下房村、雙溝、曲頭、新安、王家、曹家等口，青洋、白浪等淺，八、九十里之間，兩岸皆低。北隄決，則水出沂、武、直河；南隄決，則水出小河口。故比（北）岸：嘉靖末，決房村，由鯉魚山，出直河，則辛安四十里，盡淤。南岸：隆慶末，決曲頭，下睢寧，出小河，則匙頭灣，八十里，皆墊。旁流既急而盛，則正河必緩而微。微則停，盛則溢，勢使然也。故決下有所洩，能分正河之勢，其害大；下無所洩，水落，復由本決歸正河者，其害小。而築法之緩、急，因之。

徃，治河者，不審利害，倡言：留口，洩水、通舟，坐待水消，塞決。

不知水未洩而橫流，舟竟不可通；河未消而墊淤，決竟不可塞，此其失策者，一也。

又言：正隄單薄，宜築月隄掎之。近日，房村正隄一決，月隄如穿縞葯。蓋二隄，各力則薄，而分禦之力微。若以築月隄之工，而幫正隄，則厚，而合禦之力大。古云：散指之輪彈，不如合拳之一擊。竟爾承訛，此其失策者，二也。

余故於房村，寧搶築，勿候築；於要害，寧幫正隄，勿創月隄。而患頓息。

119

築隄，余以唐張仁愿搶築三受降之法，築邳、宿三百七十里。不用翻工舊制，即布五萬夫，聯絡於三百七十里之中，分為信地，編定字號，萬杵齊鳴，分之則為各段，合之則成長隄；火爨蓬居，不移而具，遲速勤惰，不令而嚴。始以十萬金計，終三萬成之，便法也。

120

築隄三夫，差役編設曰徭夫，庫銀召雇曰募夫，郡縣借派曰白夫。徭夫出於民，募夫出於官，有名也。白夫，額外之徵，不堪命矣，罷之。即有大役，募夫永不可變。寧損上，勿損下也。

121

有隄無夫，與無隄同；有夫無鋪，與無夫同。邳、徐之隄，為每里三鋪，每鋪三夫；南岸自徐州青田淺起至宿遷小河口而止，北岸自呂梁洪城起至邳州直河而止。為總管府佐者二，為分管信地，州縣佐者六。

南鋪以千文編號，北鋪以百家姓編號；按信地，修補隄岸，澆灌樹株；遇水發，各守信地，遇水決，則管四鋪老人，振鑼而呼，左老以左夫帥而至，右老以右夫帥而至，築塞之。不勝，則二總管以遊夫五百馳而至，助之。此常山蛇勢之役也。

七、河役經費

122

河工委官，府佐日給銀一錢二分，州縣佐首領六分，省祭等官四分。屬有司者，給庫銀；屬雜委者，給河銀，舊例也。

123

火夫、燈夫，蓋夜役也，官故給半值。今官府畫役，而值倍之，民與夫兩困矣。

124

往，治河者，以刻削工料爲能，以文移往返爲事；不知惜小費者，妨大計；操散權者，無專功；涓涓不塞，遂成江河，壞也久矣。善治者，二言以蔽之，曰：毋惜費，毋掣肘。

八、束水攻沙

125

河隄之法有二，有截水之隄，有縷水之隄。截水者，遏黃河之性，而亂流阻之者也，治水者忌之。縷水者，因河之勢，而順流束之者也，治水者便之。

夫水之爲性也，專則急，分則緩；而河之爲勢也，急則通，緩則淤。若能順其勢之所趨，而隄以束之，河安得敗。

唯河欲南，而截之使北；河欲合，而截之使分，以逆天地之氣化，而反天地之血脈，河始多事也已。

126

黃河四堤，今治水者，多重遙、直，而輕偪、曲。不知：遙者，利于守隄，而不利于深河。偪者，利于深河，而不利于守隄。曲者，多費，而束河則便。直者，省費，而束河則不便。故太遙，則水漫流，而河身必墊；太直，則水溢洲，而河身必淤。四者之用，有權存焉，變而通之，存乎人也。

127

治黃河之淺者，舊制：列方舟數百如牆，而以五齒爬、杏葉杓，疏底淤，乘急流衝去之，效莫覩也。上疏則下積，此深則彼淤，奈何以人力勝黃河哉！

虞城生員獻策，爲余言：以人治河，不若以河治河也。夫河性急，借其性，而役其力，則可淺可深，治在吾掌耳。法曰：如欲深北，則南其隄，而北自深；如欲深南，則北其隄，而南自深；如欲深中，則南北隄兩束之，衝中堅焉，而中自深。此借其性，而役其力也，功當萬之於人。又，其始也，假隄以使河之深；其終也，河深而任隄之毀。

余曰：此深河之法也。欲淺河以爲洲，法若何？曰：反用之耳。其法：
爲之固堤，令漲，可得而踰也；漲衝之不去，而又踰其頂。漲落，則隄復障
急流，使之別出，而堤外水皆緩，固隄之外，悉淤爲洲矣。

余試之，爲茶城之洲，爲徐、邳之河，無弗效者。故曰：以人治人，以
事處事，以將選將，以兵練兵。

九、漕運進行

128

漕河，十月徵稅，十一月兌軍，十二月開幫，次年二月過淮，三月、四
月過徐州洪入閘，今之令，萬全之策也。黃河中河道，助夫輓運，以二旬而
渡河，則粒米皆太倉有矣。

129

河運約近萬艘，舊以幫次序行，一艘不移，萬艘皆滯。是惰者不能速，
勇者又阻之，使不得速，故黃河越幫，閘河序幫，乃倍速矣。

陸、湖漕

一、清江浦運道

130

天妃口，自陳平江開清江浦六十里，由此入黃河，官民便之。

嘉靖中，黃水泛入，清江淤，河臣費十萬開新河，以北接于淮。其說以
爲接清流，勿接濁流，可不淤。

不知，黃河非安流之水也，伏秋水盛，則西擁淮流，併灌新開河。夫天
妃口，一黃水之淤耳；若淮、黃會于新開口，是二淤也。乃歲役千夫，濬淮、
黃交會之淺，而患愈博矣。

余於天妃口建石閘，直出黃河，黃水盛，則閉閘，謝絕黃水，以杜淤；
黃水落，又啓閘，以利官民。新開口，勿濬，可也，新河焉用哉。

二、高寶諸湖月河

131

高郵湖，弘治三年，白公以七十餘萬金，成康濟河，商誠便也。第不當東繞圍民田一萬八千畝。

康濟與湖通，水如城，田若盂。不得已，於月河之底，沉三涵洞，穿月河而東洩，船行洞之上方。

未七十年，松板洞窒，不復能穿月河，水匯田中，是老隄之東，又益一萬八千畝之田湖也。左哉！左哉！

老隄如線，浸萬頃中，八面受敵，而大隄壞。中隄故卑薄，大湖擁田湖，風濤擊之，而中隄壞。二隄俱壞，則康濟東隄直弱，繪當萬石之弩耳，豈不危哉。

今議：固老隄，塞金門，決康濟，涸湖田，乃循老隄之東，去十丈，為之東隄，一護老隄，一成月河，歲加修築，則運與民、與商舶，萬世之利也。

132

寶應湖，隄長三十里，軍、民舶由湖中，西風大作，歲溺湖中，以數千人，運之險道也。

今為東護隄，如議高郵新月河之制；東隄成，則月河成，一舉兩得之計。了此不過十萬金耳，省中隄故也，視白公縮費六十萬金。歲加修築，可保數百年無事，謀國者，各有見乎！

三、高寶諸湖減水堤閘

133

高郵諸湖，西受七十二河之水，歲苦溢。乃於東隄建減水閘數十，洩水東注，閘下為支河，總匯于射陽湖、鹽城入海，歲久悉湮。

弘治中，乃開儀真閘，苦不得泄。治水者，歲高長隄，而湖水歲溢。

隆慶初，水高於高、寶城中者數尺；每決隄，即高、寶、興化，悉成廣淵。

隆慶六年、萬曆元年，建平水閘二十一於長隄；又加建瓜洲閘，併儀閘為二十三，湖水大平，淮漲不能過寶應。又復淺船、淺夫，但許深湖，不許高隄，舊制。

初，建瓜洲花園港通惠閘，得故今（金）焚韓世忠船板，改廣惠閘。又得故閘基椿石，椿大四圍，基因之，則花園港，故閘道也。

而或恐二十三閘，洩高、寶八百里，七十二河之水，欲閉瓜、儀，蓄諸湖，利餉道，誤哉！

134

高、寶諸湖，今建平水閘，俱引支流，入射陽湖，注于海，正道也。

而鹽城范公隄，有入海五道，今堙其四。下流不疏，此高、寶、興、鹽之多水患乎！

135

淮南建閘，舊取石江南，綱運殊爲勞費不貲。

萬曆元年，高、寶諸閘，余令石工鑿徐州山，第給匠氏之餼耳，而令回空糧船，順載之；每歲約回空八千餘艘，每艘載石者三，則每歲當得石二萬四千，可建二十閘矣。勿勞舟費，勿擾商舶，便計也，而何苦江南之官民爲。

136

高、寶湖隄間，民盜制涵洞，旱則啓之溉田；然夏、秋水溢，則決隄者多以涵洞也。湖水東注，悉爲巨浸，是涵洞之利民也少，而害民也多，且敗隄、傷運，禁之。願改平水小閘者，聽。

四、瓜洲運道、儀眞運道

137

創瓜洲上、下二閘，及開花園港六里，買石雇夫，費河道銀萬金有奇，亦萬世之利也，焉論費。

138

花園港新閘二，上曰：廣惠，下曰：通惠；爲公廳，爲龍王祠；古通江水道，規制特甲諸閘云。

139

花園港，自廣惠閘以至通惠閘。隆慶六年冬，開新河，凡六里有奇，盡民膏腴也。

余令售民值，而以兩崖歸諸官，列店而征之；民不願值也，自爲之店，而收之利。

140

瓜洲，上曰：通惠閘，下曰：廣惠閘。青石市諸蘇州，麻石市諸上元，閘匠取諸夏鎮，丁夫募諸江北，經三月而後成。排萬口而始定，議百年而方興，難矣哉！

141

夏、秋，高、寶諸湖水溢，瓜、儀二閘，宜洞開之。

142

各湖水南注者，儀河窄而淺，瓜河廣而深，余懼瓜之奪儀也。乃於三汊河建洋子橋，橋口如閘制，以節束之，儀河不病淺矣。

而瓜閘，江潮近六十里，則早至而遲落，更便於儀閘。鎮江截流官舫，徑趨江都，眞州省續食、徵夫之役，又利儀閘云。

143

瓜、儀未建閘之時，商舶悉盤壩出入，民甚苦之。

今恣之出入，如織也，民利甚矣；而稅舟，以資河道，修濬之用，官亦有所利焉。或欲禁之，以利壩民，是防川也。

144

瓜、儀、天妃各閘，啓閉不定期限，惟以江、河消長爲候。如江、河消，則啓板以通舟，悉令由閘，使商者，省盤剝之艱。如江、河長，則閉板以障流，悉令由壩，使居者，得挑盤之利。若水長，閘閉，願候水落，由閘者，不強之使由壩。水消，閘啓，自願過壩者，亦不強之使由閘。則閘、壩俱安，商、民兼利。

145

瓜、儀濱江，閘外春運，江潮未盛，潮至則通，潮落則滯。司河者，爲濬渠焉，愈深愈滯，蓋潮帶漕水同落，故也。

余止濬渠，獨令閘外與江相接之所，置壩焉，以留舊潮，而接新潮，且令渠之不直洩也，而又免濬渠之勞費，漕舟乃利。

五、挑濬運道

146

儀眞至淮安，河不濬，也久矣。止務高隄，不務深河，勢擁諸湖，安所紀極。

萬曆元年，治之，乃測江都縣三汊河起，至楊（揚）子橋止，計半里，舊水深四尺；測寶應縣大潭起，至三官殿嘴止，湖心舊水深四尺五寸；測白馬湖口起，至錢家直止，河心舊水深四尺二寸；測山陽縣化骨亭起，至趙家莊止，一里，舊水深四尺二寸。是三百七十里運道中，淺者止此耳，總之，不踰五里。餘皆五尺至一丈；極深，有至一丈八尺而止。淺夫、淺船治之，月計之工也。

凡四尺者，可濬至七尺而止，則以運舟用水三尺乘之，高、寶諸湖，從平水二十餘閘中，尚可洩去四尺。夫水落四尺，則湖岸視舊，可高四尺，一以固堤，一以利田，此祖宗，但令深湖，不令高隄之微意也。余故痛復之，百餘年來，乃不爲濬淺之易，而爲高隄之難，未之思也夫。

六、河道夫役

147

河道夫役，以類從焉：

一曰：隄夫，若高、寶、邳、徐閘崖，從事笆鍤、修築者是也。

二曰：淺夫，若高、寶湖之用船籃；閘漕之用五齒爬、杏葉杓、木刮板者是也。

三曰：閘夫，若諸閘之啓閉、支篙、執靠、打火者是也。

四曰：溜夫，若河、洪之拽溜、牽洪；諸閘之絞關、執纜者是也。

五曰：壩夫，若奔牛之勒舟，淮安之絞壩者是也。

而今白河以淺夫改爲引夫，高、寶以淺夫併爲堤夫，失制久矣。今悉改正之。

柒、浙漕

一、鎮江運道

148

江南運道，自萬曆元年，始屬總理；自杭州以達于鎮江，凡八百餘里。

遡杭及常之七墅堰，大勢，地卑且多湖蕩，即崇德、吳江、長洲之間，淺不甚也。唯自常之白家橋，以至鎮之京口，地勢漸聳，河止一經，更無支流可引。每旱乾，秋、多水涸，輒淺滯，不可舟；而洋子江復下丈許，此京口，所以多築，春開。今建瓜洲二閘，大挑常、鎮諸河，遂使臘月初旬，京口可開，千艘並入，誠二百年僅見，江南百年之利也。

顧白白家橋，抵京口，僅三百里，濬之，以漸而下，引七墅堰以南之水，注之北流，如南旺北河故事，則京口，永無患矣。

常州以北，三十里，爲犇牛閘；又二十里，爲呂城閘，官夫故在，唯作新而用之，此事半功倍者也。每歲，犇牛築壩，兩浙回空，皆由江陰，下江口，歷青陽，出無錫之高橋，抵蘇、杭，此其捷徑也。但青陽一帶，河身狹淺阻塞，商賈不通。今濬之，不惟江陰運舟，徑可抵城，而每京口大挑，此其間道也。

經略江南三策：

一曰：處工費，以備修濬。江南河道，宜兩年大挑，如北河故事，爲費甚鉅，取之屬邑，是以杯水救車火也，則病官。取之丁田，是以公家累私室也，則病民。取之導河銀，是漕渠，廢水利也，則病農。取之商賈，是以水累陸也，則病商。取之協濟，是欲舍己田，耘人田也，則病鄰。今查蘇、松、常、鎮、杭、嘉、湖，漕糧二百萬石，每石雇船，抵瓜壩，腳米七升。瓜洲閘成，淺船悉抵江南水次交兌，而悉蠲雇船米，余請於七升之內，免去六升，以利民；量徵一升，以利河，名曰：運河銀，分貯各府。鎮江河工獨多，貯亦宜多，常次之，蘇次之，嘉又次之，杭又次之，大挑雇役、辦料諸費，悉資于此，一切亡累也。夫民免六升，省二百年額內之舊派；修河一升，亡八百里額外之偏累，以瓜閘所省江南之費，爲江南運道通融之用，便計也。

二曰：設江渚，以避風濤。七郡運，五千餘艘，俱出京口渡江，以入瓜洲閘河，風濤不利，則艤于大江之濱，後舟鱗集，欲進不得，欲退不能，至

危事也。則於京閘之外，藏風處，濬而深之，可容五、六百艘，固椿築隄，若湖蕩焉！而以一口，通出入，南北渡江者，乃即安矣。

　　三曰：改閘座，以免阻塞。犇牛、呂城二閘，底石頗高，而運河深七尺，以平江水，則閘底限之。故深河，宜深閘底，乃利涉爾。

附錄四：《治水筌蹄》整編順序與 原文順序對照表

整編順序	1	2	3	4	5	6	7	8
原文順序	1	26	63	97	73	67	102	117

9	10	11	12	13	14	15	16	17	18
33	95	139	7	127	34	19	36	53	69

19	20	21	22	23	24	25	26	27	28
122	50	52	120	20	49	98	51	100	91

29	30	31	32	33	34	35	36	37	38
65	59	84	99	77	76	109	54	60	57

39	40	41	42	43	44	45	46	47	48
71	130	138	96	39	132	79	115	116	126

49	50	51	52	53	54	55	56	57	58
80	78	111	83	113	128	123	81	82	112

59	60	61	62	63	64	65	66	67	68
48	45	44	23	121	124	24	41	31	40

69	70	71	72	73	74	75	76	77	78
110	129	134	108	118	75	103	125	56	58

79	80	81	82	83	84	85	86	87	88
70	72	74	85	11	22	27	148	30	38

89	90	91	92	93	94	95	96	97	98
46	133	147	10	37	136	135	62	131	141

99	100	101	102	103	104	105	106	107	108
140	142	29	21	17	55	66	143	145	146

109	110	111	112	113	114	115	116	117	118
94	35	32	106	107	43	68	12	28	144

119	120	121	122	123	124	125	126	127	128
13	15	42	18	119	47	25	93	104	16

129	130	131	132	133	134	135	136	137	138
14	6	4	5	2	9	90	86	61	114

139	140	141	142	143	144	145	146	147	148
88	64	8	3	87	92	105	101	89	137